설득은 마술사처럼

청중을 사로잡는 마술사의
7가지 비밀

설득은
마술사처럼

— Spellbound —

데이비드 퀑 지음 | **김문주** 옮김

21세기북스

시작하며
AI의 시대에 왜 마술인가

많은 마술사들은 자신이 마치 슈퍼파워를 가진 양 행동한다. 이들은 관객들에게 자신들이 펼치는 묘기가 평범한 보통 사람들은 따라하기는커녕 이해하는 것조차 불가능한 영역이라는 확신을 주려고 애쓴다. 때로는 자신들이 초능력이나 텔레파시를 가졌다고 주장하기도 한다. 그러나 모든 마술사가 이런 식으로 장난을 치는 것은 아니다. 아주 드물지만 자신의 힘이 속임수와 오랜 연구의 산물이라는 것을 인정하는 마술사도 있다. 나는 후자에 해당한다.

마술의 힘은 통찰력에서 나온다
나 역시 나를 보러 온 관객들에게 믿을 수 없는 황홀감을 안겨주는 것에 자부심을 느낀다. 그러나 나는 이런 마술의 힘이 초자연적인 것인

척하지는 않는다. 오히려 나는 마술이란 보는 사람의 마음속에서 일어나는 것이라고 이해하고 있으며, 실제로도 그렇게 주장한다. 마술은 본디 인간이 개입하는 과정이다. 그러므로 마술의 진정한 힘을 휘두를 수 있는 사람은 초능력자가 아닌 통찰력과 영향력의 달인이라 할 수 있다.

나는 접대의 한 방편으로 마술을 연습했다. 내 관객은 기업 CEO에서부터 테드 토크 청취자에 이르기까지 아주 다양하다. 카드와 크로스워드 퍼즐, 평범한 물건들, 그리고 자원자의 마음속에 숨겨진 정보가 내 단골 레퍼토리다. 나는 모자에서 토끼를 꺼낸다든가 연기나 거울을 사용하지 않는다. 호랑이를 사라지게 하거나 야한 옷을 입은 여성을 공중부양시키지도 않는다. 마술사로서 내가 가진 최고의 장점은 내가 언제나 관객보다 한 발자국(아니면 두세 발자국) 앞서 있다는 것이다. 내 손은 관객의 눈보다 빠르게 움직인다. 나는 관객이 무엇에 주목하고 무엇에 주목하지 않을지 알고 있다. 나는 불가능하게만 느껴지는 마술을 보여주기 위해 과학을 끌어들인다.

진짜 주술사들 역시 이와 유사한 속임수를 썼다. 물론 대부분의 주술사들은 그 사실을 고백하느니 화형을 당하는 쪽을 선택했지만 말이다. 마술의 뿌리는 고위직 사제와 점성술사, 신관神官들의 초자연적이고 샤머니즘적인 의식으로 거슬러 올라간다. 이들 대다수는 아마 황제와 왕들의 통치행위에 영향을 미치기 위해 초자연적 재능을 활용했을 것이다. 고귀한 관객들의 넋을 빼앗는 능력은 곧 정치권력으로 이어졌다. 주술사들은 경외심을 벌어들였고, 관객들은 기꺼이 비싼 값을 치렀다.

세상이 변했지만 마술은 더 굳건히 자기 자리를 지키고 있다. 오늘날 우리의 삶은 왕궁의 주술사가 아닌 세계적인 과학기술의 지배를 받고 있는 것처럼 보인다. 그러나 마술은 여전히 모든 인간의 머릿속에서 핵심적인 부분을 차지하고 있다. 우리 모두는 무엇이 진실이고 거짓인지, 누구를 신뢰할지 말지, 미래에는 무슨 일이 벌어지고 우리들 각자는 무엇을 어떻게 해야 하는지 결정하기 위해 착각적 정보 Illusory information에 의지한다. 논란의 여지가 있겠지만, 마술의 원리는 오늘날 우리의 지도자, 정책, 성공담을 결정하는 데 그 어느 때보다 강력한 역할을 하고 있다.

어쩌면, 스티브 잡스가 애플 2를 소개할 때, 애플 1을 토대로 한 개선점들이 얼마나 탁월한지 전달하기 위해 참신함이라는 마술을 부리지 않았을까? 마에스트로 구스타보 두다멜은 LA 필하모닉 오케스트라를 이끌기 위해 지휘봉을 잡았을 때, 단원들의 쭈뼛거림을 날려버리기 위해 그들이 완벽하게 준비된 상태라는 착각을 투사하지 않았을까? 워런 버핏은 월가의 대세에 거스르는 자신의 지혜와 리더십을 투자가들이 믿도록 만들기 위해 확실함이라는 마술을 쓰지 않았을까? 테드 터너(CNN 설립자 - 옮긴이)와 오바마 대통령, 메긴 켈리(폭스 뉴스 앵커이자 저널리스트 - 옮긴이)와 제프 베조스(아마존닷컴 설립자이자 CEO - 옮긴이) 같은 유명인사들 역시 여론에 영향을 주고 자신의 권력과 영향력을 공고히 하는 데 마술의 원리를 사용했다. 카인드 스낵스의 대니얼 루베츠키와 박스넷의 애런 레비, 서플멘털 헬스케어의 재닛 엘킨, 자포스의 토니 셰이 같은 CEO들은 경영의 세계에 뛰어들기 전에 말 그대로 마술사로 활동했었다. 그러나 이들이 무대 위에서 정말로 마술을 부렸건 아니건 간에 모든 성공적인 경영자들은 통제의 달인이자 통솔의 주체다. 이들은 인간의 두뇌가 눈으로 보는 것과 믿는 것 간의 간극을 메우기 위해 어떻게 움직이는지를 이해한다. 그리고 자신의 목적을 달성하기 위해 그 움직임을 이용할 줄 안다.

결국, 뛰어난 지도자들은 그들의 관객들이 얼마나 마술에 좌우되는지 잘 알고 있다. 이들은 감명을 주고, 설득하고, 동기를 부여하는 데 능하다. 그리고 당신도 할 수 있다.

7가지 마술의 원칙을 알면, 당신도 게임 체인저가 될 수 있다

착각의 마술을 연습하는 데 공식적인 설명서 따위는 따로 없다. 그러나 이 책을 통해 나는 내가 무대에서 사용하는 주요 기술들을 정제해, 베타테스트를 거친 세기의 성공들에 적용됐던 일곱 가지 핵심 원칙으로 제시할 예정이다. 이 일곱 가지 기본 원칙을 통해 마술사는 공간을 장악하고 관객들이 기대를 갖게 만들며 기적을 낳을 것처럼 보이게 하는 힘을 갖게 된다. 이 원칙들은 우리가 관객들보다 적어도 한 발짝 앞서 있을 수 있게 해준다. 우리의 능력을 돋보이게 해주고, 회의론자들을 열렬한 지지자로 바꿔놓는다. 그러나 이러한 원칙들을 통달하기 위해 마술사가 될 필요는 없다. 또한 그로부터 이득을 보기 위해 연예인이 될 필요도 없다. 오히려, 이 원칙들은 그 어떤 무대에서도 당신을 위한 게임체인저Game changer가 되어줄 것이다. 정치에서, 경영에서, 기술 영역에서, 심지어 사교생활에서까지 말이다.

이어지는 장들에서 당신은 마술에 의해 쉽게 영향받는 인간 행동과 인지의 법칙들을 배우게 될 것이다. 자신의 아이디어를 초석으로 삼아 산업제국을 일궈내기 위해 이 원칙들을 사용한 역사 속 사상가들과 혁신가들을 만나게 될 것이다. 그리고 이 일곱 가지 원칙은 당신이 경쟁에서 우위를 점하게 해주며 스스로 삶을 주도하도록 해준다는 것을 깨닫게 될 것이다.

오늘날 세상은 너무나 살벌하다. 모든 사람이 더 나은 일자리와 프로젝트의 성공을 위해, 그리고 더 많은 고객과 의뢰인과 친구를 끌어모으기 위해 노력한다. 모든 사람이 출세하길 바라며 똑같은 방식으로 노력한다. 이것이 문제다. 마술의 원리는 당신의 아이디어와 제품 또는 기술을 판매하는 데 있어 차별화된 접근법을 제시해줄 수 있다. 그리고 당신의 최선이 그 누구도 따라올 수 없는 것이 되도록 만들어줄 것이다.

이 책은 마술 교과서가 아니다

확실히 해두자. 나는 특별한 마술 트릭을 가르쳐주려는 것이 아니다. 오랫동안 마술비법 가운데 최고의 기술은 거장으로부터 수습생에게로, 아버지로부터 아들에게로, 가업을 잇는 세대를 통해 전해 내려왔다. 이러한 전통은 아주 성스러운 것으로 인식되어왔다. 마땅한 후계자를 찾지 못한 오스트리아의 마술사 요한 네포무크 호프신저는 1875년 세상을 떠나면서, 그 가치를 헤아릴 수조차 없던 자신의 서재를 폭파해 없애버리라고 명했을 정도다. 비밀유지가 중요한 이유는 단순하다. 트릭이 어떻게 작동하는지 알려지게 되면 마술은 힘을 잃는다. 일은 엉망이 되어버린다. 그리고 신비로움에 찬물을 끼얹게 된다. 내가 누군가의 업무비밀을 밝힐 수는 없다. 나는 당신에게서 마술쇼를 보는 즐거움을 앗아가려는 것이 아니다. 그리고 마술사가 되는 법을 가르치려는 것도 아니다. 물론, 당신은 근본적인 원리들을 이해할 때 마술이 지닌 진가를 더욱 인정하게 되겠지만.

그리고 당신에게 속임수를 쓰는 법을 보여주려는 것도 아니다. 속임수는 마술의 본질이고 마술과 사기는 한 끗 차이지만, 이 책의 목적은 절대로 사람들을 기만하기 위한 실전 지침서로 쓰이는 데에 있지 않다. 그 반대로 나는 관객이 당신을 믿게 만들수록 그러한 믿음의 결과로 당신의 책임감이 더욱 커진다는 것을 강조하고 싶다.

마술은 강력한 영역이다. 당신의 설계와 다른 이의 경외심 사이에는 언제나 교묘한 조작이 어느 정도 존재하기 마련이다. 그 조작의 목표가 관객의 희생을 바탕으로 개인적인 부나 권력을 거머쥐는 데에 있다면 이는 사기행위가 된다. 반대로, 마술을 당신의 관객을 일깨우거나 지지하기 위한 정당한 도구로 사용할 때 당신은 영웅이 될 자격이 충분해진다.

마술은 당신이 눈앞에 보이는 것에 의문을 품고 그곳에 있을 가능성이 없는 것들을 따져보도록 만든다. 당신의 윤리적 목적을 위해, 존재하는 것과 존재할 수 있는 것 간의 마술적 간극이 지닌 힘을 통제할수 있도록 하는 것이 이 책의 진짜 임무다. 이에 더해, 당신은 사기를 눈치채고 협잡꾼의 추잡한 트릭으로부터 자신을 보호하는 법을 배우게 될 것이다! 최선의 방어는 지식을 바탕으로 한 공격이다. 특히나 마술에 맞설 때는 더욱 그러하다.

이 책의 구성은

이 책에서 나는 마술과 인생에서 근본을 이루는 일곱 가지 필수원칙을 공개한다. 각 장에서 당신은 마술사처럼 목표에 접근하는 방법을 배우게 될 것이다.

1장 '믿는 대로 보인다, 지각적 공백을 활용하라'에서는 관객들이 눈으로 보고 있는 것과 믿는 것 사이에 지각적 공백이 존재한다는 것을 이해하고, 이를 활용하는 법을 배우게 된다.

2장 '지나친 준비란 없다, 준비하고 또 준비하라'에서는 관객을 깜짝 놀라게 만들기 위한 사전 준비 작업을 도울 예정이다.

3장 '스토리가 경쟁력이다, 각본을 짜라'에서는 마술을 관통하는 서사를 만드는 것의 중요성을 발견하게 될 것이다.

4장 '보이는 대로 믿는다, 시선을 장악하라'에서는 마술사 최고의 친구, 즉 미스디렉션Misdirection이 실생활에서 가지는 가치에 대해 탐구해볼 예정이다.

5장 '당신의 선택은? 자유선택의 자유를 설계하라'에서는 관객들에게 선택권을 주면서 그들을 지배하는 마술사의 기술을 배우게 될 것이다.

6장 '친숙함의 허점을 공략하라'에서는 관객의 습관과 패턴, 그리고 기대를 은밀하게 활용하는 방법을 보여줄 예정이다.

7장 마지막으로 '플랜B를 준비하라'에서는 경쟁자보다 한 발짝, 또는 그 이상 앞서가게 해줄 백업Back up 계획을 개발하는 방법을 배우게 될 것이다.

이 책에서 당신은 FBI 협상전문가에서부터 네트워킹 전문가, 기술 사업가, 기업 CEP까지 다양한 경영적·정치적·사상적 지도자들을 만나게 될 것이다. 이들은 당면한 문제를 해결하고, 추종자들에게 영감을 주고 성공에 꼭 필요한 공감과 지지를 얻기 위해 이러한 원칙들을 적용한 사람들이다. 또한 나는 전쟁에서 이기고, 적을 제압하고, 나라를 세우기 위해 이 원칙들을 사용한 역사적 인물들을 소개할 예정이다. 여기에는 전설의 마술사 외에도 국가 지도자들과 고대의 비선 실세들이 포함된다. 무엇보다 중요한 것은, 당신이 사회적인 커리어와 개인적인 삶에서 맞닥뜨리게 되는 여러 도전들에 이러한 원칙들을 적용하는 법을 배우게 될 것이란 점이다.

마술이 주는 이점을 누리기 위해 손안에 슬쩍 카드를 숨기거나 당신을 찰떡같이 믿고 있는 자원자를 톱으로 두 동강내는 방법을 배울 필요는 없다. 당신에게 필요한 것은 이 일곱 가지 원칙뿐. 마술사 모자도 필요 없다!

1장

믿는 대로 보인다,
지각적 공백을 활용하라

Spellbound

마이클 스콧은 과학과 마술의 틈새를 놀라울 정도로 자유자재로 누비고 다닌 사람이었다. 1175년경 스코틀랜드에서 태어난 수학자이자 철학자이자 천문학자인 스콧은 별들의 위치와 움직임을 보고 미래를 점치는 것으로 이름을 날렸다. 낯선 땅으로 여행을 떠난 그는 이슬람 경전과 히브리 성서를 라틴어로 번역하는 일을 했고, 저 멀리 영국에 있던 사람들은 스콧에게 신비주의의 탈을 씌우기 시작했다.

스콧이 악마에게 멀고 먼 동쪽의 커콜디 바닷가 모래로 동아줄을 만들라는 등 불가능한 숙제를 끊임없이 내주며 악마를 길들이고 있다는 소문이 돌았다. 흑사병을 잡아다가 글렌루스 수도원 지하 납골당 깊숙이 가둬두었다는 이야기도 흘러나왔다. 심지어 지옥마地獄馬를 불러낸다고도 했다. 그가 지옥마에게 발굽을 세 번 구르도록 명령하면, 첫 번째 말발굽 소리에 노트르담 성당의 종이 울리기 시작하고, 두 번째 말발굽 소리가 울리면 성탑들이 땅 위로 무너져 내린다고 했다. 그리고 마지막 발굽을 구르기 전에 프랑스의 왕은 스코틀랜드 배를 약탈하지 말라는 스콧의 지시에 따르게 된다고 했다.[1] 마이클 스콧에겐 실제로 뛰어난 능력이 있었다. 모든 이야기가 허구는 아니었던 것이다.

1223년, 교황 호노리오 3세는 스콧에게 캐셸 지방의 주교직을 제안했다. 그리고 4년 후, 교황 그레고리 9세는 그를 영국 국교회의 수장인 캔터베리 대주교로 임명하려 했다. 스콧은 그 제안을 모두 거절했지만 귀족사회와의 인연은 계속 이어갔다. 신성로마제국 황제이자 시칠리아 왕이었던 프리드리히 2세는 철학자 겸 마술사인 스콧을 궁궐로 따뜻하게 맞아들였다. 그리고 황제의 가정교사로 임명해 점술을 비롯한 우주의 과학적인 원리들을 가르치도록 했다.[2] 스콧은 마술기법을 권력의 도구로 바꿔놓은 최초의 사람도 아니었고, 아마 마지막 사람도 아닐 것이다. 그러나 권세를 누리던 그 많은 왕과 교황들을 홀딱 홀려버린, 몇 안 되는 현실세계의 마법사 멀린 가운데 한 명이었다.

마술이 지닌 숨은 장점을 소개하기 위해 마이클 스콧 이야기를 한 뒤에 곧바로 내 경험을 소개하자니 우스울 정도로 밋밋해 보일 것 같다. 하지만 내 이야기에는, 내게는 이 세상의 왕 그 자체인 영웅이 등장한다. 바로 그 누구와도 비교할 수 없는 위대한 윌 쇼츠(「뉴욕타임스」의 퍼즐판 에디터)다.

때는 2010년 1월 1일, 갓 서른이 된 나는 「뉴욕타임스」의 퍼즐 장인을 만나고 있었다. 그날이 두 번째 만남이었다. 첫 만남은 내가 10대였을 때 이루어졌다. 쇼츠가 케이프코드의 웰플릿 공공도서관에서 강연회를 가진 직후였다. 전미 스크래블 협회의 정식 회원이었던 나는 관객 참여시간에 'LACKIES + P'라는 단어의 철자를 'SPECIAL K'로

재조합하는 데 성공했고, 쇼츠는 내가 가져온 퍼즐잡지 「게임즈Games」
에 "퍼즐 '챔프' 데이비드에게"라고 사인을 해줬다. 내 생애 최고의 순
간이었다. 그 뒤 얼마 지나지 않아 나는 「뉴욕타임스」에 내가 만든 크
로스워드 문제를 보내기 시작했고, 퍼즐계의 이 거장과 연락을 주고
받기 시작했다. 그리고 이 너그러운 명인은 마침내 내 문제 가운데 몇
몇을 채택해주었다. 그러나 2010년 첫날이 오기 전까지 개인적으로
그를 다시 만난 적은 없었다.

2010년 첫날, 우리는 탁구를 치기로 했다. 언젠가 쇼츠는 어느 신경
생리학자로부터 탁구가 크로스워드의 힘이 닿지 못하는 영역을 포함
해 뇌의 구석구석을 활성화시킨다는 이야기를 들었다. 퍼즐을 푸는
것과 마찬가지로 탁구 시합에는 더 잘하고 싶다는 의지와 네트 건너
편에 있는 사람을 굴복시키겠다는 욕망이 모두 필요하다. 쇼츠는 30
년 이상 열정적인 선수로 대회에 참가해왔다. 그의 말에 따르면, "매일
퍼즐과 탁구를 꾸준히 하면 전천후 두뇌를 가지게 될 것"이라고 믿었
다고 한다. 2009년 쇼츠는 북미에서 가장 큰 탁구장인 웨스트체스터
탁구센터를 열었다. 그리고 그곳에서 우리는 첫 시합을 가졌다.

나는 소매 위쪽과 주머니에 말 그대로 트릭을 감춰두고 있었다. 숨
은 의도가 있었던 것이다. 나는 카드 한 벌과 키위 하나, 칼, 매직펜, 그
리고 투명실 몇 가닥을 준비해 가져왔고, 이 준비물들을 은닉하기 위
해 청바지에 긴소매 셔츠를 입고 있었다. 전문적인 선수 수준으로 탁
구 시합을 하기에는 최악의 옷차림이었다. 수천 시간의 훈련과 반복,
그리고 시행착오를 통해 실력을 닦아온 쇼츠는 예상했던 대로 나를

상대로 압승을 거두었다. 세 번의 경기를 치르는 동안 내가 따낸 점수는 겨우 2점이었다. 그러다가 분위기를 만회할 기회가 내게 왔다.

나는 윌에게 마술 구경을 좀 해보겠냐고 물었다. 그러자 그는 열정적으로 사람들을 로비로 불러모았다. 그사이 나는 공연의 첫머리를 열 때 자주 쓰는 마술을 준비했다. 우선 나는 잭 카드 네 장을 손바닥 위에 잘 보이게 올려놓았다. 그런 다음 손바닥을 한 번 뒤집자 잭이 에이스로 바뀌었다. 이 빠르고 화려한 시작 후에 나는 관객들에게 키위 한 개를 건네며 이상이 없는지 살펴보도록 했다. 그러면서 쇼츠에게는 1달러짜리 지폐 한 장에 서명을 하라고 했다. 그 1달러는 내 손짓한 번에 1000원짜리 한국지폐로 바뀌었다. 이 때문에 40센트를 잃었을망정 쇼츠는 이 지폐 바꾸기 마술에 즐거워했다. 다음 순서로, 나는 카드마술로 돌아와 '다중선택수법'이라고 알려진 묘기를 보여주기 위해 몇 명의 관객들에게 트럼프 카드를 고르도록 했다. 열 장의 카드가 선택됐다. 이후 나는 현란한 손동작으로 카드를 섞고 폭포처럼 요란하게 아래로 흘리는가 하면 중간 중간 카드가 불쑥 튀어나오게 만드는 등 화려한 손놀림을 선보이며 카드를 차르륵 펼쳐놓았다. 마지막으로 나는 쇼츠에게 키위를 잘라보라고 했다. 키위 속에 1달러가 들어있었다. 바로 그의 1달러였다. 씨와 과즙 범벅이었지만 지폐 위에는 여전히 그의 서명이 남아 있었다.

퍼즐 장인은 그만 정신을 놓아버렸다! 내 영웅이자 불가사의하고 알쏭달쏭한 모든 것을 다 아는 백과사전과도 같던 이 거장은 내 마술을 하나도 알아낼 수가 없었다.

이때가 바로 내가 마술의 궁극적 가치를 분명히 이해하게 된 순간이었다. 내 기술은 마치 비밀의 열쇠와 같았다. 마술은 나를 마이클 스콧과 마찬가지로 인상적이고 기억에 남는 사람으로 만들어줬다. 최고 위층 관객마저도 나에게 관심과 존경을 표했다. 내가 깨닫게 된 것은 개인적인 권력관계에서 마술이 지닌 본질적인 힘이었다.

나는 마술이 정치, 종교, 과학, 산업에 이르는 모든 분야에서 사실상 영향력을 행사한다는 것을 깨닫게 됐다. 그 어떤 분야에서든 성공하기 위해서는 마술의 원칙을 통달해야 하는 것이다.

누구나 보고 싶은 보고
믿고 싶은 대로 믿는다

본능적으로 우리 인간은 자기 눈으로 직접 본 것을 믿는다. 우리는 우리의 감각과 지각력을 믿는다. 우리는 스스로가 거짓덩어리로부터 진정한 가치를 구분해낼 줄 알 만큼 똑똑하고 기민하다고 가정한다. 그리고 바보 같은 생각 가운데서 현명한 생각을, 사기꾼들 가운데서 강직한 이를, 똑똑한 척하는 이들 가운데서 천재를 짚어낼 수 있는 우리 능력을 믿는다. 보이는 대로 믿는다. 이 명제는 우리가 친구와 동반자, 가장 믿음직스러운 직원, 조언자, 그리고 지도자를 선택하는 기준이 된다. 이 명제는 우리가 어디에서 살지, 누구에게 투표할지, 무엇을 구매할지 결정하도록 도와준다. 우리 DNA에 박혀 있는 명제다.

이러한 본능적 명제에 따르지 않는다면, 우리는 제대로 살아갈 수 없을 것이다. 자아도, 자신감도, 용기도 가지지 못할 것이기 때문이다. 우리가 우리를 이끄는 감각을 믿을 수 없다면 아마도 침대 밖으로 나갈 수도 없을 것이다. 그러나 스스로의 지각에 대한 믿음 덕분에 우리는 자신 있게 행동할 수 있는 동시에, 다른 한편으로는 마술에 취약해질 수밖에 없다. 왜냐하면 우리의 지각은 맹점투성이기 때문이다. 그리고 우리의 마음은 자동적으로 그 공백을 이성적이고 매혹적인 가정으로 메우려 한다. 아니면 사막을 가로지르는 도로 위에 반짝이는 오아시스 같은 신기루로 잘못 이끌려가기도 한다.

애니메이션과 영화의 원시적 형태라 할 수 있는 단순한 플립북Flip book(낱장마다 연속적인 동작의 그림이 그려져 있어 책장을 빠르게 넘기면 그 그림이 움직이는 것처럼 보이는 책 – 옮긴이) 또는 '플릭Flick'북을 떠올려보자. 〈증기선 윌리〉(세계 최초의 유성 애니메이션 – 옮긴이)에 등장하는 미키마우스처럼, 이미지가 조금씩 변하는 모습이 여러 장에 걸쳐 그려진다. 그후 이 그림들을 하나로 묶어 책장을 빠르게 넘기면 매끄럽게 이어지는 단 하나의 움직이는 그림이라는 마술을 보여주게 된다. 우리의 뇌가 책장 사이의 공백을 메워 우리 마음이 우리 눈보다 더 잘 '볼 수 있게' 해주기 때문에 이런 마술이 일어나는 것이다.

동일한 능력 덕에 어린이들은 점선잇기 퍼즐을 하면서 선을 다 긋기도 전에 완성된 그림을 '볼 수 있게' 된다. 우리는 아주 작은 점들로 구성된 인상주의 화가의 그림을 보면서 수련과 건초더미, 그리고 풀밭에서 소풍을 즐기는 가족들의 모습에 감탄한다. 그리고 글자와 글자

사이에서 단어를, 단어와 단어 사이에서 문장을, 문장과 문장 사이에서 더 큰 아이디어와 주장과 이야기를 '볼 수 있도록' 그 공백을 채워가며 읽는다. 우리 뇌가 마술에 천부적인 능력을 지니지 않았더라면, 아마도 지금 당신이 보고 있는 이 페이지는 구불구불한 검은색 선이 잔뜩 그려진 흰 종이로 보였을 것이다.

마술사들은 지각의 점을 잇는 마음의 처리 과정을 완벽하게 이용한다. 이러한 처리 과정 가운데 하나가 무형 완성Amodal completion이다. 나무 한 그루가 서 있고, 나무 뒤쪽으로 닥스훈트 강아지의 머리와 꼬리가 보일 때 당신은 마음속으로 나무 뒤에 서 있는 강아지 한 마리를 상상하게 된다. 이것이 무형 완성의 실제 예다. 그러나 마술사들은 나무 뒤에 두 마리의 (또는 그 이상의) 강아지가 있을 수도 있고, 아니면 반쪽짜리 강아지 인형 두 개가 있을 수도 있다는 것을 안다. 그렇기에 마술사는 이 닥스훈트를 보기에 불가능한 길이까지 '늘려놓거나' '강아지를 반으로 동강내는' 마술을 통해 보는 이를 짜릿하게 만들 수 있는 것이다. 이것이 바로 당신이 진짜로 볼 수 있는 것과 당신이 가정하는 것 사이의 공백을 이용하는 것이다.

카니자의 삼각형

당신의 뇌가 실제로는 존재하지 않는 윤곽을 지각하는 시각적 착각을 '착각적 윤곽Illusory contour'이라고 한다. 가장 유명한 착각적 윤곽의 예는 '카니자의 삼각형Kanizsa's Triangle'이다. 카니자의 삼각형은 1955년 이탈리아의 심리학자인 가에타노

카니자가 만들어냈다.

카니자의 삼각형

위 그림에서 거꾸로 된 흰색 삼각형은 실제로는 존재하지 않는다. 그러나 당신의 마음은 그곳에 도형이 없어도 그 구체적인 형상을 지각한다. 카니자의 삼각형은 게슈탈트 심리학(게슈탈트는 '조직된 전체'라는 의미로, 전체는 부분의 단순한 총합 이상이며 지각이 감각으로 분석될 수 없다고 본다. 형태심리학이라고도 불린다 - 옮긴이)의 상징이라 할 수 있으며, '전체는 부분의 합보다 크다'는 개념을 중심으로 한다. 다시말해 시각적 자극이 쏟아지는 카오스적인 세계에서 우리의 마음은 지각을 의미로써 조직한다. 따라서 불완전한 대상이 있으면 우리는 이를 온전한 전체로 보게 되고, 공백이 있으면 우리는 인지할 수 있는 모양을 만들어내는 윤곽으로 그 공백을 메운다.

───────────────────────────────────●

우리 삶에서 마술의 역할은 시각적인 영역을 넘어서 확장된다. 오케스트라의 연주를 들을 때, 우리 귀에 들리는 것은 60개의 개별 악기가 아닌 하나의 유기적인 음악이다. 우리는 "Fr scre and sun yrs ago or fthrs brt frth on ths cntnnt, a nw ntion, cncved in Lbrty, nd dedcted to th prpsition tht ll mn ar creted equl"이라는 엉망진창인 문장을 보고도 생략된 모음을 어렵지 않게 채워넣고, 이것이 게티즈버그 연설문의 도입부라는 것을 쉽게 알아볼 수 있다(원문은 'Four score and seven years ago our fathers brought forth on this continent a new nation, conceived in liberty, and dedicated to the proposition that all men are created equal'로, '여든하고도 일곱 해 전 우리 선조들은 자유 속에 잉태되어 모든 사람은 평등하게 태어났다는 믿음이 바쳐진 새로운 나라를 이 대륙에 낳았습니다'라는 의미다 - 옮긴이). 우리는 노란 케이크 한 입을 베어물 때 소금, 밀가루, 계란, 버터, 우유, 바닐라, 그리고 설탕의 개별적인 맛이 아닌 하나의 어우러진 맛을 접수한다. 더 크고 전반적인 느낌이 개별적인 일반 성분들이 보내는 신호를 압도한다. 전체적인 맛을 구성하는 미세한 맛들을 구분하도록 훈련받은 음식비평가 같은 전문가가 아니라면 말이다.

공백을 채우려는 인지적 성향은 문제를 해결하고 글자를 읽는 우리의 능력을 지배한다. 우리가 알고 있는 것들은 우리가 알지 못하는 것들에 대해 가정을 할 수 있도록 도와준다. 그리고 우리는 그 가정을 우리가 신뢰할 수 있는 사실이라고 여기게 된다. 이러한 가정은 쉽게 의도치 않았던 결과로 이어진다. 영국의 일부 유권자들이 2016년 영국의 EU 탈퇴를 부른 '항의투표'가 실시된 후 깨달은 사실이 바로 그것이다. 국민투표에 앞서 실시한 전국적 여론조사 결과에 의하면 대다수 유권자들이 EU 잔류를 선호하는 것으로 조사됐다. 따라서 불만에 찬 일부 시민들은 자신들의 '탈퇴' 투표가 그다지 영향을 주지 않을 것이라고 추측했다. 이들은 단지 영국 정부에 불만의 목소리를 전하고 싶었을 뿐이었다. 탈퇴 진영이 승리를 거둔 후 수많은 투표자들이 후회를 했다. 한 BBC 기자는 "많은 사람들이 우리에게 이야기한다. 아침에 눈을 뜨며 '내가 무슨 짓을 한 거지?'라고 생각한다. 그리고 진짜로 UK가 탈퇴하리라고는 생각하지 않았다"라고 트위터에 썼다.[3]

기업경영 분야에서도 실행과 가정 간의 간극을 염두에 두는 사업가들은 의도치 않았던, 반갑지 않은 놀라움을 피할 수 있다. 또한 좀 더 창의적이고 능동적으로 생각하는 경향이 있다. 온라인 파일저장 서비스 기업인 박스넷을 설립하기 전에 청소년 마술사로 활동한 적 있는 애런 레비는 "회사를 보고는 무엇이 빠졌는지 알아냅니다. 우리의 공백은 어디지? 우리의 약점은 어디지? 하고 묻는 거죠. 그런 다음 이러한 것들을 어떻게 해결할 수 있는지 물어봅니다"라고 제안한다. 그에 따르면 많은 회사들이 저지르는 실수 가운데 하나는 오로지 회사의 장점에만 초점을 맞추는 것이다. 스스로의 강점이 무엇인지 알고 강점에 맞춰 개발하고 투자하는 것도 중요하지만 "왜 당신이 성공하지 못할 수도 있는지, 그리고 무엇을 보완해야 하는지 끊임없이 인식하는 것은 정말 중요한 것"이다. 다시 말해 당신이 완벽하다는 착각에 갇혀 있지 말라는 의미다.[4]

우리가 다른 사람들에 대해 '알고 있는' 것은 더더군다나 틀릴 수 있다. 아무나 붙잡고 사랑에 속아본 적 있는지, 아니면 친구의 '평소답지 않은' 행동에 놀란 적 있는지, 또는 카리스마 넘치는 설득에 말려들어간 적 있는지 물어보자. 우리가 깨닫고 있는지 여부와 상관없이 착각은 인간의 모든 상호작용뿐 아니라 우리가 내리는 모든 결정과 우리가 하는 모든 행동에서 사실상 중요한 역할을 맡고 있다.

주술사와 능수능란한 정치가, 선경지명이 있는 사업가 같은 마술사들은 가정과 사실 간의 간극에 공격당하는 대신 오히려 이런 인간의 현실을 유리하게 잘 활용한다. 이들은 관객들에게 감명을 주고 설득하고 동기부여를 하고 이끌기 위해 이 간극을 사용한다. 그리고 이 간극을 사용해 다른 사람들이 자기가 보고 있다고 착각하는 대상을 만들어내고, 그들이 느끼고 믿는 것을 지배한다.

영국의 마술사 데런 브라운은 이를 솔직하게 인정했다. "모두 그렇지는 않겠지만, 대다수의 마술은 여러 사건들이 특정한 클라이맥스로 확실히 이어지는 듯 보이도록 가짜 경로를 만들어내는 공연자의 역량에 달려 있어요. 마술사는 A가 B로 이어지고 B가 C로, C가 D로 이어지리라는 매우 강력한 느낌을 자아냅니다. 그런데 사실은 A는 트릭의 출발점이 되고 D는 말이 안 되는 클라이맥스가 되는 거죠."[5] 그리고 그러한 인과관계는 반드시 진짜일 필요가 없다. 마술사에 의해 조작된, '오직 관중의 머릿속에서만 존재하는 것'이기 때문이다. 이는 마술이 당신이 아는 것과 믿는 것 사이에서 벌어진다는 의미다.

카인드 스낵스의 CEO인 대니얼 루베츠키는 청소년기에 마술사로 활동했던 경험이 경영 리더십에 영향을 준 또 다른 사업가다. "제가 마술을 사랑하는 가장 큰 이유는, 뭔가 새롭고 놀랍고 다른 것을 만들어내면서 근본적인 인간관계에 대해 많은 것을 배우게 된다는 점이에요. 어떻게 하면 사람과 사람을 연결짓고, 어떻게 하면 사람들이 당신이 원하는 것에 관심을 갖도록 만들 수 있는지 배울 수 있죠. 우리는 카인드에서 하는 모든 일에 대해 새로운 사고를 하고 마법과도 같은 해결책을 떠올리려고 노력해요. 이건 어렸을 적에 전혀 기대치 않았던 일로 사람들을 놀래키고 기쁨을 준 경험에서 배운 거예요."[6]

이것이 바로 내가 윌 쇼츠를 좌절시켰을 때 나를 전율하게 만든 그 힘이다.

그러나 그보다 더 오래전, 나는 마술이 나를 지배한다는 것을 알았다. 어렸을 때 나는 초심자용 마술책을 탐닉했다.『나는 진짜 마술사』(성인문화사, 1994), 빌 타르의『이제 보여요. 이제 안 보이죠!Now You See It, Now You Don't!』(1976), 그리고 카드마술의 바이블이라 할 수 있는『카드마술의 왕도The Royal Road to Card Magic』(1949) 같은 책들이었다. 나는 10대 시절 내내 집요하게 마술을 연습했다. 그리고 순진한 하버드대학교 1학년 시절, 위대한 마술역사학인인 리키 제이의 수업을 듣게 됐다.

그날 오후 담쟁이 넝쿨로 뒤덮인 하버드의 아가시즈 극장은 학생들로 가득 찼다. 전설적인 속임수의 거장을 추종하는 팬들은 흥분해서 웅성거렸다. 제이는 19세기와 20세기 초반의 석판인쇄술을 〈마술의 형상화: 19세기 마술과 속임수The Imagery of Illusion: Nineteenth Century Magic and Deception〉라는 전시와 연관지어 설명했다. 그가 하버드 퓨지도서관의 공연예술관에서 큐레이터를 맡았던 전시다. 그는 위대한 마술사인 알렉산더 허먼과 찰스 카터, 청링수의 이야기를 들려줬다. 초자연적인 능력을 가진 것으로 널리 믿어지던 마술사들이다.

나는 제이의 이야기에 큰 감명을 받고, 그다음 주에 로빈슨홀(역사학과가 있는 하버드 내 건물이다-옮긴이)에 당당히 들어가 마술사와 마술 공연의 역사를 내 '집중연구'(하버드에서 잘난 척하느라 전공이란 말 대신 쓰는 용어다) 대상으로 삼겠다고 선언했다. 그다음 학기부터 나는 마술, 그리고 감정과 믿음을 이끌어가는 힘들 간의 특별한 관계가 플립북의 마력 이상으로 뻗어나갈 수 있다는 것을 깨달았다.

영화 속 마술의 힘,
나만의 프레임으로 경이로움을 전달하라

감정과 믿음을 이끌어가는 마술의 힘을 보여주는 가장 좋은 예시는 영화산업이라고 할 수 있다. 초창기 영화제작자 가운데 한 명이자 영화 〈휴고〉(2011)의 실제 모델이기도 한 조르주 멜리에스는 유명한 마술가인 장 외젠 로베르 우댕으로부터 로베르우댕 극장을 사들인 마술사다. 1895년 12월 28일, 멜리에스는 뤼미에르 형제의 영화에 출연해 특별한 쇼를 선보였다. 그리고 그는 영사기에 푹 빠져버렸다(초기 영화 카메라는 영사기로도 쓰였다).

멜리에스는 전설적인 감독 잉그마르 베르히만이 한 세기쯤 뒤에 '곧 망가질 것 같은 작은 기계'인 영사기에 대해 묘사한 것과 같은 의미에서 영사기의 잠재력을 발견한 것이었다. 잉그마르 베르히만은 영사기를 자신의 '첫 마술세트'라고 불렀다. 이유인즉, 관객들이 "깔깔 웃도록, 공포에 질려 소리지르도록, 미소짓도록, 동화와 같은 이야기를 믿도록 만들며" "프레임과 프레임 사이의 공백"을 활용해 그들의 감정을 뒤흔들어놓을 수 있게 해주기 때문이다.[7] 바꿔 말하면 관객의 감정을 이끌어가기 위해 지각의 공백을 염두에 두었다는 말이다.

작고 낡은 기계에서 이와 같은 장래성을 보고 멜리에스는, 가득 찬 관객 앞에서 토머스 에디슨의 1분짜리 영상물을 상영하는 로베르우 댕 극장을 인수했다. 그러나 멜리에스는 운동선수와 퍼레이드가 등장하는 초창기 영화의 단순한 장면에 만족하지 않았다. 베르히만과 마찬가지로 그는 사람들의 마음을 움직이게 하는 영화 장면들을 조직하고 싶어 했다. 그리고 혁신가로서 그는 마술의 일부 원칙이 적용된 새로운 기술인 영화에 덧입힐 특수효과를 만들어내기 위해 무대마술에서 가져올 만한 것들이 여전히 많다는 것을 알았다. 공상가로서 그는 마술의 힘은 끝이 없다는 것을 알아본 것이다.

멜리에스는 자신의 초기 영화 소재로 마술의 연극적 요소를 이용함으로써 마술에 대한 사랑과 존경을 표했다. 마술은 그가 다뤘던 수많은 영화적 효과에 영감을 주었다. 예를 들어 1896년에 그는 〈로베르 우댕 극장에서의 한 부인의 증발Escamotage d'une dame chez Robert-Houdin〉혹은 〈사라진 여인The Vanishing Lady〉을 감독하고 직접 출연했다. 이 영화는 마술사 뷔아티에 드 콜타가 일찍이 런던의 이집션홀에서 명성을 날렸던 공연을 영화로 만든 것이었다. 영화 속에서 멜리에스는 '스톱 트릭Stop trick'을 사용해 이야기를 강조했다. 장면을 바꾸는 동안 카메라를 끔으로써 화면 속 여성이 해골로 바뀌었다가 다시 나타나는 장면이 매끄럽게 이어지도록 한 것이다. 영화라는 새로운 매체에서만 가능한 이러한 특수효과 덕에 그는 단순한 마술을 삶과 죽음에 대한 실존주의적인 이야기로 바꿔놓을 수 있었다. 500편이 넘는 영화를 만들면서 그는 다중노출, 저속촬영, 디졸브Dissolve(한 화면이 사라짐과 동시에 다른 화면이 점차 나타나는 장면전환 기법–옮긴이), 그리고 매트 페인팅Matte painting(실사촬영이 어려운 영화 속 배경이미지를 그림으로 그리는 기법–옮긴이) 같은 실험을 계속했다. 이 모든 것은 인간의 마음을 어루만지는 마술의 변종이었다.

조르주 멜리에스는 영화와 마술 모두 '통제된 시각'을 포함한다는 것을 이해했다. 감독들이 양 손가락으로 두 개의 L자를 만들어 프레임을 구상하는 것은 마술사의 무대 앞쪽 공간을 다시 만들어보는 효과를 낸다. 그리고 그 프레임 안에서 관객들의 세상에 대한 인지를 바꿔놓음으로써 놀라움과 경이로움을 전달할 수 있게 된다. 그리고 이는 곧 독창성과 재능, 영향력이라는 힘으로 드러난다. 이런 의미에서 모든 감독은 마술사이며, 주술사든 CEO든 세일즈맨이든 블로거든 상관없이 모든 마술사는 감독이 될 수 있다.

경영에도 마술이 통한다, 존경과 놀라움을 끌어내라

마술과 영화의 연관성을 생각하면 내가 할리우드에 끌리는 것은 당연한 일이었다. 대학을 졸업한 뒤 나는 연예산업 분야로 직행했고, HBO

와 드림웍스 애니메이션의 신입사원 역할과 마술공연 사이에서 곡예를 시작했다. 나는 역사상 가장 뛰어난 감독 가운데 한 명인 오손 웰스 역시 뛰어난 마술사였다는 사실을 발견하고는 신이 났다. '위대한 오손'은 제2차 세계대전 중 군인들의 사기를 높이기 위해 만든 〈군인들을 위한 머큐리 원더 쇼Mercury Wonder Show for Service Men〉(1943)의 일부분으로 마를렌 디트리히를 톱으로 반 토막 냈다. 그는 〈폴로우 더 보이즈Follow the boys〉(1944), 〈매직 트릭Magic Trick〉(1953), 〈카지노 로얄Casino Royale〉(1967) 등을 통해 자신의 마술 트릭을 스크린에서 선보였다. 또한 1985년 세상을 떠날 무렵에는 TV에 방영할 〈오손 웰스의 매직쇼〉를 작업하고 있었다.

최근에는 어린이 마술사였던 J. J. 에이브럼스가 자라서 〈스타트렉〉, 〈슈퍼 에이트〉, 〈미션 임파서블 3〉, 〈스타워즈: 깨어난 포스〉 같은 다수의 블록버스터 영화감독이 됐다. 에이브럼스 역시 웰스만큼이나 마술과 영화를 이어주는 연결고리가 우연이 아니었다. 한 예로, 에이브럼스의 제작사인 배드 로봇 프로덕션 사무실에는 맨해튼의 유서 깊은 마술가게인 태넌스 매직Tannen's Magic의 옛 간판이 떡하니 걸려 있다. 심지어 그는 태넌의 가게에서 구입한 '미스터리 박스'를 30년 넘게 열어보지 않고 보관하고 있다(여기에서 '미스터리'란 마치 럭키백처럼 포장 밖으로는 내용물이 전혀 보이지 않는다는 뜻이다). 에이브럼스는 마술과 미스터리는 둘 다 똑같이 "무한한 가능성"을 의미한다고 늘 이야기한다.[8]

그렇다면 '틀 밖에서' 생각하기란, 틀 안에 있는 미지의 것을 보호하고 이를 바탕으로 움직인다는 의미가 된다. 마술의 관점에서 본다면, 우리가 볼 수 있는 것과 볼 수 없는 것, 우리가 인식하는 것과 믿는 것 간의 차이를 보호하고 이용한다는 의미로 해석할 수 있다.

2009년에 나는 슈퍼히어로처럼 활약하는 마술사 갱단을 그린 시나리오를 영화화하는 작업에 참여할 기회를 잡았다. 〈나우 유 씨 미 Now You See Me〉의 마술 자문역을 맡게 된 나는 주인공들이 어떻게 마술을 사용해 감쪽같이 은행을 털 수 있을지, 독창적인 방법을 고안해내기 위해 작가들과 협업했다. 라이온스게이트 스튜디오의 영화 제작 승인이 떨어지자, 나는 마술을 준비하고 배우들의 마술 연기를 지도하기 위해 뉴올리언스로 향했다.

영화제작자들이 정말로 강조하고 싶었던 부분은 마술사는 어떻게 생각하는가였다. 우리는 일부러 주의를 다른 곳으로 돌리면서 한 발짝 앞서가는 마술의 원리들을 플롯에 담아 관객들이 마술의 뒷이야기를 살짝 훔쳐볼 수 있도록 했다. 이를 통해 관객들은 마술사 영웅들의 움직임을 훨씬 더 잘 이해하고 지지할 수 있게 됐다.

촬영 내내 나는 영화의 마술에 대해 많이 배웠음에도 여전히 배울 것이 많이 남아 있었다. 찜통처럼 더운 루이지애나의 어느 날 저녁, 우리는 제시 아이젠버그가 손재주로 한 여성을 유혹하는, 영화의 첫 장면을 찍고 있었다. 시나리오에 따르면, 그는 네온 형광등을 따라 손을 빠르게 움직여 형광등을 반짝이는 목걸이로 바꾸도록 되어 있었다. 그러나 실제 연기는 너무 어려웠고, 나는 아이디어가 고갈되어버렸다. 내 공포를 눈치챈 루이스 리터리어 감독이 나를 구석으로 데리고 가서 말했다. "걱정 마세요. 저도 마술사예요." 다시 말해 그는 장면의 속도를 바꾸거나 그가 최소화하고 싶은 순서에서 카메라 속도를 높임으로써 사람들의 시선이 닿는 곳과 사람들이 기억하는 것을 통제할 수 있었다. 그의 손재간은 무대 대신 편집실에서 명쾌하게 활약할 터였다.

나는 마술의 기술을 다른 분야에도 적용할 수 있는 구체적인 방법들에 대해 생각하기 시작했다. 우리는 모두 다른 사람이 우리에 대해 알고 생각하는 것을 통제하고 싶어 하지 않는가? 우리는 우리의 성공을 강조하고 실패는 사라지게 만들려고 노력하고 있지 않은가? 경쟁자들보다 몇 발자국 앞선 것처럼 보이는 이들이 결국 무리를 이끌지 않던가?

사실상 모든 혁신가와 지도자, CEO들은 인간 경험의 한계를 확장하는 한편, 불가능한 것이 가능할 뿐 아니라 필수적이라는 사실을 관객들에게 확신시킨다. 이들은 계획과 백업 계획을 가지고 있다. 이들은 역설계자다. 이들은 정확한 주의력으로 주변을 읽고 다른 사람들이 주목하지 못한 기회들을 이용한다. 이들은 다른 사람들에게 감명을 주며 확고한 명령을 실행시킨다. 그리고 마술이 제대로 작동할 때 감명은 존경과 놀라움이 된다.

'와우' 하고 감탄하게 만들어라

마술 기술의 중심에 간극 개념이 있다면, 와우 요소Wow factor(감탄사가 나올 정도로 사람들을 흥분시키는 요소-옮긴이)는 마술이 강력한 힘을 가지게 되는 이유라고 할 수 있다. 그 이유를 이해하기 위해 우리는 인간의 본성을 다시 살펴볼 필요가 있다.

우리 인간은 보는 대로 믿도록 태어났듯이, 그리고 우리의 눈을 통해 물리적으로 인지하는 것 이상으로 마음을 통해 '볼' 수 있도록 만들어졌듯이, 뭔가 새로운 것 때문에 놀랐을 때 바짝 신경을 세우고 주의를 기울이고 무엇보다도 이를 기억하도록 만들어졌다. 인간으로서 우리는 새로움을 좋아한다. 새로운 춤, 새로운 발명, 새로운 패션, 새로운 맛. 처음 학교에 간 날을 기억하는가? 처음 비행기에 탄 날은? 첫 키스는? 만약 기억한다면, 이는 모두 새로움의 힘 덕분이다. 우리가 첫 경험을 기억할 수 있는 까닭은 그 경험이 본질적으로 더 낫거나 그 이후의 경험들과 달라서가 아니라 그 이전에는 없던 완전히 새롭고 다른 경험이기 때문이다. 첫 경험은 당신이 기대했던 것들의 허를 찌르고 깊은 인상을 남긴다.

인간의 초기발달 단계에서 놀랍고 어리둥절한 낯선 경험은 학습과정에서 필수적이다. 11개월 된 아기들을 대상으로 실시한 존스홉킨스대학교의 한 연구에 따르면, 아기들이 '이전 경험을 훼손하는' 사건을 경험할 때 가장 많이 배우게 된다고 한다. 인지심리학자 에이미 슈탈과 리사 파이건슨은 아기들에게 몇 가지 단순한 마술을 보여주었다. 첫 번째 실험집단에게는 공 하나가 경사로를 굴러내려가 단단해 보이는 벽을 통과하는 모습을 보여준 후, 계속해서 또 다른 공이 좀 더 평범하게 구르는 모습을 보게 했다. 두 번째 집단은 공이 경사로를 굴러내려가 예상했던 대로 벽 앞에서 멈추는 모습을 보았다. 그다음 공은 첫 번째 집단이 본 공과 동일하게 움직였다. 공의 움직임에 놀랐던 아기들은 사물에 대해 더 많은 호기심을 가지고 배우려고 했다. 아기들은 어린 과학자들처럼 공을 콩콩 쳐보고 떨어뜨려보고 굴려도 보았다. 반면에 공이 예상했던 대로 움직이는 것을 본 집단은 공에 대한 흥미를 금세 잃어버렸다.

파이건슨에 따르면 아주 어린 아기들조차 이전의 관찰과 경험을 바탕으로 이 세상에 대해 예측을 한다. "이러한 예상이 틀렸다고 느낄 때 아기들은 이를 특별한 학습기회로 활용해요."[9] 다시 말해 놀라움은 교육을 강제하는 힘이 된다.

어른도 마찬가지다. 마술이 경이로운 놀라움을 선사할 때 당신의 관객은 이를 기억하게 된다. 이때 단순히 놀랐다는 사실만을 기억하는 것이 아니다. 이들은 당신이 말한 모든 것을 기억한다. 당신이 관객들에게 주목하라고 지시한 모든 세부사항 역시 기억에 남게 된다. 그 효과가 더욱 놀라울수록 잊을 수 없는 인상을 남긴다. 그리고 무엇보다 중요한 것은, 관객들을 '와우' 하고 감탄하게 만들수록 당신은 그들 앞에서 더 막강한 슈퍼스타로 군림할 수 있게 된다는 점이다.

후디니와 루스벨트

해리 후디니는 그 누구보다도 와우 요소를 잘 활용한 사람이다. 1899년 극장 매니저인 마틴 벡을 단박에 홀려버린 수갑마술이 대히트를 친 후 후디니는 최고의 탈출 곡예사로 이름을 날리게 됐다. 후디니는 크레인에 매달린 밀봉된 우유통과 버클이 잠긴 구속복拘束服은 물론이고, 물이 가득 찬 수조인 '중국식 물감옥'에 손발이 묶인 채 거꾸로 잠겨 있다가 탈출하기도 했다. 많은 팬들은 그가 초인적인 힘을 가졌다고 확신했다.

후디니의 이러한 팬 가운데 한 명이 바로 시어도어 루스벨트 대통령이었다. 루스벨트 대통령은 1914년 6월, 영국 사우샘프턴에서 뉴욕으로 돌아가는 SS 임퍼레이터호에서 그의 공연의 관객이 되었다. 그러나 대통령에게 감명을 준 것은 그의 훌륭한 탈출묘기가 아니라 그의 또 다른 '초인적' 능력인 심령술 흉내 연기였다.

여객선 승객들을 위한 저녁공연에서 후디니는 관객들에게 '영혼의 칠판'에 질문을 해보라고 요청했다. 영혼의 칠판이란, 분필로 쓴 글자가 으스스하게 나타나는 작은 칠판을 지칭한다. 루스벨트 대통령은 자기 종이에 질문을 썼다. "내가 지난 크리스마스에 어디에 있었지?"

후디니는 대통령의 이 도전과제를 두 개의 영혼의 칠판 사이에 끼워넣었다. 그가 두 칠판을 떼어내자 분필로 쓴 글자가 나타났다. 세상에나! 한쪽 칠판에는 브라질 지도가 그려져 있고, 다른 한쪽에는 '안데스 산맥 근처'라는 말이 쓰여 있었다. 루스벨트 대통령은 너무 놀라 할 말을 잃었다. 백악관을 떠난 지 5년이 넘은지라 그는 스스로를 평범한 시민의 한 명이라고 생각했고, 지난 남미 여행에 대한 자세한 정보는 비공개였다.

다음날 루스벨트 대통령은 마술사를 구석으로 불러내 '남자 대 남자'로 물었다. 정말로 영혼이 그 칠판 위에 글씨를 썼느냐고 말이다.

"아닙니다, 각하. 그저 속임수일 뿐입니다."

후디니는 루스벨트 대통령이 자신과 같은 배를 탄다는 것을 알고 배에 오르기 전부터 이 마술을 준비했다. 그는 「런던 텔레그래프」에 있는 지인들을 통해 전前 대통령에 대해 가능한 모든 비밀을 입수했다. 남미 탐험에 대한 소중한 정보도 그렇게 얻은 것이었다. 후디니는 다른 관객이 루스벨트에게 최근 행방에 대한 질문을 던지도록 유도할 계획이었다. 그런데 대신 '각하'가 스스로 그 질문을 후디니에게 안겼고, 후디니는 이 러프라이더(미국-스페인 전쟁을 위해 루스벨트가 모집·양성한

의용 기병대 – 옮긴이)를 손쉽게 속일 수 있었다.

세상을 홀린 사기꾼들,
흑마술에 농락당하지 않으려면?

불행히도 어떤 마술의 거장들은 위험한 사기꾼이기도 하다. 인류역사에서 전 세계적으로 주술사들이 휘두른 힘은 마술의 어두운 면에 대한 증거가 된다. 종교적 테러행위와 희생제의적 범죄에서 기호가 차지하는 역할을 연구하는 기호학자 던 펄뮤터에 따르면 흑마술, 귀신, 악마에 대한 믿음은 전 세계적으로 여전히 상당한 영향력을 발휘하고 있다. 예를 들어 무슬림 세계에는 '진Jinn'이라고 알려진 영혼의 개념을 기반으로 하는 다음과 같은 믿음이 있다. "진은 악, 질병, 건강, 부, 그리고 사회적 지위뿐 아니라 일상적이고 설명할 수 없는 모든 현상들을 이슬람의 관점에서 설명합니다. Jinn이라는 단어는 jinnee, djinn, djinni, genii 또는 genie라고도 쓰이는데 '감추다' 또는 '감춰지다'라는 의미의 아랍어근 j-n-n에서 유래했어요. 역시나 '숨겨진'이라는 의미를 가진 '오컬트Occult'의 라틴어근과 비슷하죠."[10] 다시 말해 진의 힘은 본질적으로 사람을 현혹시키는 영혼들의 천성과 연계되어 있다고 할 수 있다.

　일반적으로 이슬람 지도자들은 자신들의 종교적인 권위를 위협하는 마술연기를 맹렬히 비난하고 금지하는 반면, 무슬림의 세속 지도자 가운데 다수는 정치적 목적을 위해 신비주의를 활용한다. 탈레반의 창설자이자 파슈툰족(아프가니스탄 남동부와 파키스탄 북서부에 거주하는 민족-옮긴이)인 물라 오마르는, 오직 진정한 지도자만이 열 수 있는 나무궤짝 안에 보관돼 있던 망토에 의해 자신이 불가사의한 보호를 받고 있다고 주장했다. 오마르군이 카불을 함락하였을 때 순진한 아프가니스탄 국민들은 그의 힘이 초자연적이라고 믿었다. (이들은 또한 그가 2013년에 폐결핵으로 사망하고 2년이 지났음에도 그가 여전히 살아 있다고 믿었다.) 마찬가지로, 당시 이란 대통령이던 마흐무드 아흐마디네자드 역시 2005년 "UN총회에서 연설을 하는 동안 내 뒤로 후광이 비췄고, 그곳에 있던 외국 지도자들은 그대로 얼어붙어 30분 동안 눈조차 깜빡일 수 없었다"고 주장했다.[11] 「월스트리트 저널」과의 인터뷰에서 이란의 주술사 사에드 사디그는 자신이 정기적으로 "국가안보와 정권의 정치적 안정을 도와주는 진"과 논의한 뒤 정부 최고위 관리들에게 조언을 한다고 주장했다. 또한 자신의 주요 역할 중에는 이스라엘의 모사드와 미국 CIA를 위해 일하는 진을 불러내는 일도 있다고 말했다.[12]

더욱 당혹스러운 것은, 낸시 레이건이 영부인이던 7년 동안 점성술사인 조앤 퀴글리가 대통령의 기자회견, 연설, 에어포스 원의 비행, 의료적 처치, 심지어 정치토론 스케줄 짜는 것까지 관여했다는 사실이다.[13] 정치학자 마이클 커티스에 따르면, 모든 정치인은 "사람들은 믿고 싶은 것을 믿는다"는 사실을 잘 활용하고 있다.[14]

커티스는 다음과 같이 썼다. "정치적 성공은 카드마술에 성공하는 것과 같다. 가짜로 카드를 섞으면서 적합한 카드가 항상 맨 위에 오도록 하는 것이다. 마술사들이 능숙하게 관객을 속일 때 정치인들은 그와 비슷하게 여론을 호도하고 잘못된 정보를 제공하거나 노골적으로 속임수를 쓴다." 리처드 닉슨은 "이미지에 대한 걱정은 실체에 대한 걱정과 동격이다"고 말하기도 했다.[15]

마술사, 정치인, 그리고 사기꾼은 대중이 믿기 원하는 이유와 인상을 능숙하게 가지고 논다. 아흐마디네자드와 사디그, 그리고 물라 오마르는 자신의 관객이 두려워하고 숭배하는 진을 사용하는 데 능숙했다. 퀴글리는 낸시 레이건이 얼마나 점성술에 기대고 싶어 하는지 잘 알고 있었을 뿐이다. 그리고 정파와 상관없이 미국 정치인들은 유권자들이 얼마나 간절히 신속하고 단순한 해결책을 원하는지 알고 있다. 커티스가 말했듯이 "탄소배출권, 일률과세, 이민, 메디케이드, 재정적자, 오바마케어, 한계세와 감세, 주택융자 세금감면, 대對 시리아 정책과 같이 복잡하고 대립적인 이슈들에 매우 단순한 처방만이 내려지는" 이유가 바로 이 때문이다.

당신의 마음을 읽는 척하는 멘탈리스트들은 관객들이 믿고 싶어 하는 것이 무엇인지를 알고 있을 뿐이다. 멘탈리스트들은 다른 마술사들과 동일한 도구를 사용함에도 자신들이 텔레파시나 불가사의한 능력을 가졌다고 주장한다. 예를 들면 살아생전 당신과 가까이 지냈던, 돌아가신 소피 이모와 이야기를 나눌 수 있는 능력 같은 것 말이다. 유튜브에는 멘탈리스트 영상이 많이 올라와 있다. 그 가운데 몇몇

'심령술사'는 지나가는 행인에게 접근해 그들에 관한 '신성한' 정보를 밝혀내는 노골적인 장난을 서슴지 않는다. 그러고 나서 불과 몇 분 전에 이들이 인스타그램과 같은 앱에서 이름과 위치 정보를 공유했었다는 사실을 폭로한다. 이런 정보들은 마술사들이 어수룩한 목표물을 감탄하게 만들기 위해 인터넷에서 더 많은 정보들을 검색할 때 사용하는 가상의 출발점 역할을 한다.

멘탈리스트들은 마술업계를 분노하게 만든다. 마치 자신들이 마음을 읽는 재능을 가지고 태어난 척하기 때문이다. 대부분의 마술사들은 마술을 무대 위에서만 선보이고, 그 목적도 오락에만 한정시킨다. 그러나 멘탈리스트와 쌍을 이루는 탐욕스러운 심령학자, 심령술사, 점술가들은 끊임없이 초자연적인 행위를 일삼는다. 더 심각한 문제는, 자신들의 신통력이 마술이나 속임수를 사용한 것이라는 사실을 당당하게 부인한다는 점이다. 나는 멘탈리스트들이 마술업계의 칭찬을 받는 것조차 언짢아하는 모습을 많이 봐왔다. 자신들이 사용한 교묘한 속임수나 영리한 술책이 드러날까 염려해서다.

폭스 자매가 뉴욕 주 하이즈빌에 있는 자신들의 집에서 영혼들이 '두드리는' 소리를 들었다고 주장한 1848년에 현대심령학이 태동한 이후, 초자연적인 힘을 앞세운 속임수들을 폭로하려는 마술사들이 등장했다. 우선, 1876년 존 네빌 마스켈린은 귀신이 하는 이야기를 칠판에 받아 적는 영매靈媒 헨리 슬레이드를 상대로 증언을 했다. 슬레이드의 속임수 탁자가 실제로 어떻게 움직이는지 법정에서 실연해 보인 것이다.

후디니 역시 사랑하는 사람을 떠나보내고 슬픔에 빠져 있는 고객들을 상대로 죽은 사람과 '커뮤니케이션'하게 해주겠다며 바가지를 씌우는 가짜 영매 박멸 운동을 벌였다. 그는 변장을 한 뒤 기자와 경찰관을 대동하고 교령회에 참석해 가짜 영매의 트릭을 폭로했다. 후디니는『신들린 마술사A Magician Among the Spirits』(1924)라는 책을 통해 칠판 쓰기, 테이블 두드리기, 공중부양, 현시顯示 등의 기술에 대해 자세히 기술했다. 그는 마술을 음험한 방식으로 써먹는 심령학에 분노한 나머지 1926년 점술 금지 법안을 통과시키기 위해 워싱턴 D.C. 의회에서 증언을 하기도 했다. "제가 2년 동안 잡아들인 영매가 지난 70년간 체포된 영매들의 수보다 더 많습니다. 저는 그들의 트릭을 알기 때문이에요. 어떻게 그들을 잡아야 할지 아는 것이죠." 다시 말해 마술의 원칙을 통달하는 것은 속임수의 달인에 맞서는 최고의 방어가 될 수 있다.[16]

2015년 심령술에 대해 폭로한 마술사 제임스 랜디의 유명한 경력이 다큐멘터리 〈정직한 거짓말쟁이An Honest Liar〉에 소개됐다. 이 영화의 제목은 아마도 마술사의 신념을 가장 적절하게 드러내 보여준다고 할 수 있다. 랜디는 영화의 첫 장면에서 다음과 같이 이야기했다. "마술사는 세상에서 가장 정직한 사람들이다. 마술사들은 당신을 속일 예정이라는 이야기를 당신에게 한다. 그리고 당신을 속인다." 마술사와 관객 모두 순수하게 재미를 위해 속임수를 사용한다는 것을 이해하고 있다.

랜디와 대척되는 지점에 피터 포포프가 존재한다. 1986년 한 해에만 400만 달러를 벌어들인 포포프는 신성한 힘을 가진 TV 전도사였다. 포포프는 신의 은총을 받아 관객 한 명 한 명의 이름과 고통을 알게 됐다는 듯이 그들에게 큰 소리로 말을 걸었다. 이 사기를 파헤치기로 결심한 랜디는 이 신앙치료사의 아내가 무선 이어폰을 통해 '기적적인' 통찰력을 불어넣어준다는 사실을 발견했다. 포포프의 또 다른 계략은 다리가 불편하지 않은 관객에게 선심 쓰듯 휠체어를 빌려주는 것이었다. 포포프가 그 관객의 상상 속 질환을 '치료하면' 그 관객은 휠체어를 버리고 일어나 자리로 걸어 들어갔다.

1986년, 랜디가 〈투나잇 쇼Tonight Show〉에서 포포프에 대해 폭로한 이후 포포프는 파산했다. 랜디는 자신이 큰 승리를 거뒀다고 생각했다. 그러나 불행히도 사람들은 여전히 믿고 싶은 것을 믿는다. 그리고 대부분의 사람들은 자신을 치유해주고 구해주고 또는 회복시켜주는 어떤 높은 차원의 힘으로 통하는 길이 있다고 믿고 싶어 한다. 자신을 추종하는 사람들의 공포와 욕망을 수년간 연구해온 포포프는 쉽게 무너지지 않았다. 그는 자신이 여전히 관객들을 사로잡을 힘을 가지고 있다는 것을 알았다. 1998년에 그는 종교 관련 케이블TV의 방송시간을 사서 랜디가 그 정체를 밝혀냈던 바로 그 '치유능력'에 대한 인포머셜Informercial(인포메이션과 커머셜의 합성어로 일반 광고와 달리 상품에 대한 상세한 정보를 제공하는 광고기법 - 옮긴이)을 내보냈다. 2005년 그의 본부는 2,300만 달러 이상을 벌어들였다.[17] 그리고 그 다음해에 피터 포포프 본부는 영리기업이 아닌 교회로 정식 등록했다. 세금과 재정공개

문제를 해소하기 위해서였다.

오늘날 포포프의 진짜 수익원은 우편 캠페인이다. 예를 들어 어떤 사람이 포포프에게 기도 제목을 보내면서 어떻게 하면 '초자연적인 사면'을 받을 수 있을지 지시를 받고 싶어 한다고 해보자. 얼마 안 있어 그는 자신을 괴롭히고 힘들게 하는 부분에 뿌릴 수 있는 '기적의 성수'가 담긴 작은 통을 받게 된다. 그러나 이 성수는 그가 "신에게 제물을 바치기" 전까지는 효험이 없다. 따라서 "당신이 가진 가장 큰 액수의 현금(또는 수표)을 보내야" 한다.[18] 비영리 공익법인인 트리니티 재단의 대표로서 종교사기를 추적하고 있는 올 앤서니는 다음과 같이 말했다. "대부분의 TV 전도사들은 자신의 종교에 취해 있어요. 하지만 포포프의 경우, 그는 근본적으로 악마예요. 왜냐하면 스스로가 사기꾼이라는 것을 알기 때문이죠."[19]

물론, 마술을 사기극으로 바꿔놓기 위해 반드시 신령스러운 힘을 빌릴 필요는 없다. 버니 매도프의 폰지사기(신규 투자자의 돈으로 기존 투자자에게 이자나 배당금을 지급하는 다단계 금융사기. 1920년대 찰스 폰지가 벌인 사기행각에서 유래됐다 - 옮긴이)는 아마도 최근에 일어난 세속적인 사기극 가운데 가장 극적인 예가 될 것이다. 매도프는 월가의 존경을 한 몸에 받는 영향력 있는 금융계 인사 중 한 명이었다. 주요 자선단체와 병원, 대학, 국제적인 은행들과 펀드, 가족신탁 등이 고수익을 좇아 매도프의 펀드에 투자했다. 케빈 베이컨, 에릭 로스, 존 말코비치, 자자 가보, 그리고 래리 킹 같은 유명 연예인들도 투자자 명단에 포함됐다. 이들은 모두 돈을 투자하면 매도프가 어마어마한 수익으로 되돌려주는 금융의 마법사가 되어줄 것이라고 믿었다. 하지만 매도프는 역사상 가장 큰 규모의 폰지사기를 벌이는 중이었다. 투자자들의 수십억 달러어치 펀드가 허구의 수익으로 빠져나가고 있었다.

매도프는 전문 사기꾼들이 '동족사기Affinity Scam'라고 부르는 사기 행각을 벌였다. 말 그대로 동족에게 사기를 쳤다는 의미다. 유대계 미국인으로서 매도프는 뉴욕, 팜비치, 플로리다, 그린위치, 그리고 코네티컷의 부유한 고객들을 유혹했다. 그는 평생 동안 그들의 관습과 취향, 약점을 연구했고, 어떻게 하면 그들의 신뢰를 얻을 수 있는지, 어떻게 하면 그들의 핵심적인 욕망에 호소할 수 있는지를 알고 있었다. 매도프가 장담했던 결과들은 분명 현실성이 없었지만 그의 희생자들은 그 사실을 믿고 싶어 하지 않았다. 신앙치료사나 점술사와 마찬가지로, 그는 표적물들이 스스로 엘리트이며 이례적으로 운이 좋은 승자집단의 일원이라고 믿게 만들었다. 마리아 코니코바가 저서『신뢰게임: 왜 우리는 매번 당하는가The Confidence Game: Why We Fall For It ... Every Time』(2017)에서 썼듯, "이것이 훌륭한 사기꾼의 힘이다. 당신 마음속 가장 깊은 곳에 있는 욕망을 알아차리고 이를 이용하는 능력 말이다. 이는 솔직함이나 탐욕스러움의 문제가 아니다. 우리는 모두 믿음에 약한 사람이라는 것이 문제다".[20]

1999년, 금융 애널리스트 해리 마코폴로스는 매도프가 약속했던 수익이 산술적으로 달성 불가능하다는 것을 단 5분 만에 깨달았다. 하지만, 마코폴로스만이 유일한 객관적 관찰자였던 것은 아니다. "수백 명의 사람들이 뭔가가 잘못됐다고 의심했어요." 마코폴로스는

CBS의 시사프로그램인 〈식스티 미니츠60 Minutes〉에서 이렇게 말했다. "희생자가 아닌 사람이 누구인가 살펴보면, 월가의 주요 기업들이 매도프에게 돈을 투자하지 않았음을 알게 될 것입니다." 그러나 매도프는 동료 투자가들이 감히 자기를 끌어내리려 하지 않으리라는 걸 잘 알고 있었다. "왜냐하면 똥 묻은 개가 겨 묻은 개를 나무라서는 안 되는 거거든요."21

마코폴로스는 2000년부터 다섯 차례나 미국 증권거래위원회에 경고했다. 그러나 매도프는 2008년에야 체포 고발된다. 전 세계에 충격을 안긴 이 사기사건에 연루된 돈은 500억 달러(약 56조원)가 넘는 것으로 전해진다.

피터 포포프와 버니 매도프는 마술에 매혹당한 대중들의 욕구를 제물로 삼은 사기꾼들이다. 만약 이 끝도 없는 욕구를 통제할 수 있다면 어떻게 될까? 테라노스사의 현재진행형 대하소설이 교훈을 주는 예시가 될 수 있겠다. 2014년 엘리자베스 홈즈의 진단 실험 기업은 미세유체공학의 신기원을 연 실리콘밸리의 소중한 유니콘이었다. 테라노스는 손가락 끝에서 채취한 피 몇 방울로 200가지가 넘는 질병을 진단할 수 있는 휴대용 혈액 진단 키트 '에디슨'을 개발했다고 주장했다. 싸고 간단하며 고통이 없는 혈액검사에 대한 전망은 월그린사와의 대규모 계약으로 이어졌다. 그리고 홈즈의 회사는 소비자들로부터 유례없는 접근성과 신뢰성을 확보하게 됐다. 투자자들은 테라노스에 4억 달러 이상을 쏟아부었고 기업가치는 90억 달러까지 치솟았다. 그러나 2015년, 테라노스는 부정확한 실험 결과로 인해 비난을 받게 되었고, 월그린과 다른 제약회사들은 테라노스를 위해 헌혈센터를 짓는다는 계획에서 발을 뺐다. 2016년 연방당국은 홈즈가 의학적 실험실을 소유하거나 운영하지 못하도록 금했다. 「포브스」지에 따르면, 그녀의 순자산은 45억 달러에서 0달러로 곤두박질쳤다.

경영 블로거 마크 생 시어는 테라노스의 경영전략을 다음과 같이 묘사했다. "벤처캐피털이 듣고 싶고 보고 싶은 환상을 제공할 무엇인가를 쌓아올린다. 그리고 나서 벤처캐피털은 그 환상을 월스트리트에 팔 수 있는 권리를 얻기 위해 돈을 지불한다. 그리고 우리 모두는 부자가 되는 것이다."[22] 마치 연금술처럼 허무맹랑한 광고를 벤처캐피털계의 황금으로 바꿔놓고 싶은 열렬한 마음 때문에, 뻔한 거짓말을 희망으로 포장하고 싶은 유혹은 충분히 이해할 수 있다. 그러나 그렇다고 해서 이를 실행하는 것은 정당화될 수 없으며 현명한 일도 아니다.

소규모 투자은행 라이언트리의 설립자이자 CEO인 아르예 부르코프는 월가의 자산가들 사이에서 낯설지 않은 인물이다. 2015년 그는 타임워너케이블을 차터커뮤니케이션스에 560억 달러에 매각하는 인수합병을 중개했다. 그 역시 자본주의에서 마술이 가진 잠재력을 부인하지 않는다. "사업에서 환상을 만들어낸다는 것은 이전까지 존재하지 않던 가치를 창조해내는 겁니다." 그러나 부르코프는 이러한 과정에서 불공정한 실행이 있어서는 안 된다고 본다. "만약 당신이 '틀에서 벗어난' 접근법을 고안했지만 여전히 그 게임의 윤리적인 규칙에 따라 움직인다면, 이는 당신이 거짓말을 하지 않는다는 의미예요. 그렇게 해서 최고로 강력한 결과를 얻을 가능성이 매우 높아지게 되는 것이죠." 그는 게임의 기본 원칙을 위반하거나 바꿔서는 안 된다고 말한다. 그렇지 않으면 모든 것이 불공평해지기 때문이다. 공동의 목표는 "가치를 더하고 파이를 키우는 것"이 되어야 한다. 그리고 부르코프의 관점에서 파이를 키우는 것은 바로 신뢰다. "고객과의 신뢰는 이 모든 것으로 통하는 열쇠예요. 반드시 소중하고도 신성하게 여겨야 합니다."

지금까지 살펴본 이야기들의 공통된 교훈은 마술이 강력한 설득의 도구가 된다는 것이다. 그러나 이 도구는 선하게 쓰일 수도, 악하게 쓰일 수도 있다. 체제를 강화시킬 수도, 전복시킬 수도 있다. 옳은 길로 인도할 수도, 현혹시킬 수도 있다. 당신이 바라는 것이 무엇인지 분명히 하자. 그리고 다른 이들의 바람을 어떻게 조정할 수 있을지 신중하게 생각하자.

2장

지나친 준비란 없다,

준비하고 또 준비하라

———————— Spellbound ————————

'휴먼 카드 인덱스Human Card Index'는 보드빌(노래, 춤, 만담, 곡예 등을 선보이는 일종의 버라이어티 쇼 – 옮긴이) 마술사였다. 아서 로이드Arthur Lloyd가 본명인 이 마술사는 1971년 미국 무대에서 공연을 시작했다. 로이드는 물을 포도주로 바꿔놓거나 깨진 접시를 온전하게 붙였고, 분명 비어 있던 냄비에서 살아 있는 오리를 꺼내기도 했다. 그러나 그의 특기는 오늘날까지 그 누구도 맞서거나 완전히 이해하지 못하는 카드 트릭이었다.

1925년 로이드는 관객들에게 '아무 카드에나 이름을 붙이라'는 도전과제를 던졌다. 그는 졸업가운을 입고 사각모를 쓰고 있었다. 가운에는 주머니가 여러 개 달려 있었는데 주머니마다 명함, 방문카드, 트럼프 카드, 빙고 카드, 회원카드, 메뉴 카드 같은 것들이 들어 있었다. 로이드는 관객들이 요구하는 것은 무엇이든 종이로 만들어낼 수 있었다. 복권, 식권, 결혼허가증, 수표, 이혼서류, 전쟁채권, 식량배급표, 통장, 권투선수 자격증, 연극 전단 등 그 어떤 것이든 관계없었다. 실제로 누군가가 "셔츠용 마분지!"라고 소리쳤을 때조차 로이드는 이를 꺼낼 준비가 되어 있었다. 그리고 이 마술이 절정에 올랐을 때 입고 있던 셔츠의 버튼을 풀고 커다란 셔츠용 마분지를 꺼내 보였다.[1] 1936년 〈리플리의 믿거나 말거나Ripley's Believe It or Not〉는 완벽하게 준비된 로이드의 가운 무게가 무려 45파운드(20킬로그램)나 나가며, 1만 5,000개의 아이템을 숨기고 있다고 밝혔다.

어쨌든 로이드는 관객이 요청하는 바로 그 카드를 거의 언제나 가지고 있었고, 그 카드가 어디에 숨겨져 있는지 정확히 알고 있었다. 이를 준비하는 과정이 얼마나 복잡한지를 떠나 그 덕에 로이드는 언제나 관객들보다 적어도 한 발짝 앞서 있을 수 있었다. (그가 도전과제를 풀지 못하는 아주 극히 드문 경우가 생기면, 그는 그 예외상황을 적어두었다가 다음에 다시 그 도시에서 공연을 할 때면 그 카드를 주머니에 확실히 준비해뒀다.)

아주 잘 알려진 로이드의 특기는 대부분의 마술사들도 비밀리에 하는 행위다. '로드업Load up'이라 불리는 이 행위는, 마술에 사용할 도구들을 미리 준비하고 배치해놓는 것을 의미한다. 마술사들은 코트 소매에 줄을 감아두거나 주머니 속에 가짜 동전, 여벌 카드, 때로는 가짜 엄지손가락이나 여섯째 손가락을 숨겨놓는 등의 '로드업'을 한다. 마술도구의 이름이 무엇이든 간에 필요할 때, 관객들이 알아채지 못하게 즉시 손을 뻗어 꺼낼 수 있도록 정확한 곳에 준비해둔다. 즉, 관객이 볼 수 있는 것과 인지할 수 있는 것 간의 공백 안에서 로드업이 이루어지는 것이다. 물론 관객들이 인지하게 되는 것은 이 모든 준비의 소산인 절정의 순간이다.

마술사들은 트릭을 실행하기 전에 도구를 장착하거나 비밀의 물건을 제 위치에 놓는 것을 '로드업'이라고 부른다. 그러나 넓은 의미의 로드업은 미리 계획을 세우고 마음속으로 전략을 짜며 실질적으로 준비하고 연습하는 것을 포함한다. 여기서 말하는 준비는 주어진 숙제를 한다거나 보이 스카우트 식으로 '대비 대세'를 갖춘다는 의미가 아니다. 준비에 대한 마술사의 접근법이 다른 이유는, 원하는 결과를 확실히 보장받기 위해 극단적인 범위까지 준비하기 때문이다. 예를 들어 마술계의 거장 데이비드 카퍼필드는 단 몇 분짜리 공연을 위해 2년을 준비한 것으로 잘 알려져 있다. 더 복잡한 트릭을 위해서는 더 오랜 기간이 걸리게 된다. 그가 무대 위로 솟아올라 후프와 플렉시글라스 상자 안을 통과하는, 그 유명한 '플라잉' 마술은 완벽하게 만들어지기까지 7년이 걸렸다.

물론 준비가 필요한 분야가 마술만은 아니다. 수많은 다른 사업들 역시 철저한 계획과 조직이 필요하다. 로자베스 모스 캔터는 하버드 경영대학원에서 하버드 ALI Advanced Leadership Initiative를 이끌고 있다. 캔터는 "즉각적인 성공에는 시간이 필요하다"고 얘기한다. 캔터는 『자신감』(황금가지, 2008)에서 콘티넨털 항공과 버라이즌 같은 기업과 뉴잉글랜드 패트리어츠와 필라델피아 이글스 같은 스포츠팀, 그리고 교육·보건·정치 분야에서의 다양한 성공과 실패 사례를 오랜 기간 연구해오면서 발견한 '자신감'이라는 개념을 제안한다. 그녀는 영원한 승자는 장기적인 패자보다 더 열심히 일한다는 사실을 어렵지 않게 발견했다. "승자는 변화에 대비하기 위해 기술을 연마하고 아이디어를 시험해보는 일에 시간을 투자할 가능성이 더 높다. 이는 엄청나게 극적이거나 화려한 이유는 아니지만 가장 큰 차이점 가운데 하나다."[2]

요식업계에서 사전 준비 행위는 그 자체로 기술이 되는 중요한 요소다. 리얼리티 요리 프로그램인 〈탑 셰프Top Chef〉나 다른 경쟁 프로그램을 본 적이 있다면, 아마 '미장 플라스Mise en place'라는 말이 귀에 익을 것이다. 미장 플라스는 요리의 세계에서 '로드업'과 동일한 의미로 쓰이는 용어다. '제자리에 놓다'라는 의미의 프랑스어로, 모든 전문적인 주방에서는 각종 재료와 도구들이 사용하기 좋게 선택, 정리, 준비되어 있어야 한다는 뜻이다. 미장 플라스는 요식업계의 기본 원칙이다. 마술업계의 로드업과 마찬가지로 공연자가 관객보다 한발 앞서 있게 해주며, 이를 통해 최종 결과가 마술처럼 보이도록 만들어주기 때문이다.

요리사들은 3시간의 저녁 영업을 위해 6시간을 준비한다. 그러한 준비 덕에 주방 인력들은 중요한 때 주문에 맞춰 움직일 수 있게 된다. 레스토랑에서 손님에게 식사를 제공하는 시간은 마술쇼에서의 무대 시간과 동일하다. 맨해튼에서 오너 셰프로 활동하고 있는 빌 텔레판에 따르면, 단 일초도 허투루 보낼 수 없다. "1분이 늦어지면 곧 6분이 늦어지게 돼요." 실수 하나를 만회하거나 고치기 위해 냄비를 휘젓는 사이에 다른 주문이 밀리고 고객들은 기다리게 된다.[3] 그는 준비태세를 갖추고 자기에게 필요한 모든 것이 제자리에 있는지 확인하는 동안은 천천히 속도를 늦춘다. 이를 통해 가장 중요한 순간에 속도를 높이고 고객의 요구보다 앞서 있을 수 있게 된다.

이러한 준비 과정은 요리뿐 아니라 노력이 필요한 모든 분야에 적용된다. 미국의 유명한 요리학교 CIACulinary Institute of America에서 학생들을 가르치는 드웨인 리퓨마 셰프는, "정리를 함으로써 좀 더 효율을 높일 수 있어요. 좀 더 효율적으로 되면 여유시간이 생기겠죠. 여유시간이 생기면 좀 더 느긋해질 수 있어요. 깔끔하고 간결하며 유려한 태도로 주어진 임무를 완수할 수 있게 되는 거죠"라고 설명했다. 매끄럽고 세심히 통제되는, 마치 마술처럼 말이다.

"인생에서도 미장 플라스가 필요해요." 2014년 리퓨마의 학생 한 명이 기자에게 말했다. "수업을 위해 책을 준비하고 셰프복을 준비해요. 구두에선 빛이 나야 합니다. 그리고 그날 일어날 모든 단계에서 필요한 모든 것을 알고 있어야 해요." 다시 말해 성공을 위해 로드업해야 한다는 말이다.

단 한 걸음의 차이가
초인으로 보이게 한다

몇 년 전 나는 초대형 연예 매니지먼트사인 WMEWilliam Morris Endeavor 행사에서 공동 CEO인 아리 엠마뉴엘의 핸드폰 번호를 '뽑아내는' 카드 마술을 선보였다. "세상에, 어떻게 그걸 알았지? 내 번호를 아는 사람은 아무도 없단 말이오!" 그는 놀라 소리쳤다. 그러나 나는 번호를 알아내는 방법을 찾아냈고, 그렇게 노력을 쏟은 덕에 그날 이후 WME의 주요 고객들 앞에서 일년에 몇 번씩 공연을 하고 있다. 당연히 나는 그 공연들을 첫 공연과 마찬가지로 성실히 준비한다. 그래야 매번 새로운 고객들이 감탄을 하며 내 커리어가 앞으로 뻗어나갈 수 있게 도와주기 때문이다.

보는 이들보다 적어도 한 발짝 앞서 있는 것은 마술연기를 관통하는 근본 규칙이다. 그리고 그것이 바로 로드업이다. 절대로 당신 손바닥을 내밀어 그 안을 보여줘서는 안 된다. 당신에게 어떤 효과가 가장 중요한지는 당신 스스로 알고 있을 것이다. 그러나 사람들에게 그 효과가 무엇인지, 얼마나 중요한지, 또는 왜 중요한지를 밝혀서는 안 된다. 대신 세심하게, 그리고 그 어떤 만약의 사태에도 끄떡없을 정도로 준비해야 한다. 비밀리에 이 모든 로드업이 끝나고 나면 당신은 엄청난 이득을 누리게 된다. 그러나 그 누구도 이를 알아차리지 못할 것이다. 그리고 일단 당신이 눈부신 위업에 성공하게 되면, 그 누구도 당신이 어떻게 했는지 알아낼 수 없을 것이다. 오로지 당신이 초인超人이라고만 생각하게 될 것이다.

연예산업 전문 투자가이자 마술연기를 하는 루 호위츠는 1970년대에 이러한 콘셉트를 바탕으로 믿기 어려울 정도의 큰 성공을 거뒀다. 당시는 대형 제작사들이 제작비를 스스로 충당하던 때였다. 은행들이 독립제작사를 신용도가 낮은 위험업체로 보던 때였기 때문에 연예산업 분야에 대한 대출이 거의 없었다. 그러한 때에 친구 두 명이 호위츠에게, CBS방송에 본인이 출연하는 TV 시리즈를 방영하기 위해 애쓰고 있는 한 여배우를 소개해줬다. 다른 은행들은 관심을 보이지 않았지만, 호위츠는 그 프로그램의 전망이 밝다고 생각했다.

문제는 호위츠가 일하던 은행의 대출심사위원회였다. 이들은 제작자가 미리 모든 에피소드를 제작해놓은 것이 아니라면 굳이 엮이고 싶어 하지 않았다. 그러나 마술사로서 호위츠는 한발 앞서기 위해 미리 로드업하는 것의 중요성을 알고 있었다. "그래서 저는 '제게 좋은 생각이 있어요. 바로 원어헤드One-ahead('한발 앞선'이라는 뜻 – 옮긴이) 수법이에요. 그 수법을 계약에 적용해봅시다!'라고 말했죠."

원어헤드 수법 또는 원어헤드 원칙은 멘탈리스트들이 쓰는 방법으로, 몇 분 앞서 정보들을 수집해놓고는 적절한 때에 마치 천리안을 가진 것처럼 꺼내 보이는 기술이다. 다음은 원어헤드 수법이 어떻게 작동하는지 보여주는 기본 트릭이다.

1. 당신 앞에 카드를 펼쳐놓는다. 그 사이 은밀하게 맨 아래 카드가 '다이아몬드 3'이라는 것을 훔쳐보고 기억한다. 이제 이 카드 한 장에 의해 당신은 '한발 앞서' 있는 것이다.

2. 다른 카드의 뒷면을 만지면서 그 값을 '느낀' 후에 외친다. "다이아몬드 3입니다!" 당신 말이 맞는지 '확인'하기 위해 카드를 뒤집어서 보고는 선언한다. "네, 제가 맞았군요!" 그러나 아직 관객들에게 이 카드를 보여주지는 않는다. 왜냐하면 그 카드는 사실 '스페이드 퀸'이기 때문이다. 대신 당신은 이렇게 말한다. "이제 저는 스페이드 퀸을 느껴보도록 하겠습니다!"

3. 새로운 카드 한 장을 집는다. "네, 또 맞았네요!" 이렇게 말

하면서 카드가 실제로는 '하트 7'인 것을 혼자 확인한다. "그리고 마지막으로, 저는 '하트 7' 카드를 찾겠습니다"라고 말한다.

4. 이제 마지막으로 맨 밑에 있던 카드를 골라낸다. '다이아몬드 3'이라는 것을 미리 봐놓은 본래의 '원어헤드 카드'다.

5. 관객들에게 당신이 '예언했던' 카드들이 무엇이었는지 상기시키며 카드들을 부채 모양으로 펼쳐 보여줌으로써 대단원의 막을 내린다. 당신이 이름을 부른 세 장의 카드가 모두 당신 손안에 있다.

'원어헤드'의 기본 개념은 한발 '앞서' 출발해 당신에게 득이 되는 방향으로 그 비밀을 지혜롭게 활용하는 것이다. 루 호위츠는 아직 손안에 들어오지는 않았으나 분명 들어올 것으로 확정된 가치가 바로 자신의 '원어헤드' 카드라는 것을 깨달았다. 다름 아닌, CBS로부터 이미 약속받은 상환금이 바로 그것이었다.

제작자들은 초기에 시험방송 분량을 만들기 위해 12만 5,000달러를 자체적으로 투자했다. 이 돈은 방송사에 방영분을 넘기면 전액 돌려받기로 되어 있었다. 루는 제작자들에게 그 돈을 자기 은행에 넣어두고, 대신 새로운 대출을 받는 것이 어떠냐고 제안했다. 이리되면 대출기관은 방송사의 12만 5,000달러를 챙겨 고객보다 한 발짝 앞서 있게 되면서 기본적으로 위험부담 없는 융자를 해주게 되는 것이다.

호위츠의 마술은 연예산업 분야의 자금조달 방식을 완전히 바꿔놓았다. 그리고 그 덕에 살아난 그 프로그램이 바로 〈메리 타일러 무어 쇼The Mary Tyler Moore Show〉다(1960년대와 70년대의 미국에 사는 30대 독신여성의 삶을 그린 CBS 시트콤으로 공전의 히트를 쳤다 – 옮긴이).

사실상 시작이 반이다

"Dimidium facti qui coepit habet(디미디움 팍티 키 코이핏 하벳)." 이 말은 무슨 비밀의 주문이 아니다. 기원전 20년 호라티우스가 한 명언으로, 시작이 반이라는 의미다. "용기를 내어 알고자 하라." 로마의 시인이자 기사인 호라티우스는 이렇게 덧붙인다. "시작하라!"

물론 위대한 일을 시작할 준비태세를 갖추는 것은 말만큼 쉬운 일은 아니다. 그러나 우리가 생각하는 것보다 훨씬 더 중요하다. 마술사와 마찬가지로 현명한 지도자들은 준비에도 노하우가 있다는 것을 알고 있다. 그리고 이는 우리가 마술연기를 배우고 훈련하는 것과 관련이 있다.

우선, 준비는 온몸으로 하는 노력이다. 뭔가 새로운 것을 시도하거나 배워보자는 생각을 하는 순간 신경학적으로 우리는 첫 경험을 하게 된다. 우리 뇌 속에는 그 기술을 실행할 준비가 되어 있는 특별한 회로가 없기 때문이다. 그러나 우리에겐 그 노력에 힘을 더해달라고 협조 요청을 할 수 있는 다른 기술 관련 회로가 있다. 모든 신체적 움직임을 관장하는 대뇌의 운동피질은 협조를 요청받은 회로들에게 새로운 신경을 생성하고 필요한 근육 부위에 새로 생성된 신경망을 보내라고 지시한다.

스키를 처음 배운다고 가정해보자. 몇 시간 동안 당신은 슬로프 위에서 시간을 보내며 새로운 신경회로망을 만들도록 뇌를 훈련시킬 것이다. 야트막한 언덕에서 시작해 상급자용 슬로프에 올라갈 수 있을 때까지 말이다. 그렇게 연습하는 동안 당신의 운동피질은 집중하고, 몸을 풀고, 기대고, 눈 위에서 제동을 걸고, 가로지르기 위해 필요한 모든 근육에 신호를 보낸다. 근육을 움직이는 신경들은 즉각적이지는 않지만 마침내 그 메시지에 복종할 것이다. 그후 몇 번의 연습을 거듭하면 이를 기억함으로써 움직임이 자연스러워진다. 이를 근육기억이라고 한다. 수많은 연습 후에는 슬로프 위에서의 움직임이 반사적이고 거의 자동적으로 나오게 된다. 이때가 바로 기술이 몸에 익은 순간이다. 이제 당신은 더 이상 근육에 의식적인 지시를 내릴 필요가 없어진다. 신경신호가 마치 스키를 타듯 잘 형성된 경로를 통해 전달되기 때문이다.

이러한 신경학적 과정은, 왜 연습을 하면 결국엔 완벽해질 수 있는지를 설명해준다. 신체적인 기술뿐 아니라 마술을 터득하는 것도 마찬가지다. 초기에 더 많은 전문기술을 연마할수록, 더 많이 앞설 수 있게 된다.

2010년 가을, 나는 한 가지 사실을 불현듯 깨달았다. 당시 나는 로스앤젤레스의 매직 캐슬Magic Castle(마술을 주제로 한 나이트클럽이자 회원제 클럽-옮긴이) 공연을 준비하며 대규모 트릭을 만드느라 고군분투하고 있었다. 이 프라이빗 클럽의 멤버십은 전문 마술사와 마술 기술을 지원하는 지지자들에게만 배타적으로 허용되었다. 몇 년간 나는 이 거대한 대저택에서 어둑한 구석의 테이블 주변에 모여든 소규모 관객 앞에서 즉흥쇼를 선보이곤 했다. 그러나 이번에는 좀 더 큰 규모의 진지한 관객들을 대상으로 파티를 열고 공개행사를 진행하고 싶었다.

문제는, 내 트릭들은 그 어느 것도 충분히 과감해 보이지 않는다는 거였다. 유명한 마술 디자이너인 짐 스테인메이어와 같은 전문적인 기술이 나에게 있다면, 아니면 프란시스 메노티와 칼렌 모렐리 같은 트릭 기술자들처럼 젊은 사람들끼리 모임을 가질 수 있다면! 그러나, 그러다가 문득 깨닫게 됐다. 나에게는 마술계에서는 독특하다고 할 수 있는 나만의 전문분야가 있다는 것을. 아, 맞다. 나는 크로스퍼즐을 만들지! 내 퍼즐 기술과 마술 능력을 접목할 방법을 알아낸다면, 완전히 새로운 타입의 마술을 만들어낼 수 있지 않을까.

그렇게 되면 나는 지난 20년간 쌓아온 크로스워드 퍼즐 경험을 활용할 수 있을 것이며, 매우 특화된 두뇌회로를 가지고 미리 로드업할 수 있을 것이다. 나는 이미 퍼즐과 마술공연에 각각 연결되어 있었다. 이제 이 두 회로를 단지 이어주기만 하면 된다. 그리고 나는 새로운 하이브리드 기술을 만들어낼 준비가 되어 있었다. 생각이 여기에 미치자, 짜릿한 전율이 느껴졌다. 아마 1940년대에 서퍼들이 나무 판때기에 롤러스케이트 바퀴를 처음 달았을 때 이런 스릴을 느꼈을 것이다.

내가 생각한 아이디어는 즉흥적으로 퍼즐을 만들어내는 마술이었다. 즉, 그때그때 상황에 맞춰 뉴욕타임스 크로스워드를 써내려가는 것이다. 나는 십자판 위에 펼쳐질 수 있는 모든 가능한 순열을 통제하기만 하면, 아니 능력이 닿는 범위 안에 두기만 하면 된다.

나는 곧바로 크로스워드 퍼즐판을 짜기 시작했다. 마술사들이 즉흥적으로 마술을 펼치기 위해 필요한 기계장치들을 미리 로드업하듯, 나는 단어와 글자 패턴을 모두 익혔다. 아서 로이드처럼 나는 관객들에게 "단어 하나를 부르세요. 아무 단어나!" 하고 도전과제를 던질 생각이었다. 그리고 관객들의 지시를 바탕으로 검은색 사각형과 그 주변의 '채우기' 단어의 위치를 요리조리 움직임으로써 '작동하는' 십자판을 만들어낼 심산이었다.

나는 식탁 위에 수백 장의 색인카드를 늘어놓고 연습을 하고 또 했다. 그러면서 단어 조합을 기억하기 쉽게 카드 위에 그림을 그려넣었다. 예를 들어 'ANTARCTICA(남극대륙)'라는 단어 주변에 'SOMBRERO(솜브레로)'(스페인·남미지역 등에서 쓰는 테가 넓고 높은 밀짚모자 - 옮긴이)', 'COUSIN(사촌)' 그리고 'BARLEY(보리)'라는 단어를 배치해야 한다면, 내 사촌 대니얼이 보리로 가득 채워진 솜브레로를 손에 쥐고 빙하 위에 서 있는 그림을 그렸다. 몇 달간 나는 플래시카드를 손에서 놓지 않고 어디든 들고 다녔다. 그리고 로스앤젤레스의 교통체증에 갇혀 있을 때면 혼자서 연습을 했다.

기억법

마술사와 기억전문가들은 밀접하게 연관된 역사를 공유한다. 멘탈리스트들은 임의로 고른 잡지의 내용, 관객들이 만들어낸 물건 리스트, 그리고 잘 섞인 트럼프 카드 한 벌의 순서를 모두 외우는 것으로 알려져 있다.

'수학마술사Mathemagician' 아서 벤저민은 독창적인 방식으로 빠른 암산을 하는 것으로 유명하다. 벤저민은 관객이 무작위로 제시하는 4자리 숫자를 제곱하면서 자기 공연을 눈부시게 마무리짓는다. 그 결과로 수백만 또는 수천 수만의 숫자가 나온다. 이러한 암산 묘기를 위해 벤저민은 메이저 시스템Major System을 활용한다. 메이저 시스템은 숫자를 단어로 바꿔놓는 기술이다. 예를 들어, 그가 684라는 숫자를 기억해야 한다면 이 수를 하나의 단어로 바꿔놓고 나중에 떠올리는 것이다. 메이저 시스템에서 6은 '치(ch)'나 '쉬(sh)'나 '지(g)'고, 8은 '프(f 또는 ph)'나 '브(v)'이며, 4는 '얼(r)'이다. 세 자리 숫자를 '쉬버SHIVER'('몸을 떨다'라는 의미 – 옮긴이)라는 단어로 바꿔놓을 수 있다면 숫자를 따로따로 외울 필요가 없어진다. 마찬가지로 735에서는 7이 'ㅋ(k 또는 c)', 3이 'ㅁ(m)', 그리고 5가 'ㄹ(l)'이 되므로, 이를 '카멜 CAMEL'로 기억할 수도 있다.

기억법은 보통 정보를 다차원적으로 완벽하게 기억하기 위해, 함께 연상할 수 있는 의미, 수, 순서, 시각 등 다양한 형식의 기억을 끌어들인다. 이는 해리 로레인이 기억력 향상법에 대해 쓴 고전서 『뇌를 웃겨라』(살림Life, 2008)에서 다루고 있는 근본적인 원칙이다. 1926년에 태어난 해리 로레인은 수십 년간 정교한 마술에 대해 쓰고 가르쳐온, 마술사들이 단연 존경하는 인물이다. 그러나 로레인은 기억법으로 가장 유명했다. 조니 카슨이 진행하던 〈투나잇 쇼〉의 고정출연자였던 그는 방청객 수백 명의 이름을 막힘없이 외웠다.

로레인이 그의 책에서 알려주는 기억법 가운데 하나는 페그 시스템Peg System이다. 만약 주어진 아이템의 목록을 순서대로 기억해야 한다면, 그 순서에 따른 숫자와 운(韻)을 맞춘 시각적 명사에 각 아이템을 연결시키는 것이다. 가장 흔한 예로, 1(One, 원)은 Gun(총, 발음은 '건'), 2(Two, 투)는 Shoe(신발, 발음은 '슈'), 3(Three, 쓰리)은 Tree(나무, 발음은 '트리'), 4(Four, 포)는 Door(문, 발음은 '도어')와 연관짓는다. 그리고 이 순서적인 힌트에 맞춰 그 아이템의 모습을 시각화한다. 만약 주어진 아이템이 휴대폰, 피넛버터, 악어, 촛불이라면 당신은 총에 맞은 휴대폰, 피넛버터로 가득 찬 신발, 나무에 오르는 악어, 그리고 촛불이 그려진 문을 떠올리면 되는 것이다.

———————————————————●

파티가 열리던 밤, 나는 앞에 나와 관객들의 기분을 북돋우기 위해 카드마술 몇 가지를 선보였다. 마지막 카드마술을 끝내면서 하트 잭 카드를 꺼내는 데 실패한 나는 관객들에게 이 카드를 나중에 다시 들고 나오겠다고 약속했다. 그러고 나서 내 뒤에 있던 커다란 보드 쪽으로 돌아섰다. 그 보드는 가로 15칸, 세로 15칸으로 구성된 십자판이었다. 「뉴욕타임스」에 매일 실리는 크로스워드 퍼즐과 같은 규격이었다. 보드 옆 테이블 위엔 다양한 형태의 검은 사각형들이 놓여 있었다. 정사각형, 직사각형, 그리고 L자 모양 도형도 있었다. 이 도형들은 적합하지 않은 글자조합을 막기 위해 십자판 위에 놓을 것들이었다.

나는 관객들에게 미국의 주州 이름을 대보라고 요청했다. 누군가가 '매사추세츠Massachusetts'라고 말했다. 다행히도 홀수로 이뤄진 단어였다. 나는 이 단어를 십자판 한가운데에 놓았다. 그리고 그 단어 주변을 검은색 사각형으로 막고 십자판 각 모서리에 글자들을 집어넣을 수 있도록 작업을 해나갔다. 그 과정에서 내 마음대로 하는 것을 막기 위해 관객들에게 계속해서 철자와 단어들을 불러달라고 부탁했고, 호명된 단어를 모두 퍼즐 안에 집어넣었다. 내가 마지막 철자를 마지막 사각형에 휘갈겨 쓰자 관객들은 환호성을 내질렀다.

하지만 나는 잠시 멈춰 섰다. 할 일이 한 가지 더 남아 있었다. 관객들은 내가 앞 순서에서 꺼내기에 실패했던 트럼프 카드를 기억하고 있을까? 나는 십자판에서 대각선으로 놓인 글자들에 동그라미를 쳤다. J-A-C-K-O-K-F-H-E-A-R-T-S, 즉 하트 잭이었다.

이 '반전'은 관객들로부터 열광적인 반응을 이끌어냈다. 내 마술 커리어에서 다시 만나기 어려울 정도의 환호였다. 어쨌든 나는 매직 캐슬에서 공연을 하고 있었고, 관객은 다름 아닌 동료 마술사들이었다. 그리고 그 자리에 있던 모든 마술사들은 내가 완전히 새로운 작품을 만들어냈다는 것을 알게 되었다. 이 마술은 내 대표 마술이 되었고, 구글과 아마존, 이베이, 각종 디자인 행사들과 테드TED 콘퍼런스에서 선보이는 마술이 되었다. 나는 그날 이후 승승장구하고 있다.

이 마술이 성공을 거둔 후 나는 왜 관객들이 획기적인 발전에 그토록 열광하는지를 생각하게 됐다. 나는 우리가 혁신을 찬양하는 한 가지 이유는, 주도적으로 앞서 나가는 것이, 미래를 상상하고 변화를 일으키는 것이, 그리고 이론을 증명하기 위해 벽을 뛰어넘는 것이 얼마나 어려운지를 잘 알고 있기 때문이라는 점을 깨닫게 됐다.

우리 대부분은 도저히 통제할 수 없다고 느껴지는 상황에 반응하며 인생의 대부분을 보낸다. 그러나 일과 인생에서 뛰어난 사람은 주도적으로 앞서 나가는 것에서도 뛰어난 경향이 있다.

결국, 공격이 최선의 방어가 되는 것이다.

당신이 주인공이 되는 마술쇼의
최종 결과를 그려보라

주도적으로 앞서 나가는 과정은, 이를 성공을 위한 미장 플라스라 부르든 아니면 로드업이라 부르든 간에 당신이 궁극적으로 성취하길 원하는 결과를 그려보는 데서부터 시작한다. 완벽하게 요리되어 접시에 놓인 음식? 놓쳐선 안 되는 사업계약 또는 당신의 커리어가 시작되게 해줄 마술쇼? 그 목표가 당신에게 소중할수록 신중하게 로드업하는 것이 중요해진다. 일상적인 행사들에 중점을 둘 필요는 없다. 그러나 커리어에 중요한 기로, 일생에 한 번 올까 말까 한 기회, 당신 삶의 올림픽대회를 앞두고 있을 때의 든든한 준비는 당신이 완벽한 자신감을 가지고 연기할 수 있도록 확신을 가져다준다.

나에게는 내가 공개적으로 선보이는 마술 하나하나가 소중하고 중요하다. 나는 때로는 다른 마술사들까지 속일 정도로 아주 치밀하게 준비를 한다. 그 마술사들은 내가 자신들보다 훨씬 더 많이 준비한다는 것을 상상조차 못할 것이다. 그러함에도 나는 전설적인 거장들에 비하면 새 발의 피에 불과하다.

20세기를 앞서 나간 요술쟁이 가운데 한 명인 존 멀홀랜드는 말 그대로 마술 트릭 준비에 대한 모든 것을 책으로 썼다. 이 책에서 멀홀랜드는 로드업을 하는 과정에서 스스로 최종단계를 명확히 하고 드러나지 않게 감추는 것의 중요성에 대해 묘사한다.

1953년 냉전이 절정에 달한 시기에 멀홀랜드에게 시드니 고틀리브가 접근해온다. 고틀리브는 '프로젝트 엠케이 울트라MKUltra'라는 CIA의 극비 프로그램을 이끌고 있었다(엠케이 울트라 프로젝트는 1953년부터 1973년까지 무려 20년 동안이나 비밀리에 진행된 미국 CIA의 불법 생체실험이다-옮긴이). 고틀리브는 멀홀랜드가 CIA 첩보원들에게 마술기법을 가르쳐주길 원했다. 첩보원들이 들키지 않고 화학물질을 현장에 퍼트릴 수 있도록 하기 위해서였다. 고틀리브가 이끄는 프로그램은 윤리성과 합법성 면에서 논란의 여지가 있었지만 멀홀랜드는 자신의 임무는 마술에 대한 깊은 이해를 미국을 안전하게 지켜줄 매뉴얼로 바꿔놓는 것이라고 보았다. 그리고 그는 이 도전을 받아들였다.

멀홀랜드는 비밀을 지키는 데 익숙했다. 그러나 이번에는 마술보다 그 위험성이 훨씬 컸다. 미국 스파이들의 생명을 걸고 미션을 수행하기 위해 그는 자신의 모든 시간을 쏟아부었다. '건강상 문제'를 핑계로 그는 23년 동안 만들어온 마술잡지 「스핑크스」의 발행을 중단했고 대중의 시선 밖으로 물러났다. 발각에 대한 두려움이 컸던 CIA는 이 마술사가 실제로 하는 일을 숨기기 위해 정교한 계책을 마련했다. 심지어 국세청에까지 급여 지불 사실을 감추었다. CIA가 이 마술사를 고용했다는 그 어떤 서면계약서나 서류도 존재하지 않았다. 교육 매뉴얼 또한 지극히 평범한 마술책처럼 보였다. '요원', '첩보원', '비밀공작', 또는 '독극물'에 관해서는 전혀 언급이 없었다. 대신 멀홀랜드는 지시사항을 '공연자'에게 설명했다. 그러면 '공연자'들은 '작은 물품들'을 포함한 '트릭'들을 실행하는 것이었다.

집필의 첫 단계는 책의 기능을 분명히 하는 것이었다. 다른 마술사들과 마찬가지로 멀홀랜드는 최종단계를 구상하고 기획하기 전에 최종단계에 대한 분명하고 정확한 비전이 필요했다. 사실상 그의 책은 (스파이 행위를 위한) 로드업 가이드가 될 것이기 때문에 그가 정리한 내용은 중요한 프로젝트를 준비하면서 알아야 할 핵심 원칙이라 할 수 있다.

1. **공급**: 완전한 초심자가 주어진 주제와 절차들에 대한 근본을 이해할 수 있도록 배경지식을 공급한다. 이 부분에서 대안적인 절차뿐 아니라 다양한 상황과 환경에 따라 필요할 수 있는 절차 변경 방법을 제시한다.

2. **자세한 기술에 대한 설명**: 필요한 기술과 함께 그 기술을 얼마나 신속히 통달해야 하는지에 대해 설명한다. 또한 새로운 요구사항에 맞추기 위해 현 상황에서 최고의 방법을 조정하고 수정하는 방법에 대해 설명한다.

3. 앞서 설명한 기술들을 어떻게 활용할 수 있는지 자세히 보여주기 위해 다양한 예시를 사용한다. 이 예시들은 다양한 상황과 함께 제시되며, 변화에 대응하기 위해 절차를 수정하는 방법을 보여준다.[4]

멀홀랜드의 책은 미래 독자들을 모든 경우의 수에 대비시켜야 했다. 따라서 그는 스파이가 독극물이 든 작은 유리병을 손바닥 안에 감추거나 적의 시선을 엉뚱한 곳으로 돌려놓아야 하는 상황들에 대해 빠짐없이 조사할 필요가 있었다. 그는 '트릭'을 방해할 수 있는 모든 상황을 마음속에 그리고 대응방안을 다각도로 제시했다. 그리고 그 모든 설명을 글로 쓸 뿐 아니라 단계별로 시각화해서 도표화했다. 아마 그는 스파이 작전이라는 특수한 경우가 아니더라도, 회사를 새로 설립하거나 새로운 제품을 소개하기 위해 준비할 때에도 이와 동일하게 했을 것이다.

멀홀랜드가 과제를 완수하는 데는 거의 2년이 걸렸다. 그러나 최종 결과가 아주 성공적이었기 때문에 CIA는 계속해서 그에게 다른 임무들을 맡겼다. 그는 30년이 넘게 세심하고 신중하게 자신만의 마술 트릭을 준비하고 스스로를 단련시켜온 사람이었다. 따라서 CIA 임무를 위해 꼼꼼하게 로드업하는 것은 그로서는 간단하고도 자연스러운 일이었다.

당신의 커리어와 삶에서 가장 중요하게 생각되는 목표들을 떠올려보자. 이제 이러한 목표를 달성하기 위해 어떻게 하면 가장 잘 준비할 수 있을지 스스로에게 물어보자. 당신이 하고 있는 게임에서 선두를 차지하기 위해 무엇을 배워야만 하는가? 당신에게 가장 도움이 될 기술은 무엇일까? 특정한 관객들의 기대와 성공적인 공연 사이의 간극을 뛰어넘기 위해 당신의 레퍼토리에 무엇이 더해져야 할까?

아마도 당신은 다음번 회사 면접을 위해 면접관에 대한 모든 것을 검색해보고 그 면접관에게 영향을 준 책들을 모조리 읽어봐야 할 것이다. 어쩌면 당신에게 정말 중요한 고객이 가장 좋아하는 스카치위스

키의 역사를 공부해야 할 수도 있다. 아니, 가장 좋은 것은 관객의 필요를 충족시켜줄 완전히 새로운 방식을 노려보는 것이다.

1985년 멕시코의 시멘트 회사인 시멕스의 CEO 로렌조 잠브라노는 수익을 더 높이고 싶었다. 그는 자신이 가진 선택지를 하나하나 살펴보았다. 검토 결과 제품엔 문제가 없었다. 그는 제품을 제공하는 방식을 바꾸면 경쟁자보다 우위에 설 수 있을 거라는 결론을 내렸다. 혼합 콘크리트는 보관시간이 극도로 짧기 때문에 고객이 사용하기 직전에 배달되어야 한다는 특성이 있다. 잠브라노는 입방야드당 가격에 어설프게 손을 대느니, 배달방식을 개선하고 고객이 제품을 필요로 하는 바로 그 시간에 맞춰 콘크리트 제품을 준비하는 신선한 아이디어로 로드업하는 것이 현명하다는 것을 깨달았다.

그는 다른 산업 분야의 배달방식을 조용히 연구하기 시작했다. 우선 직원들에게 국제특송업체 페덱스와 피자배달업체, 그리고 트럭 및 구급차 용역회사들을 연구하도록 했다. 그렇게 해서 구체화된 아이디어의 목표는 시멕스 트럭이 실시간으로 목적지를 바꾸고 서비스 지역을 이동하는 경로를 최적화하는 디지털 시스템을 도입하는 것이었다. 이 시스템을 도입하고 나서, 만약 한 고객이 마지막 순간에 주문을 미루는 일이 생기면, 그 제품은 방금 긴급주문을 넣은 또 다른 고객에게로 즉각적으로 향할 수 있게 되었다. 고객들은 주문을 미룰 수밖에 없는 부득이한 상황에서 더 이상 위약금을 낼 필요가 없어졌고, 배달시간은 줄어들었다. 그리고 시멕스는 작은 지방기업에서 세계 최대의 레미콘 회사 가운데 하나로 성장했다.[5]

잠브라노는 성공가도에 오르기 위해 철저하고도 깜짝 놀랄 만한 준비를 했다. 그가 준비 과정을 비밀로 한 것은 더 말할 나위도 없다. 여전히 오래된 방식을 고수하던 경쟁자들은 그가 새로운 운영방식을 개시하기 전까지 그 어떤 위협도 감지하지 못했다. 그리고 그는 굉음을 내며 경쟁자들을 지나쳐 앞으로 달려나가기 시작했다.

관객을 휘어잡고 싶다면
가능한 한 많은 정보를 수집하라

시멕스 사례가 말해주듯, 준비의 필수요소 가운데 하나는 관객조사다. 잠브라노는 고객들로부터 더 많은 수주를 받아내기 위해 체계를 재편하기에 앞서 고객들의 습관과 문제점, 그리고 필요를 이해했다. 그러나 그의 관객은 고객만이 아니었다. 그는 자신의 경쟁자를 능가하기 위한 준비도 잊지 않았다. 경쟁자의 실태와 사고방식을 조사해 파악한 것이다. 그가 경쟁자들보다 한 수 위일지라도 이를 비밀로 하면서 말이다.

또 다른 예시로 체이스맨해튼은행의 전 회장인 데이비드 록펠러를 들 수 있다. 록펠러는 명함첩에 수십만 명의 명함을 이름순뿐 아니라 지역별로도 정리해두는 것으로 유명한데, 그의 연락처에는 각국의 총리부터 고급호텔 도어맨에 이르기까지 다양한 직업과 계층의 사람들이 망라되어 있었다. 그것이 다가 아니었다. 그의 명함첩에는 단순한 주소 이상의 것들이 담겨 있었다. 각각의 명함마다 명함 주인에 대한 정보가 메모되어 있었다. 그 사람과 함께했던 사업상 모임, 사교적 조우, 가족 소식, 그리고 취향 같은 소소한 정보들이었다. 보통은 망각의 틈으로 빠져버리고 마는 그런 정보들 말이다.

이 덕에 록펠러는 그와 관계를 가졌던 그 어떤 사람하고도 친분을 유지할 수 있었다. 친근감과 개인적 관심이라는 마술을 펼치며 말이다. 어느 회의에서 록펠러는 미겔 데 라 마드리드 멕시코 전 대통령을 만났다. 그 자리에서 록펠러는 30년이라는 세월 동안 두 사람이 가졌던 아홉 번의 만남을 술술 읊어내 상대방을 감동시켰다. 록펠러의 이 놀라운 구사력은 데 라 마드리드를 감탄시켰고 그가 중요하고 가치 있는 사람이라고 느끼게 만들었다.[6]

마술사 역시 관객들과 긴밀한 관계를 가진다. 그 이유 중 하나는 놀라움의 요소를 지키기 위해서다. 이상적으로는, 그 어떤 구경꾼도 똑같은 트릭을 두 번 보지 않아야 한다. 두 번 이상 볼 경우 구경꾼들은 '아하, 이번에는 저 마술사의 다른 쪽 손을 봐야겠네'라고 생각할 것이기 때문이다. 이는 마술을 위험에 처하게 할 수 있고, 그 개인을 감탄시킬 연기의 힘을 빼버린다. 따라서 마술사들은 누가 어떤 마술을 전에 본 적이 있는지 기억하고, 동일한 관객을 다시 만나게 되면 새로운 연기를 선보일 수 있어야 한다.

공연의 재탕을 막기 위해 나는 매번 쇼가 끝나면 날짜, 장소, 참석자, 사용한 트릭 등의 정보를 엑셀 파일에 기록해둔다. 나는 내가 기억할 수 있는 이름은 빠짐없이 다 써놓으려고 노력한다. 그러므로 만약

2년 연속 밀컨 콘퍼런스(미국 최대 경제·비즈니스 포럼-옮긴이)에서 공연을 할 기회를 얻게 된다면, 나는 마지막 무대로 모스부호 트릭을 다시 보여주는 대신 스크래블(알파벳을 나열해 단어를 만들어내는 보드게임의 일종-옮긴이) 마술로 끝맺음을 할 것이다.

라스베이거스의 시저스 팰리스 호텔은 관객의 정보를 수집하기 위해 좀 더 세련된 시스템을 사용한다. 이 호텔의 재방문객은 시저스 토털 리워드 로열티 프로그램에 가입하도록 초청을 받는다.[7] 그리고 고객이 예약을 하려고 이 프로그램을 사용하는 순간 모든 데이터가 수집되기 시작한다. 토털 리워드 회원번호는 연예와 도박을 포함해 호텔 안에서 이뤄지는 모든 활동에 연결된다. 호텔 측은 리워드 회원의 도박습관은 물론이고 어떤 게임을 하고 어떤 공연을 좋아하며 몇 시간 동안 머물렀는지 상세히 알게 된다. 이것이 바로 그 회원이 다시 예약전화를 걸어오면 그 회원에게 맞게 특화된 응대를 할 수 있는 이유다. 만약 그 회원이 카지노를 상대로 큰돈을 딴 적이 있다는 납득하기 어려운 과거를 데이터가 밝혀내준다면, 아마 그 회원은 호텔이 만실이라는 이야기를 듣게 될 것이다. 반대로, 그 회원이 좋아하는 바카라 카드놀이 덕에 호텔이 돈을 많이 벌었고, 그 회원이 머라이어 캐리의 열성팬으로 확인된다면, 그 회원은 머라이어 캐리가 시저스 호텔에서 공연을 할 때 무료입장권과 함께 초대를 받게 될 것이다.

여기서 생각할 점은 당신에게 가장 중요한 인간관계를 발전시키기 위해 기억장치를 사용하되 위험을 가져올 수 있는 것들로부터 스스로를 보호하라는 것이다. 그러나 한 번도 본 적 없는 관객을 만나기로 되어 있다면 어떻게 될까? 글쎄, 가끔은 관객에 대한 정보를 로드업하는 작업이 스파이가 하는 일처럼 보일 수도 있다.

전설적인 미술상 조셉 듀빈이 앤드루 멜런에게 의도적으로 접근할 수 있었던 것도 정보 로드업이 있었기 때문이다. 1900년대 초기 멜런은 세계에서 가장 부유한 기업가 가운데 한 명이자 가장 중요한 미술품 수집가 중 한 명이었다. 듀빈은 멜런을 한 번도 만난 적이 없었지만 그의 마음을 사로잡아야겠다고 마음먹고 멜런에 대해 연구하기 시작했다. 그는 멜런의 하인들에게 접근해 돈을 주고 정보를 얻어냈다. 멜런의 일상이 어떤지, 특이점은 없는지, 무엇을 좋아하고 좋아하지 않는지, 어디로 여행을 가고 어디에서 묵었는지 등을 알아냈다. 1921년, 마침내 듀빈은 자신의 관객에게 다가가도 될 만큼 충분히 그에 대해 알게 되었다.

그는 멜런이 머물고 있는 런던의 한 호텔을 예약했다. 그리고 '우연히' 엘리베이터를 같이 탔고 '어쩌다가' 내셔널 갤러리까지 동행하게 됐다. 이 '우연의 일치'는 두 사람이 미술관을 함께 거니는 것이 자연스럽게 보이도록 만들었다. 하지만 정작 멜런을 사로잡은 것은 멜런이 가장 사랑하는 작품들에 대한 듀빈의 '기이한' 지식들이었다. 어떻게 해서 두 사람의 취향이 그토록 비슷해진 것일까?

멜런은 뉴욕으로 돌아와 듀빈의 화랑을 방문했다. 그리고 그곳에 소장된 컬렉션을 보고 압도당했다. 마치 그를 기쁘게 해주려고 마술로 만들어낸 것처럼 보이는 컬렉션이었다. 이 거물은 듀빈의 최고 고객이 되었고, 남은 생애 동안 충실한 고객으로 남았다.[8]

마술에서도 마찬가지로 '무작위로 나온' 자원자에 관한 개인적인 정보들(완전한 타인으로서는 알 길이 없는 정보들)을 마술사가 언급할 때 가장 큰 효과를 낸다. 그러나 듀빈과 달리 오늘날의 마술사들은 페이스북을 활용한다. 그리고 구글, 틴더(온라인 데이팅 서비스-옮긴이), 트위터, 인스타그램, 유튜브, 링크드인, 매치(온라인 데이팅 서비스 - 옮긴이), 마이스페이스(페이스북과 유사한 소셜네트워킹 서비스-옮긴이), 핀터레스트, 텀블러 등도 사용한다. SNS를 통한 프라이버시 침해에 대한 우려가 있음에도 사람들은 자신이 깨닫거나 기억하는 것보다 훨씬 더 많은 정보를 전 세계에 풀어놓는다. 실질적으로 스마트폰과 태블릿 PC에 깔린 간단한 앱들은, 당신의 실시간 위치, 습관, 선호도, 소비내역, 흥미, 친구, 교육, 직업상 연줄, 정치적 견해, 그리고 선호하는 애완동물 등을 전 세계에 전하는 작은 방송국이라 할 수 있다.

여기서의 교훈은 편집광이 되라든가 다른 사람의 정보를 악의적으로 혹은 불법적으로 사용하라는 것이 아니다. 그러나 당신의 관객을 휘어잡고 싶다면, 당신이 사용할 수 있는 모든 정당한 도구들을 어떻게든 사용해야 한다. 잠재적인 고용인이나 피고용인, 고객, 동료, 아니면 면접관에 대해 연구하라. 소개팅을 앞두고 낯선 상대에 대한 정보를 미리 로드업하며 준비하라. 그리고 그 정보를 캐기 위해 데이팅 사이트인 오케이큐피드나 소개팅을 주선한 친구로만 만족해선 안 된다. 딥 데이터Deep data는 힘이다. 더 많은 관련 산업들이 발달하고 있다.

기업들은 오래전부터 고객관계관리CRM 소프트웨어를 사용해 동종 산업 분야와 서비스 전반의 정보와 고객 상호작용의 단계 등을 추적하고 측정해왔다. 예를 들어 소매점 체인들은 CRM 소프트웨어를 사용해 설문조사를 실시하고 그 결과를 마케팅 및 고객관계 부서에서 넘겨받은 데이터와 비교를 한다. 이를 통해 어떤 광고나 마케팅 캠페인이 가장 성공적일지 알게 된다. 그러나 이제는 빅 데이터Big Data와 사물인터넷IoT의 시대다. CRM 소프트웨어는 희귀한 옛 물건이 되어버렸다.

오늘날 로드업을 위한 기업의 접근법은 가능한 모든 기술을 '플러그 앤 플레이'(컴퓨터 본체에 프린터 같은 주변기기를 연결만 하면 바로 사용할 수 있듯이 따로 교육받을 필요 없이 바로 적용한다는 의미-옮긴이)하고, '믹스 앤 매치'(목적에 따라 다양하게 짜맞춘다는 의미-옮긴이)하는 것이다. 그리고 고객 개개인의 행동에 관해 실시간으로정보를 수집하고, 그 데이터를 곧바로 현재 그 고객의 경험을 향상시키기 위해 활용한다.

디즈니의 마이매직플러스 시스템은 디즈니월드 리조트 고객들이 '마이 디즈니 익스피리언스'라는 앱을 통해 여행을 계획하도록 안내한다. 이 앱은 디즈니가 고객들에 대한 정보를 미리 로드업할 수 있게 도움을 준다. 디즈니의 고객들은 리조트에 도착하면 매직밴드MagicBand라는 팔찌를 받게 된다. 이 팔찌는 고객들이 긴 대기줄을 피하고 기념 사진 촬영과 같은 부대서비스에 더 쉽게 접근할 수 있도록 도와준다. 팔찌는 그 고객이 어디에 있는지 실시간으로 알려주는 역할을 한다. 이를 기반으로 디즈니는 고객의 스마트폰으로 혼잡한 곳을 피해가는 길이나 차가운 음료수를 살 수 있는 가장 가까운 매장 정보를 보내줄 수 있다.[9]

방문객의 니즈와 행동패턴을 더 잘 이해함으로써 디즈니는 그들의 경험을 향상시켜줄 수 있다. 그리고 이는 고객들의 브랜드 충성도를 강화시키고 더 자주 방문하도록 만든다. 마이매직플러스를 통해 얻는 집단적인 데이터는 디즈니가 놀이공원 개선 계획에 사용할 수 있는 어마어마한 양의 정보로 이어진다. 사실상 디즈니는 마이매직플러스를 통해 고객보다 더 많은 것을 얻지만, 겉으로 보이는 모습은 마치 고객들이 모든 보상을 누리는 것 같은 마술을 부린다. 이 마술은 계속되어야 한다. 그렇지 않으면 그 누구도 자원해서 정보를 내놓고 감시당하려 하지 않을 테니까.

그러므로 당신이 비밀리에 로드업한 데이터들을 효율적으로 사용하고자 할 때에는 신중한 자세를 취해야 한다. 당신이 무엇을 알고 있는지에 대한 관객의 생각과 실제로 당신이 알고 있는 것 간의 간극에 주목하자. 그리고 관객을 감탄하게 만들기 위해 당신의 통찰력을 사용하되, 당신의 이익과 타협해야 할 수도 있는 그 어떤 것도 노출시키지 않도록 노력하자.

아이젠하워 매트릭스

드와이트 D. 아이젠하워 대통령은 다음과 같은 명언을 남겼다. "나에게는 두 가지 문제가 있다. 긴급한 문제와 중요한 문제. 긴급한 문제는 중요하지 않다. 그리고 중요한 문제는 절대 긴급하지 않다." 새로운 프로젝트나 목표에 덤빌 준비가 됐을 때 유의하면 좋을 통찰력이다. 당신의 목표를 명확히 하고 당신의 관객에 관한 정보들을 미리 로드업했더라도 그 다음 단계가 버거워 보일 수도 있다.

아래의 타임 매니지먼트 도구는 아이젠하워의 이 말로부터 영감을 받아 만들어졌다. 그리고 그의 이름을 따서 '아이젠하워 매트릭스Eisenhower Matrix' 또는 '아이젠하워 박스Eisenhower Box'라고 불린다.

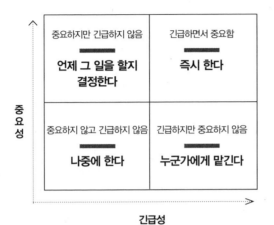

아이젠하워 매트릭스는 업무의 우선순위를 매기고 혼란한 문제 상황을 체계화해 깔끔하게 만들어준다. 아이젠하워는 대통령이 당장 관심을 기울여야 한다고 주장하는 이들의 아우성 속에서 무엇이 진짜로 그의 시간과 에너지를 필요로 하는지 결정을 할 때 데 이 원칙을 따랐다.

2014년 아이젠하워대통령도서관의 기록보관원인 매리 버즐로프는 아이젠하워의 선택 과정을 분명하게 보여주는 몇 가지 예를 제시했다.[10]

• **긴급하고 중요함** : 1957년 리틀록 센트럴 고등학교를 통합하려는 첫 시도 중에 공격받는 학생들을 보호하기 위해 101공수사단 일부를 파견하는 것. (1954년 미 연방법원은 백인과 흑인이 같은 학교에서 공부하는 것을 금지하는 법이 위헌이라는 판결을 내렸다. 1957년 흑인학생 9명이 백인학교였던 아칸소 주 리틀록 센트럴 고등학교에 입학신청을 냈고 인종차별주의자였던 오벌 퍼버스 당시 아칸소 주지사가 주방위군을 동원해 학생들의 등교를 막았다. 이에 아이젠하워는 연방제 수호와 인종

차별 철폐를 위해 연방군 1,000명을 파견해 흑인학생들이 안전하게 학교에 등교할 수 있도록 했다-옮긴이)

- **긴급하지만 중요하지 않음** : 1953년 취임식에서 실크햇을 쓰는 전통을 지킬 것인지 아닌지 결정하는 것.(결국 그는 모자를 썼다)
- **중요하지만 긴급하지 않음** : 연방고속도로법 제정. 아이젠하워는 1916년 이 법의 필요성을 살피기 시작했고 1956년에야 이 법에 서명했다.
- **긴급하지 않고 중요하지 않음** : 국민들이 백악관에 보내는 어마어마하게 많은 편지에 답하기. 편지의 대부분은 직원들이 잘 처리해줬다.

아이젠하워 매트릭스를 제대로 사용하는 비결은, 긴급성과 중요성에 관한 아이젠하워의 모토를 기억하는 것이다. 중요한 일들은 기한이 정해져 있지 않더라도 먼저 처리돼야 한다. 긴급해 보이면서 당신의 시간을 요하는 일 가운데 대다수는 단지 시간낭비일 때가 많다. 그리고 어쨌든, 다른 누군가가 처리할 수 있는 업무는 맡겨버릴 것!

우선순위를 정하고
구체적 행동 목표와 한 몸이 되어라

일차적으로 목표관객과 우선순위를 분명히 했다면, 그다음 단계는 기한을 정하는 것이다. 생산성 분야의 권위자 데이비드 알렌은 자신이 해야 할 업무에 동사를 덧붙여 목록을 작성하면 진짜로 해야 할 일이 무엇인지 쉽게 떠올릴 수 있다고 조언한다. 예를 들어, '월요일 발표'라고 단순하게 적어놓는 대신 기한과 함께 필요한 행동 그 구체적으로 적는 것이다.

- 수요일 오후 5시까지 판매량을 집계한다.
- 금요일 아침 9시까지 슬라이드 초안을 만든다.
- 월요일 아침 9시까지 이미지를 집어넣는다.
- 월요일 오후 4시까지 발표물을 제출한다.

『공간의 재발견』(토네이도, 2015)의 저자 론 프리드먼은 이러한 고급 매핑 프로세스는 "뒤늦게 복잡한 생각을 하게 되거나 일이 지연될 가능성을 최소화"하도록 도와준다고 말한다.[11] 또한 가장 어려운 업무를 아침 일찍 처리하게끔 시간을 조정하라고 조언한다. "간단히 계획을 세우는 것으로 아침을 시작함으로써 아직 머리가 맑을 때 중요한 계획을 세우도록 시간배분을 할 수 있어요. 또한 광범위한 목표들보다는 구체적인 행동 목록을 가지고 있는 것이 특히나 나중 시간에 유용하다는 것을 깨닫게 될 거예요. 피로가 쌓이고 복잡한 생각을 하는 것이 더욱 힘들어질 때 말이죠. 그렇게 되면 중간에 멈추고 각 단계를 다시 생각해봐야 할 필요가 없어지거든요." 중간에 멈추는 대신 마술사와 마찬가지로, 당신은 계획을 실현하기 위해 전적으로 주의를 기울이는 것이 가능해진다는 것이다.

그러나 정말로 마술사처럼 준비하고 싶다면, 우선 그 계획을 내면화할 필요가 있다. 공연을 준비하는 마지막 단계에서는 무대에 오르기 전에 자신의 동선을 다시 확인하기 위해 멈추는 일이 없어야 한다. 당신이 기억하듯, 동선을 훤히 꿰는 것은 모든 준비 과정의 궁극적인 목표이기 때문이다. 당신의 재주가 마법처럼 펼쳐지는 아주 자연스럽고 유려한 공연을 위해서 말이다.

2003년에 제임스 비어드 재단이 선정하는 '뉴욕 최고 요리사Best NYC Chef'로 뽑힌 와일리 뒤프렌은 실제로 이러한 내면화 시스템을 온전히 갖추고 있다. "제가 매일 '미장 플라스'해야 하는 스물세 가지의 아이템이 있다고 칩시다. 그러면 저는 메모지를 준비해서 집으로 돌아가는 길에 그 아이템들을 모두 적습니다. 그리고는 그 메모지를 구겨서 쓰레기통에 던져버리는 거예요." 그리고 다음날 출근하는 길에 똑같은 리스트를 다시 쓴 뒤 그 종이를 버리는 일을 반복한다. "당신 리스트와 하나가 되는 거죠. 당신과 리스트는 한 몸이에요. 왜냐하면 그리스트는 당신 머릿속에 눌어붙게 되니까요."[12]

완벽한 준비는 천재를 만든다

앤서니 보뎅은 『쉐프』(문예당, 2010)에서 다음과 같이 말했다. "요리사로서 주방과 주방의 상태, 준비 정도는 당신 신경계의 확장이라고 할 수 있다. 당신 주방이 준비됐을 때 우주는 질서정연해진다."

나는 공연 전에 무대를 준비하는 것도 이와 동일하다고 느낀다. '당신의 각도를 알아라'는 내 직업의 황금률 가운데 하나다. 마술사의 비밀수법과 기술을 보호하기 위한 나의 기본 원칙은 다른 사람들이 무엇을 볼 수 있는지, 그리고 공연이 진행되는 동안 그 사람들이 이를 어떻게 인식하는지를 미리 정확히 파악하는 것이다.

공연이 시작되기 몇 시간 전 무대를 점검할 때 나는 늘 관객석 맨 앞줄 복도 쪽에 앉아본다. 그리고 그 자리에 앉은 관객이 무대 가장자리에서 일어나는 일을 살짝 훔쳐볼 수 있는지를 확인한다. 그러고는 극장 뒤쪽으로 자리를 옮겨 무대 위에 놓인 내 마술상자 위쪽이 내려다보이는지 살핀다. 오디오 시스템의 음량을 확인하고, 동전 떨어지는 소리를 감춰야 할 경우 음량 크기를 조절한다. 또한 대규모 마술을 선보일 경우 관객의 시선에서 모든 와이어의 흔적이 완전히 사라질 때까지 조명을 조절한다.

적절한 무대 세팅의 중요성은 마술공연 무대에만 한정되지 않는다. 2014년 교외지역 중학생들을 대상으로 실시한 한 연구는 무대 세팅이 교육에 있어서 어마어마한 차이를 만들어낸다는 엄연한 증거를 내놓았다. 무대 준비 과정 가운데 일부는 환경적인 것이었다. 필라델피아의 존 폴 존스 중학교는 창문에서 안전창살을 제거하고 금속탐지기를 없앴다. 위험성을 지속적으로 떠올리게 만드는 이러한 장치들이 사라지자 폭력사건이 실질적으로 줄어들었다. 90퍼센트라는 충격적인 수치였다. 또 다른 준비 과정에는 수업과 학습활동을 어떻게 구성하고 첫 숙제로 어떤 식의 숙제가 좋은지 등이 포함됐다. 이 연구를 수행한 심리학자들은 그러한 준비가 "생각과 행동을 위한 무대를 세팅하는 것"이자 "심리학적 미장 플라스"라고 언급한다.[13]

가장 놀라운 연구는 도심지역에 거주하는 아프리카계 미국인 가운데 7학년 학생 두 집단을 추적 연구한 것이다. 연초에 한 집단은 '중요한 개인적 가치'에 관해 글을 쓰라는 간단한 과제를 부여받았다. 중요한 개인적 가치란 인간관계나 개인적 열정, 또는 그 학생에게 특별히 중요한 모든 것을 의미했다. 다시 말해 그 학생이 주도적으로 행동하게 만드는 것이라면 그것이 무엇이든 상관이 없었다. 연구팀은 이를 '긍정의 과제'라고 불렀다. 이 학생들은 이러한 과제를 몇 차례 부여받은 것만으로도 학기 말에 통제집단보다 더 높은 평점을 받았다. 통제집단의 경우 아침시간의 일상과 같은 중립적인 주제에 대해 쓰라는 과제가 주어졌다. 가장 성취도가 낮았던 학생들이 긍정의 과제로부터 가장 큰 도움을 받았다. 이 학생들의 평점은 거의 0.5점 상승했다. 여기서 놀라운 점은, 그 긍정적인 효과가 계속되었다는 것이다. 이 학생들이 유급당할 가능성은 13퍼센트 감소했다. 또한 2년 후에도 여전히 학교에서 좋은 성적을 받았다.[14]

언론인 댄 차나스가 '미장 플라스'에 대해 "내면에서 생겨나 바깥으로 드러나는 시스템, 효율성이 아닌 우수함을 중시하는 자기계발 시스템"이라고 정의 내릴 때 이 학생들을 염두에 두었던 것은 아니다.[15] 그러나 이 학생들은 분명 그가 주장하는 바를 증명해 보였다.

핵심은 당신의 무대가 부엌이든 극장이든 교실이든 회의실이든 관계없이, 중요한 문제를 다룰 것으로 기대가 될 때 준비의 모든 단계가 중요하다는 점이다. 기억하자. 마술사들은 단 2초를 위해 수백 시간을 연습한다. 왜냐하면 그럴 가치가 있기 때문이다. 일단 최선의 노력을 쏟을 가치가 있는 목표를 정했다면 철저히, 그 누구도 상상하지 못할 방식으로 은밀히 로드업하자. 당신의 순간은 반드시 온다. 그리고 그 순간이 찾아왔을 때 당신이 준비 과정에 쏟았던 모든 신경은 그 성과가 마치 별다른 노력 없이 이뤄진 것처럼 보이게 만들 것이다. 그리고 당신은 천재로 비춰질 것이다.

3장

스토리가 경쟁력이다,

각본을 짜라

—— Spellbound ——

2014년 초, 에드가 라이트 감독이 '마술사들의 사고방식'을 가르쳐달라며 나를 집으로 초대했다. 라이트는 〈새벽의 황당한 저주Shaun of the Dead〉, 〈지구가 끝장나는 날The World's End〉, 그리고 〈스콧 필그림 vs. 더 월드Scott Pilgrim vs. the World〉 같은 독특한 영화들로 잘 알려져 있다. 사실 그에게는 마술사인 나를 포함해서 전직 은행강도와 신용사기 전문가 같은 독특한 친구들이 있었다. 따라서 나는 그가 마술교습을 해달라고 연락해왔을 때 딱히 놀라지는 않았지만, 이를 특별한 도전으로 받아들였다.

나는 나를 도와 로드업을 할 사람으로 마술사 친구 블레이크 포크트를 불렀다. 내 생각에 블레이크는 현재 활동하고 있는 트릭 제작자 가운데 가히 최고다. 공학을 전공한 재능 있는 마술사인 그는 가끔 데이비드 블레인이나 다이나모 같은 악명 높은 마술사들로부터 TV 특별방송용 획기적인 마술을 같이 만들어보자는 제의를 받곤 한다.

이 대목에서 나는 비밀 하나를 밝히려 한다. 다름 아닌 강렬한 이야기 없는 마술은 그야말로 '앙꼬 없는 찐빵'에 지나지 않는다는 것이다. 이야기는 관객들을 정서적으로 유혹하고 만족시키는 요소다. 이야기는 관객을 끌어당기고 주의를 집중시킨다. 더 나아가 공연자와 함께 나누는 대리경험의 결과에 개인적으로 기여했다는 느낌을 갖게 만든다. 블레이크와 내가 주로 설계한 부분도 라이트의 마술교습을 처음부터 끝까지 관통할 이야기였다.

우리의 이야기는 우리가 약속시간보다 15분 늦게 도착하는 데서부터 시작된다. 우리는 집을 제대로 못 찾아 늦은 것에 대해 정중히 사과했다. 그러고 나서 라이트의 거실에서 이런저런 교묘한 마술 트릭들을 선보이기 시작했다. 지각은 용서받았다. 우리는 마술의 속임수와 사기의 예술성 사이의 유사점과 차이점에 대해 살짝 수다를 떨었다. 그리고 옷을 챙겨 입기 시작했다. 이 모든 것이 각본의 일부였다.

에드가는 마지막으로 트릭을 하나만 더 알려달라고 부탁했다.

"글쎄요, 이미 괜찮은 트릭은 다 보여드린 것 같은데요." 나는 시간을 끌기 위해 애매하게 대답했다. 그러면서 "하지만 어쩌면, 여기 차고로 들어오는 길처럼 바깥공간이 있다면 한 가지 더 해볼 수도 있을 것 같아요"라고 넌지시 말했다. 라이트는 뒷마당을 써도 된다고 허락했고, 우리는 부엌을 통해 바깥으로 나갔다.

에드가의 집은 로스앤젤레스 동쪽의 스페인 식민지풍 건물로, 수풀로 둘러싸인 아름다운 잔디밭을 내려다볼 수 있는 테라스를 갖추고 있었다. 잔디밭 가장자리에 서서 나는 라이트에게 아무 트럼프 카드나 하나만 이름을 대보라고 했다. 그는 하트 5 카드를 선택했다. 이번에는 블레이크가 그에게 잔디밭 가운데 아무 곳이나 가리켜보라고 말했다. 에드가는 마당을 둘러보다가 우리가 서 있는 곳에서 2시 방향 쪽을 가리켰다. 그곳으로 함께 걸어가며 나는 그에게 수풀 아래 뿌리 쪽을 파보라고 지시했다. 8센티미터 가량 땅을 파자 반으로 접힌 트럼 프 카드 한 장이 묻혀 있었다. 에드가는 흙을 털어내고 카드를 펼쳤다. (자, 이쯤에서 북을 울려주세요.) 그 카드는 놀랍게도 하트 5였다!

보통의 경우 나는 트릭을 공개하지 않고 비밀로 묻어둔다. 그러나 그날은 이야기의 요점이 바로 그 비밀에 있었다. 라이트가 내게 마술 사의 준비 과정에 대해 설명해달라고 요청한 것이었기 때문에, 나는 블레이크와 내가 사용하는 전략 중 일부에 그도 참여할 수 있길 바랐 다. 그리고 그러한 전략 가운데 하나는 모든 행위를 거꾸로 설계하는 것이었다.

마술사들은 자신의 행위가 자아낼 최종적인 놀라움을 마음속으 로 그려내는 것에서부터 계획을 시작한다. 에드가 라이트가 자신이 파보기로 선택한 바로 그 위치에서 자신이 선택한 바로 그 카드를 발 견한 것처럼, 뭔가 '불가능한' 일이 벌어질 그 순간을 제일 먼저 계획한 다는 말이다. 그런 다음 이러한 효과를 거두기 위해 필요한 것들이 무 언지 알아내고 만들어내며 거꾸로 작업한다. 이 작업은 아무리 많이 준비해도 과하지 않은 법이다.

우리 셋은 에드가의 거실로 나란히 돌아왔다. 그리고 블레이크와 내가 어떻게 로드업했는지 아이패드 영상을 보여줬다.

"말도 안 돼! 말도 안 돼! 말도 안 돼!" 그는 믿을 수 없다는 듯 고개 를 저으며 손으로 얼굴을 감쌌다.

라이트는 우리가 그날 오후 일찍 그의 뒷마당에 52장의 트럼프 카드를 묻는 모습을 보았다. 우리는 우리가 외울 수 있는 패턴으로 카드를 로드업했다고 설명했다. 그리고 에드가가 아무렇게나 이름을 댄 바로 그 똑같은 카드를 발견하는 순간에 우리의 '마술교습'이 끝나야 한다는 것을 알고 있었기 때문에, 자연스러운 마술을 만들기 위해 그 발견을 거꾸로 조작했다고 말해주었다. 그날, 블레이크와 나는 뒷마당에 카드를 묻고 그 장면을 촬영하기 위해 일찍 집에 도착했음에도 진짜 약속시간에는 의도적으로 늦게 나타나 집을 찾느라 헤맸다고 말하며 과하게 사과를 했다. 그리고 우리는 마지막 트릭이 하나 더 있다는 얘기를 하지 않았다. 그러면서 에드가가 우리에게 부탁할 때까지 기다렸다. 그리고 막상 에드가가 부탁해온 순간에는 내키지 않은 듯 망설이며, 확실치 않다는 듯이 행동했다. 우리는 아무런 장치가 되어 있지 않은 차도에서 트릭을 보여주겠다고 제안함으로써 에드가가 우리를 차도가 아닌 아름다운 뒷마당으로 데려가도록 유도했다. 이 모든 것이 각본에 따라 치밀하게 계획되고 준비된 것들이었다.

하지만, 우리는 라이트가 선택한 카드가 묻혀 있는 정확한 장소를 라이트가 가리키도록 만들었는지는 끝까지 밝히지 않았다. 우리는 그에게 이 문제에 대해 깊이 얘기해봤지만, 매우 귀한 영업비밀이어서 이를 폭로할 경우 업계에서 환영받지 못할 것이라고 말했다.

이 이야기에 담긴 진정한 교훈은 우리가 이 트릭을 위해 어느 정도까지 준비했느냐이다. 라이트가 몇 년째 얘기하는 이 이야기 속에서 우리의 로드업은 극단적이면서 의도적이고 또한 비밀스러웠다. 그리고 우리 관객이 영원히 잊지 못할 인상을 남겼다. 그러면서 이에 관한 이야기를 더 강화시켰다.

데이터가 아닌 이야기로 말하라

"이야기는 정서적 가치의 강력한 동인이다. 어떤 사물의 주관적인 가치에 대한 이야기의 효과는 사실 객관적으로 측정될 수 있다." 이는 작가 롭 워커와 조슈아 글렌이 2009년 '의미가 있는 물건Significant Objects'이라는 제하의 문학적·인류학적 실험을 시작했을 때 세운 전제다. 이들의 실험은 중고품 할인가게와 개러지 세일에서 개당 평균 1.25달러의 돈을 내고 100여 개의 중고물품을 사들이는 것으로 시작됐다. 사들인 물품들에는 그 물건에 얽힌 이야기를 만들어낼 유명한 소설가들이 짝지어졌다. 그리고 각 물건은 상세설명 대신 실사진들과 지어낸 이야기를 덧붙여 이베이 사이트에 올렸다. 물품들은 그 서사가 허구라는 사실을 분명히 밝히며 심지어 작가 이름까지 밝혔기 때문에 그 누구도 이야기들이 조작됐다고 오해하지는 않을 것이었다. 기대했던 대로 이야기는 제품의 가치를 높였다. 그리고 그 차액이 2,800퍼센트에 달하는 충격적인 결과를 낳았다. 종합적으로, 서사의 힘은 128.74달러의 쓰레기를 3,612.51달러의 수익으로 바꿔놓았다. 그리고 이 수익은 작가들에게로 돌아갔다.[1]

터크

마술의 역사에서 가장 개성이 강한 인물 가운데 하나로 알려진 터크(터키인이라는 의미도 있음 - 옮긴이)는 불가사의한 체스의 달인이었다. 84년 동안 이 희한한 전략의 왕은 유럽과 미국에서 찾아온 도전자들을 물리치고 수없이 많은 왕족과 전문가들과 시합을 벌였다.

나무로 짠 장식장 뒤에 앉아 체스라는 귀족게임을 하던 터크는 서아시아 마술사의 모습을 하고 있었다. 터크는 흰 담비털이 달린 호사스러운 로브를 입고, 머리에는 화려한 터번을 두르고, 한쪽 손에는 기다란 터키식 파이프를 우아하게 쥐고 있었다. 그러나 가장 주목할 부분은 그가 나무 위에 색칠을 한 인형이라는 사실이었다. 그토록 방대한 관객을 끌어들였다는 것은 그 어떤 인간 도전자보다 체스를 훨씬 잘 두는 자동인형이었다는 것을 말해준다.

터크는 1770년 헝가리의 발명가 볼프강 폰 켐펠렌의 상상 속에서 탄생했다. 터크가 만들어지기 6개월 전, 폰 켐펠렌은 마리아 테레지아 왕후의 정원에서 개최된 마술쇼에 참석했다. 이 오스트리아의 왕후는 프랑스의 과학자 겸 마술사인 프랑수아 펠레티에의 공연에 마음을 빼앗겼다. 이에 폰 켐펠렌은 더 믿기 어려운 발명품을 가지고 돌아오겠다고 맹세했다. 어느 정도의 경쟁은 혁신을 불러오기 마련이다.

과학적인 실현이라는 매력은 '메커니컬 터크Mechanical Turk'에 대한 국제적인 관심에 불을 지폈다. 게임이 시작되기 전 발명가는 나무 장식장에 달린 문들을 한 번에 하나씩 열어 그 안쪽에 있는 기어와 지렛대, 바퀴들로 구성된 복잡한 시스템을 보여주었다. 이것을 본 사람들은, 이 발명으로 체스를 둘 수 있게 됐다면 기계가 또 다른 어떤 일을 할 수 있을지 궁금해졌다. 태엽장치와 기계들은 어쩌면 생각을 할 수도 있는 걸까?

다른 사람들은 이 발명이 기계적이기보다는 신비주의적이라고 결론 내렸다. 폰 켐펠렌 역시 이런 식의 해석을 부추겼다. 체스 시합이 벌어지는 동안 그는 터크

가까이에 있는 나무궤짝을 의도적으로 뚫어져라 바라봤다. 마치 궤짝의 내용물이 터크를 움직이게 한다는 듯이 말이다. 어떤 구경꾼들은 악령이 그 기계를 조정한다고 보고 게임이 끝나기도 전에 도망가기도 했다.

기계의 기적에 대한 전설은 유럽대륙 전반에 상상력과 공포를 불러일으키며 널리 퍼져나갔다. 파리에서 터크는 당시 주駐 프랑스 대사였던 벤저민 프랭클린을 물리쳤다. 폰 켐펠렌이 죽은 뒤 요한 네포무크 멜첼이 터크를 사들였고 나폴레옹과 대결을 시키기도 했다. 황제는 세 번의 반칙을 저질렀고 매번 터크에게 걸렸다. 그리고 결국 실격패했다.

마침내 1935년, 에드가 앨런 포가 터크에 관한 장황한 글을 써서 발표했다. 터크가 움직이는 진짜 방법에 대해 암시한 글이었다.

슐룸베르거라는 이름의 사내가 있었다. 터크가 가는 곳이라면 어디든지 함께하지만 이 로봇의 짐을 싸고 푸는 것을 돕는 것 외에 겉으로 보기엔 딱히 담당하는 업무가 없는 사람이었다. 이 사내의 체격은 보통이었고 어깨는 눈에 띄게 구부정했다. 그가 체스를 둔다고 주장했는지 아닌지에 대해서는 우리는 아는 바가 없다. 그러나 그는 터크가 체스를 두는 동안에는 눈에 띈 적이 절대 없다. 시합 직전과 직후에는 자주 만날 수 있었지만 말이다. 게다가 몇 년 전 멜첼이 이 로봇과 함께 리치먼드를 방문했을 당시, 지금은 보시유가 댄스 아카데미로 쓰고 있는 그 집에서 갑자기 슐룸베르거가 앓아누웠고, 그가 몸져누워 있는 동안 체스 시합은 중단됐다.

몇 년간 터크와 함께 '여행했던' 빌헬름 슐룸베르거는 유럽 체스 챔피언 가운데 한 명이었다. 이 사실 하나로 충분히 설명이 가능할 것이다. 포가 결론지었듯 "이 모든 것에 대한 추론은 독자에게 맡기고 우리는 더 이상의 코멘트를 삼가겠다."

인간은 이야기를 사랑한다. 언제나 그래왔고 언제까지나 그럴 것이다. 우리에겐 이야기를 만들고 처리하는 방법이 내재돼 있기 때문이다. 1944년 스미스칼리지의 심리학자들은 기하학적 도형 네 개가 다양한 속도로 충돌하고 교차하는 짧은 애니메이션 영상을 서른네 명의 학생에게 보여주었다. 이 영상에는 어떠한 사운드트랙이나 자막도 들어 있지 않았고, 오로지 원과 직사각형, 그리고 두 개의 삼각형만이 등장했다. 그러나 한 명을 제외한 나머지 학생들은 모두 이 영상을 이야기의 관점에서 묘사했다. 도형의 형태로부터 성격을 유추하고 도형의 움직임에 정서적인 동기를 부여했다. 대부분은 두 개의 삼각형이 '순수하고', '겁에 질린', '여성스러운' 원을 두고 싸우는 남자들이라고 보았다. 학생들이 본 커다란 삼각형은 분노에 찬 깡패였다.[2]

서사의 본능에 대한 후속 연구들 역시 비슷한 결과를 내놓았다. 우리 인간은 어떤 정보든 그 종류와 상관없이 성격과 감정, 갈등을 포함한 이야기로 바꿔놓고 싶은 본능적인 충동을 지니고 있다.

서사의 본능은 여러 가지 생생한 방식으로 우리를 돕는다. 우리는 이야기를 통해 배운다. 우리는 이야기를 통해 의미를 찾고 문제를 해결한다. 우리는 이야기를 통해 기억한다. 이야기에 너무 큰 의미를 부여하지 않아도 우리는 이야기를 통해 생존한다.

오스트레일리아 원주민들 사이에서 구전되어온 스토리텔링의 계통을 추적한 과학자들은 오스트레일리아 대륙의 서로 다른 스물한 지역에서 전해 내려오는 토착전설들이 7,000년 전부터 존재했던 해안의 환경들을 묘사하고 있다는 사실을 발견했다. 이 연구를 공동으로 진행한 지질학자 패트릭 넌은 "이 이야기들은 바다가 점차 육지 쪽으로 들어와 그 위를 덮기 시작하던 시간에 대해 말하고 있어요. 그리고 그것이 사람들이 살아가는 방식에 가져온 변화에 대해 이야기하죠. 지형의 변화, 생태계의 변화, 그리고 이러한 변화가 사회에 가져온 혼란에 대해서요"라고 이야기했다. 넌은 "이야기들이 오랜 시간을 견뎌 낸 것은 어느 정도 오스트레일리아의 거친 자연환경 때문이에요. 이는 각 세대가 생존을 위해 체계적인 방식으로 지식을 전달해야만 했다는 의미죠"라고 이론을 제시했다.[3]

원시부족이 발견한, 지식을 넘겨줄 수 있는 최고의 방법은 듣는 사람의 주의를 환기시킬 사회적이고 정서적인 신호와 사실, 즉 데이터를 결합시키는 것이었다. 이야기는 이러한 요소들을 담아낼 수 있는 최고의 용기容器가 되었다. 아주 오랜 시간이 지난 오늘날에도 이러한 조합은 여전히 효과적으로 작동한다. 스탠퍼드대학교에서 마케팅을 가르치는 제니퍼 아커 교수는 "이야기는 단순한 사실이나 수치에 비해 22배가량 더 기억하기 쉽다"고 말한다.[4]

사회적 동물로서 우리는 인간 상호작용의 패턴을 파악하려고 하는 경향이 있다. 누군가를 만날 때면 우리의 뇌는 재빨리 우리가 친구를 대하는 것인지 아니면 적을 대하는 것인지 판단한다. 또는 이 낯선 사람이 친구의 패턴에 들어맞는지 아니면 적의 패턴에 들어맞는지를 따져본다. 그런 후 이렇게 파악한 패턴을 그 사람의 행동에 내재화된 이야기를 검색하거나 구성하는 데에 사용한다. 그리고 이 이야기는 우리의 반응을 만들어준다.

또한 이야기는 우리에게 바깥에서부터 안으로 영향을 미친다. 액션영화를 볼 때 영화에 몰입한 자신의 모습에 관심을 가져본 적이 있는가? 주인공이 목숨을 걸고 싸우는 장면이 나오면, 당신은 이를 악물게 되고 손에는 땀이 흥건하며 불안감에 몸을 움찔하게 된다. 이는 '거울신경Mirror neuron'이라고 불리는, 마술과도 같은 신경세포 때문에 일어나는 현상이다. 거울신경은 학습과 이야기 처리를 위한 두뇌의 가장 필수적인 메커니즘이다.

거울신경은 특정한 행동을 보거나 상상할 때, 그리고 실제로 그 행동을 수행할 때 작동한다. 이는 직접 망치질을 하는 사람과 망치질을 하는 사람을 보고 있는 사람의 뇌가 서로를 비춘다는 의미다. 또는 옛말 그대로, 보는 대로 배운다는 의미다.

이 특별한 신경은 우리가 간접경험을 할 수 있게 해준다. 어느 운동선수가 달리기시합에서 이기는 것을 보고 있으면 마치 내가 직접 달린 듯이 의기양양함을 느끼게 되는 것과 같다. 아기들에게 거울신경은 방금 엄마를 비명지르게 만든 저 뜨거운 난로에 손을 대지 않아야 한다는 것을 배우게 해준다. 또한 나이 많은 형제가 신나서 우물거리는 아이스크림에 손을 대려고 애쓰게 만든다.[5] 거울신경은 우리가 TV에서 보거나 책에서 읽은 등장인물들과 감정적으로 공감하고 일체화되게 만들어준다.

이야기들은 또한 우리 뇌의 사회적 애착 시스템에 연결된다. 신경경제학자 폴 잭은 간접적인 긴장이 우리 뇌에서 ACTH(부신피질자극호르몬)와 코르티솔 같은 화학적 전달물질의 생성을 촉진시킨다는 것을 발견했다. 간접적인 긴장도 실제와 다름없이 우리의 심박수를 증가시키고 주의력을 상승시킨다. 뇌에서 더 많은 코르티솔이 분비될수록 우리의 집중력은 더욱 강화된다. 그렇기 때문에 누군가가 들려준 진짜로 오싹한 귀신 이야기를 무시하기가 그토록 어려운 것이다.

반면에 슬프거나 귀엽거나 감동적인 이야기들은 뇌가 옥시토신을 생성해내도록 만든다. 옥시토신은 보살핌 본능과 유대감 형성에 작용하는 화학물질이다. 옥시토신은 사교적 신호, 특히나 도움을 필요로 하는 사람을 보거나 그에 관한 이야기를 들을 때 우리의 민감성을 증대시킨다. 그리고 해피엔딩으로 끝나는 이야기는 대뇌 변연계가 도파민이라는 호르몬을 분비하도록 만든다. 도파민은 희망에 부풀거나 문제를 해결했다는 느낌으로 우리에게 보상한다.

무의식적이면서도 깊이 느껴지는 이러한 화학적 신호 덕에 우리는 이야기 속 등장인물들을 구분해내고 그들의 고통, 즐거움, 욕망, 공포, 그리고 분노에 감정이입을 할 수 있게 된다. 우리는 만난 적도 없고, 심지어 얼굴도 모르는 어느 아이의 죽음에 대한 글을 읽으며 눈물을 흘린다. 그리고 우리는 이러한 감정에 따라 행동하는 것에 최적화되어 있다.

한 연구에서 잭은 피험자들에게 시한부 판정을 받은 어린 아들을 돌보는 아빠의 모습을 다룬 드라마틱한 단편영화를 보여준 뒤, 피험자들의 옥시토신 수준에 변화가 있는지 측정하고, 영화를 본 피험자들의 행동을 통제집단의 행동과 비교했다. 그는 영화가 옥시토신 수준을 높이고, 동시에 피험자들이 낯선 이에게 돈을 기부할 가능성을

훨씬 높인다는 사실을 발견했다.[6]

분명 서사를 통한 감정의 전이는 인간의 친밀감과 이해, 동기부여에 강력한 영향을 미친다. 그리고 바로 이 점 때문에 전략적인 스토리텔링은 어마어마하게 영향력 있는 업무도구가 된다. 전문 커뮤니케이션 코치 해리슨 모나스가 말했듯, "데이터는 사람들을 설득할 수 있으나 행동을 하도록 영감을 주지는 못한다. 바로 그렇기 때문에 당신은 사람들의 상상력에 불을 지피고 영혼을 뒤흔들 이야기 속에 당신의 비전을 잘 녹여야만 하는 것이다."[7]

마술도 광고도 이야기가 있어야 성공한다

존스홉킨스대학교 연구팀은 2년간 100편 이상의 슈퍼볼(미식축구에서 각 리그 우승팀끼리 겨루는 챔피언 결정전-옮긴이) 광고를 분석했다. 가장 성공적으로 제품 판매에 공헌한 특정한 타입의 이야기가 있는지 알아보기 위해서였다. 연구팀은 광고 내용과는 상관없이 광고 구조가 성공을 좌우하는 것을 발견했다. 다시 말해 플롯이 그 무엇보다 중요하다는 걸 밝혀냈다.

천 년 동안 인간이 이야기에 사용해온 기본적인 플롯은 발단, 절정으로의 전개, 그리고 해결의 단계로 구성된다. 플롯은 문제를 제기하는 사건으로부터 시작된다. 이후 등장인물들은 문제를 해결하기 위해 고군분투하지만 더 많은 난관에 봉착한다. 압박감은 클라이맥스나 마지막 결전으로 발전하고, 이야기의 주인공은 되돌릴 수 없는 결정을 해야 하는 순간을 맞이한다. 그러한 결정이 이뤄진 후 어떻게든 문제가 해결되면서 앞뒤 이야기가 맞아떨어지게 된다. 농담과 같은 가장 단순한 형식의 이야기에서는 이러한 변화가 겨우 세 단계로 이루어진다. 셰익스피어는 다섯 단계를 거치는 경우가 많은데, 이를 통해 이야기와 등장인물들에게 더 깊은 의미를 부여하고 감정적으로 더 깊숙이 결부되게 만들었다. 그러나 시작, 중간, 끝이라는 핵심 구조는 기본적으로 동일했다.

이러한 핵심 구조는 대중들로부터 높은 평가를 받는 상업광고에서도 동일하게 사용된다. 사실 광고의 성공 가능성과 플롯은 상관관계가 매우 높아서 존스홉킨스 연구팀의 수석연구원이던 키스 퀴젠베리는 2014년에 가장 인기를 끌 슈퍼볼 광고가 무엇일지 예측할 수 있을 정도였다. 바로 심금을 울리는 버드와이저 광고! 강아지 한 마리가 클라이즈데일Clydesdale(미국의 개척정신을 상징하는 짐마차용 말이자 버드와이저 맥주의 심벌이다 – 옮긴이) 말과 친구가 되지만 이 강아지를 입양한 사람에 의해 헤어지게 된다. 그러자 이 말은 강아지가 다시 돌아올 수 있도록 다른 말들과 힘을 합친다는 내용의 광고였다. 이 광고는 입소문을 탔고 시청자들로부터 가장 높은 점수를 받은 광고가 됐다. 버드와이저가 이 플롯으로 대박을 터트렸음은 말할 것도 없다.

"사람들은 섹스나 유머나 동물의 등장이 중요하다고 생각해요. 하지만 우리가 발견한 훌륭한 광고의 관건은 이야기를 들려주는지 여부예요. 버드와이저는 이야기를 들려주는 것을 선호해요. 사실은 영화한 편이 30초 안에 담기게 되는 거죠.”[8] 퀴젠베리는 이렇게 말했다.

최고의 마술 트릭 역시 서사적인 줄거리를 가져야 한다. 아마추어 마술사들은 케케묵은 농담이나 정신을 쏙 빼놓는 속사포 수다에 의지하지만, 성공한 마술사들은 오래된 마술을 선보일 때조차 새로운 이야기의 각본을 짜는 데 열과 성을 다한다. 한 예로, 1980년대 후반 데이비드 카퍼필드는 '한 여성을 톱으로 반토막 내는' 오래된 트릭을 휘황찬란한 새 버전으로 만들기 위해 스토리텔링 기법을 활용했다.

이 마술은 원래 1921년 P. T. 셀비트가 '갈라진 여성The Divided Lady'이라는 이름으로 최초로 선보였던 것이다. 그후 몇십 년간 각종 마술쇼의 주요 레퍼토리가 되다시피 했는데, 전통적으로 마술사들이 톱으로 자르는 과정을 주도했다. 그러나 카퍼필드의 '죽음의 톱날Death Saw'은 세 가지 극적인 행위로 구성된 후디니풍의 탈출 시나리오를 통해 마술사를 슈퍼히어로로 바꿔놓았다.

- **행위 1**: 카퍼필드 위로 거대한 회전톱날이 등장한다. 카퍼필드는 타이머의 숫자가 0이 되기 전에 양팔과 양다리의 결박을 풀고 탈출하기 위해 고군분투한다. 그러나 카퍼필드는 실패하고 만다! 시간이 전부 흘러가버렸고 톱날은 카퍼필드의 몸 한가운데로 뚝 떨어진다. 그리고 이 마술사는 반으로 싹둑 잘려버린다.
- **행위 2**: 카퍼필드가 토막난 자신의 몸과 상호작용하는 비현실적인 순서다. 몽환적인 음악 사이로 그의 하반신이 그의 상체와 마주하기 위해 빙그르르 돈다. "발을 움직여보세요!" 한 관객이 극

장 뒤편에서 소리친다. 그러면 카퍼필드는 하반신이 가짜가 아니란 것을 증명하기 위해 발을 움직여 보인다. 그러나 우리의 영웅은 어떻게 다시 온전한 사람이 될 수 있을까? 이것이 바로 이 이야기의 클라이맥스가 될 것이다.

- 행위 3: 카퍼필드는 시계에 손을 뻗어 시곗바늘을 거꾸로 감는다. 극적인 슬로모션으로 시간은 거꾸로 흐르고 반으로 잘렸던 몸은 다시 만나게 되며 톱날은 제자리로 돌아간다. 카퍼필드는 멀쩡한 몸으로 일어선다.

관객들은 마술 그 자체뿐 아니라 이 영웅과 함께했던 감정적인 여정에 환호를 보낸다. 이야기를 통해 관객들은 위험, 공포, 희망, 유머, 놀라움과 함께 승리의 달콤함과 안도를 느끼게 된다. 관객들이 극장을 나서며 신나 할 수 있는 것은, 기술적인 재주에 대한 서사적인 용기, 즉 이야기 때문이다. 그리고 이것이 바로 관객들이 기억하고 친구들에게 전하는 이야기가 된다.

슈퍼히어로 vs 언더독, 관객의 성향을 아는 게 우선이다

테드 터너는 성공한 사업가이자 화끈하고 즉흥적인 모험가로 널리 알려져 있다. 그는 요트경주 참가 경력만큼이나 자신만만하면서 예측 불가하며 관례를 무시하는 사업거래를 한다는 평을 받는다. 뉴욕타임스의 한 기자는 1977년 아메리카 컵 요트대회에서 터너가 우승했을 때, 이 산업과 바다의 제왕이 "마크 트웨인과 허레이쇼 앨저, 그리고 에롤 플린과 같은 다양한 영웅들"을 상기시킨다면서 "어떤 형용사가 그에게 걸맞을까? 한번 골라보자. 대담하거나, 민활하거나, 매력적이거나, 재치 있거나, 잘생기거나, 별나거나, 점잖지 못하거나, 거칠거나, 무례하거나, 의기양양하거나, 정중하거나, 예의 없거나"라고 쓰기도 했다.[9]

터너의 이런 성격은 미국인들이 나라를 발전시킨 용감하고 강인한 기업가들에 대해 이야기할 때 선호하는 신화에 얼추 들어맞는다. 이른바 미국 재계에서 저돌적인 사람들이 존경받고 그 용기에 대해 보상을 받는다는 식인데, 위험을 무릅쓴 CEO들에게는 인센티브로 넉넉한 스톡옵션이 주어진다. 이러한 신화에 따르면, 영웅적인 기업가란 성공을 위해 모든 것을 건 사람을 의미한다.

그러나 말콤 글래드웰은 테드 터너의 영웅적인 이야기를 분석적으로 파고든 결과, 진짜 터너는 보여지는 모습과는 다르다는 것을 발견했다.[10] 글래드웰이 2010년 「뉴요커」지에 쓴 글에 따르면, 터너는 시장을 모든 사람이 평가절하하는 순수한 기회의 보고로 보고 모든 거래 활동의 가능성을 계산한다. 글래드웰은 "터너는 누군가의 뒷주머니에 꽂힌 수백만 달러를 발견할 수 있는 냉정한 장사꾼이다. 정작 가진 사람은 깨닫지도 못하는 돈을 말이다. 일단 개인적인 삶과 운동생활에서 아주 대담하다는 점을 제외하면, 사실은 그가 위험을 무릅쓰는 취미가 있다는 증거는 거의 없다"라고 썼다. 그래도 여전히 허세의 이미지는 남는다.

우리들 대부분은 태어나면서부터 문화적으로 훌륭한 영웅의 신화에 푹 빠져 있다. 성경에서 〈스타워즈〉까지, 『초원의 집』에서 『반지의 제왕』까지, 모든 이야기들은 영웅적인 행동을 위험에 대한 환상과 동일시하도록 우리를 훈련시켜왔다. 그리고 이러한 세뇌는 서구문화에만 한정된 것이 아니다. 『바가바드 기타』(힌두교 3대 경전 가운데 하나-옮긴이)와 코란, 그리고 전 세계의 민화들이 중무장한 악당들과 용감한 영웅이 맞붙도록 만든다. 이목을 끈다는 점에서 영웅의 이야기는 매번 신중한 해석을 이겨낸다. 그럴진대 산업계의 거물과 마술사들이 똑같이 스스로를 영웅으로 그려내는 것은 놀라운 일이 아니다.

마술사들은 가끔 신비로운 '슈퍼파워'를 선보이기 위해 말도 안 되는 위험을 무릅쓰며 무대에 등장한다. 일반적으로 그들은 허구의 인물만큼이나 독특하게 쉽게 잊히지 않을 모습을 갖추기 위해 최선을 다한다. 그러나 스스로를 절대자로 포장한 마술사들은 가끔 관객들로부터 반감을 사기도 한다. 대담한 마술사 크리스 에인절이 이러한 경우로, 에인절은 꽤나 놀라운 성공을 거뒀다. 그러나 그의 구경꾼들은 내심 그가 악어들이 들끓는 구덩이로 떨어지길 바라기도 한다. 하지만 이런 페르소나는 에인절이 실수를 저지를 여지를 남기지 않는다.

나는 내 마술을 위해 다른 식의 영웅을 창조해내기로 결심했다. 나는 패배자에 좀 더 가까운 모습을 연기하며 절대로 초자연적인 요소를 들먹이지 않는다. 내가 마술로 보여주는 불가능한 모습은 과학과 연습의 직접적인 결과이며, 나는 거침없이 마술을 부린다. 대부분의 마술사들과 달리 나는 실패를 애써 감추려 하지 않는다. 검은색 벨벳 정장을 입은 사람이 아닌 평범한 비전문가의 탈을 쓰고서 말이다. 내 캐릭터는 완전하지 못한 천재다. 건망증 심한 퍼즐메이커로, 그토록 복잡한 지능적 묘기를 짜내느라 때때로 계산을 틀리기도 하는 캐릭터다. 대놓고 천재라고 선언하는 대신 행동으로 말한다. 그 행동이 실제론 그다지 인상적이지 않을 때도 마찬가지다.

나는 수없이 많은 공연을 통해 이 결점투성이 캐릭터가 실수를 저지를 수 있는 여지를 준다는 것을 깨달았다. 카드를 바닥에 흘리기도 하고 단어를 잘못 추측하기도 한다. 나는 물론 실수 없는 쇼를 좋아하지만, 이런 실수들이 나를 인간적으로 보이게 만들고 관객들이 나를 알아보고 공감하기 쉽게 만들어준다. 더욱 전략적으로는, 몇 가지 실수를 의도적으로 저지르기도 한다. 그리고 나면 사람들은 내가 지금까지 보여준 트릭을 모두 합쳐 거대한 퍼즐을 완성하며 이 쇼를 제대로 마무리지을 수 있을지 의구심을 갖고 바라본다. 그러나 이는 드라마를 고조시키고, 위기에서 벗어나는 긴박한 순간에 트릭을 진정한 클라이맥스로 끌어올린다. 내가 '돌아온 탕아'로서 영웅의 자리에 오르기 위해서는 이 마지막 시험대에서 스스로를 이겨내야만 한다. 물론 나는 언제나 성공한다. 그러나 관객이 품었던 의구심 덕에 내 최종적인 승리는 우리 모두에게 훨씬 더 값지게 느껴진다.

그리고 이 모든 것은 잘 짜여진 각본의 일부다.

기업 마케팅의 경우 영웅이 이끄는 언더독Underdog(승리할 확률이 낮은 팀이나 선수 - 옮긴이) 브랜드는 '용감한 대장'이라는 환상만큼 가치를 지닌다. 미약한 시작과 역경을 딛고 이룩한 창대한 끝을 강조하는 슬로건들은 중소기업과 대기업 모두에서 즐겨 사용한다. 거의 30년 전부터 벤앤제리스 아이스크림 회사는 창업주들이 허름한 주유소에서 서툴게 손으로 그린 로고를 내걸고 첫 아이스크림 가게를 열었다는 것을 끊임없이 고객들에게 상기시킨다. 난터켓넥타사의 라벨은 이 회사가 초기에 '오로지 착즙기 한 대와 꿈을 가지고' 시작한 음료수 회사라는 이야기를 우리에게 들려준다. 또한 차고에서 시작된 애플의 뿌리는 기업의 역사와 브랜드의 핵심적인 일부가 되었다.

어떠한 캐릭터가 가장 매력적으로 어필될지는 관객에게 달렸다. 하버드 경영대학원의 아낫 키난 교수와 그의 동료들은 스스로를 '언더독'으로 여기는 고객들이 승자의 브랜드보다는 언더독 브랜드에 더욱 반응한다는 가설을 증명하기 위해 여러 차례 실험을 실시했다. 그 결과 키난은 "어려운 환경에서 고군분투한다는 느낌을 주는 '언더독 성향'이 강한 피험자일수록 언더독 브랜드를 선호하는 경향이 더욱 크다"는 것을 발견했다.[11]

위험을 무릅쓰는 기업가에 대한 신화와 마찬가지로, 언더독 같은 영웅 또한 미국인들의 마음속에 깊이 박혀 있다. 따라서 이 두 타입의 영웅 모두 강렬한 서사에서 주인공을 맡을 수 있다. 어떤 타입을 선택할 것인지 정하기 전에 당신의 관객을 잘 파악하고 있는지만 확실히 해두자.

위기에 강한 이야기,
몰락의 도화선이 된 이야기

2008년 봄, 버락 오바마가 민주당 대선 후보 경선에서 박차를 가하고 있을 때, 오바마의 보좌관 데이비드 액설로드가 훗날 '우리 선거운동의 심장부를 겨냥한 미사일'이라고 묘사한 이야기가 ABC 뉴스를 통해 보도되었다. 이 전국방송에서 20년간 오바마의 담임목사였던 예레미아 라이트 목사가 '선동적인 말잔치'를 벌였다는 보도가 나간 후 브라이언 로스 기자는 라이트가 흑인에 대한 불공평한 대우를 겨냥해 "신이여, 미국을 저주하소서God damn America"라고 설교하는 영상을 틀었다.

"신이여, 미국을 저주하소서! 아니, 아니, '신이여, 미국을 축복하소서'가 아니다. 신이여, 미국을 저주하소서. 성서에도 나오듯이, 무고한 사람들을 죽인 미국을 저주하소서. 우리 국민을 인간 이하로 대우하는 미국을 저주하소서. 신이여, 미국을 저주하소서."

라이트는 오바마의 결혼식 주례를 섰고 두 딸에게 세례를 주기도 했지만, 오바마 후보는 한 해 전 「롤링스톤Rolling Stone」지에 라이트 목사에 대한 기사가 실린 뒤로 이 불같은 목사로부터 거리를 두고 있었다. 사실 그 기사 때문에 오바마는 자신의 선거운동본부 출범식 행사로 예정되어 있던 라이트 목사의 축도를 취소했다. "우리는 이 이야기로 하루 종일 떠들썩해지는 걸 감당할 수가 없어요." 당시 오바마는 이렇게 말했다.

그러나 「롤링스톤」지에 실린 라이트의 말은 2008년 3월 전국으로 방영되고 또 방영된 강한 비난조의 발언에 비하면 아무것도 아니었다. 라이트 목사는 "인종차별은 이 나라가 건국된 방식이자 여전히 나라가 굴러갈 수 있는 방법이다. 그리고 미국인들은 백인의 우월함과 흑인의 열등함을 믿는다. 우리가 신을 믿는 것보다 더 절실하게 말이다"라고 말했다. 이 설교 영상은 오바마의 선거운동을 덮쳤고, 오바마의 출마를 실질적으로 위협했다.

오바마의 선거운동본부는 필사적으로 이야기를 바꿔야 했다. 그리고 오직 오바마 자신만이 그 방법을 알고 있었다. 그는 액설로드에게 "라이트 목사의 연설과 미국의 모든 인종차별 문제에 관해 연설을 하고 싶어요. 이 문제를 더 큰 맥락에서 다루려고 노력해봐야 해요. 그렇지 않으면 계속 반복될 거예요"라고 말했다.

ABC가 라이트 목사의 영상을 틀기 시작한 지 5일 후, 버락 오바마는 필라델피아 국립헌법센터 단상에 올랐다. 그리고 전적으로 혼자 써내려간 이야기를 하기 시작했다. 이 절실하고도 전략적인 이야기는 "우리 국민들은"이란 말로 시작됐다. 이 연설에서 오바마는 "가능할 것 같지 않던 민주주의의 실험"에 대해 이야기하며, 선대 미국인들의 "노예제라는 이 나라의 원죄"와 그 유산 때문에 "결국 서명을 했지만 궁극적으로는 완성되지 못한" 헌법이 탄생했다고 말했다.

이러한 맥락 안에서 오바마는 자신의 이야기를 꺼냈다.

저는 케냐 출신 흑인 남성과 캔자스 주 출신 백인 여성의 아들입니다.

저는 대공황에서 살아남아 제2차 세계대전 당시 패튼 부대에서 근무한 백인 할아버지와 할아버지가 해외파견 중일 때 포트리븐워스 폭탄 제조공장에서 일한 백인 할머니 손에서 자랐습니다. 저는 미국 최고의 학교들에서 공부했으며, 세계에서 가장 가난한 나라 가운데 하나에서 살기도 했습니다. 저는 노예와 노예주의 피를 타고난 흑인 미국여성과 결혼했습니다. 이는 우리가 소중한 두 딸에게 전해준 유산이죠. 저는 이 세상 그 어떤 나라에서도 저와 같은 이야기가 탄생할 수 없다는 사실을 잊지 않을 겁니다. 이 이야기는 저를 가장 정통한 후보자로 만들어주지는 않습니다. 그러나 이 나라가 부분의 합보다 크다는 생각을 가질 수 있게 만든, 제 뼛속 깊이 새겨진 이야기입니다. 그리고 그 수많은 부분 가운데 우리는 진정 하나입니다.

이어서 오바마는 바로 예레미아 라이트의 연설을 언급하며 그의 말이 분열을 초래하며 공격적이라고 비판했다. 그는 라이트의 관점을 "근본적으로 왜곡됐다"고 표현했지만, 동시에 라이트가 오바마를 기독교적인 믿음으로 이끌어준 성직자이자 공복公僕이며 전직 해병대였다는 전혀 다른 측면의 이야기를 했다. 오바마는 백인인 자신의 할머니와 연을 끊을 수 없는 것과 마찬가지로 라이트와도 연을 끊을 수 없다고 이야기했다. 그리고 할머니에 대해 "나를 움찔하게 만드는 인종적인 편견과 민족적인 편견을 여러 차례 말로 표현해온 분"이라고 묘사했다.

버락 오바마가 라이트의 이야기를 손안에 쥐고 전략적으로 주무른 방식은, 애초에 이 선거운동이 실패할 것이라고 예견했던 노련한 정치전문가들조차 깜짝 놀라게 만들었다. "인종이라는 민감한 이슈를 직접적이고 개인적으로 다룸으로써 버락은 자신의 정치적 위기를 전국에 반향을 일으키는 기회로 바꿔놓았다. 이 세계, 그리고 그와 가장 가까운 우리들조차 그가 어떻게 대권 도전이라는 무거운 압박과 복잡한 도전들을 처리하는지에 대해 새로운 통찰을 가지게 됐다. 우리의 반대파는 라이트의 영상이 오바마를 옴짝달싹 못하게 만들기를 바랐지만, 정반대로 그는 가장 대통령다운 모습을 보여줬다." 액설로드는 훗날 자신의 회고록 『믿는 자: 40년 정치인생Believer: My Forty Years in Politics』(2015)에서 이렇게 회고했다.

오바마가 연설을 통해 압축해 보여줬듯, 전략적인 이야기는 목적을 달성하기 위해 기획된다. 전략적인 이야기들은 영감을 주고 동기를 부여하며 의견과 행동을 바꾸기 위해 사용된다. 전략적인 이야기들은 단체나 브랜드의 가치를 강조하기 위해 이야기된다. 그러나 보통 목적의 바탕이 되는 것은 이야기에 극적인 긴박감을 더해주는 골칫거리다.

어떠한 의미에서 오바마는 정계에 입문하기 전부터 지역사회 조직가라는 낮은 자세의 영웅으로 활동하며 인종과 책임감에 대한 자신의 이야기를 해왔다. 그러나 라이트 목사가 초래한 위기가 공공연한 인종불화에 대한 치명적인 플롯 요소를 제공하면서, 그가 원래 해왔던 이야기에 불똥이 튀었다. 오바마는 몸을 수그리는 대신 이러한 불화가 이야기를 통해 해결해야 할 극적인 문젯거리라고 받아들였다. 그리고 미국 그 자체를 인종적인 불화와 불신에 저항해 궁극적으로 승리할 수 있는 영웅으로 만들었다.

여기에서의 도전과제는 이 이야기를 오바마 자신의 가치와 합치되면서도 선거운동본부의 손상된 이미지를 복구시킬 수 있는 방식으로 끌어가는 것이었다. 당당히 전면에 나서서 미국의 인종문제와 정면으로 맞선 후보자의 의지는 놀랍고도 경이로운 전략적 플롯이 되었다. 그리고 선거운동본부가 언제든 그러한 위기에 대항할 준비가 되어 있다는 환상을 만들어냈다.

모든 전략적인 이야기들이 해결해야 할 과제에 직접적으로 접근하는 것은 아니다. 때로는 대리인의 자격으로 도전과제에 접근할 수도 있다. 전설적인 마술사 장 외젠 로베르 우댕이 1865년 북아프리카에서 나폴레옹 3세를 도왔던 이야기가 바로 그 예다.

당시, '마라부트Marabouts'라고 불리는 알제리의 종교지도자들은 추종자들을 부추겨 프랑스 식민정부에 맞서 저항하도록 했다. 나폴레옹은 로베르 우댕에게 이제 그만 은둔생활을 끝내고, 무슬림 예언자의 영향력을 약화시켜 불안을 잠재워달라고 부탁했다. 마술을 이용해 서구 기독교 문명의 우월함을 알리자는 생각이었다. 또는 로베르 우댕이 자서전에 썼듯이 "마라부트들의 속임수가 그야말로 아이들 장난에 불과하고 그 단순함이 천국에서 온 사절의 것이라 할 수 없음을 아랍인들에게 증명하여, 자연스레 우리가 모든 면에서 우수하며 프랑스인에 견줄 마술사는 없다는 것을 보여준다"는 생각이었다.[12] 다시말해 프랑스 제국주의의 마술이 아프리카에서 가장 강력하다는 것을 보여주려는 목적이었다.

몇 주간 로베르 우댕은 분쟁지역을 둘러보며 극장과 부족장들의 모임에서 공연을 했다. 매번 쇼가 절정에 이르면 그는 작은 나무상자를 머리 위로 높이 쳐들고 관객 가운데 가장 강하고 힘이 센 사람에게 무대에 함께 서주기를 부탁했다. 그러면서 로베르 우댕은 자신에게 이 근육질의 영웅에게서 힘을 빼앗아버릴 마법이 있다고 선언했다. 물론 관객들에게 이는 불가능한 일처럼 보였다. 실제로 첫 번째 시도에서 자원자는 쉽게 상자를 들어올린다.

그러고 나면 이 마술사는 손을 한번 흔들고는 다시 선언한다. "이제 당신은 약해졌습니다." 다시 한번 이 부족민이 상자를 들어올리려 할 때는 상자는 바닥에 들러붙은 듯 꼼짝도 하지 않는다. 아무리 애를 써도 요동도 하지 않는 상자 앞에서 그는 힘을 잃은 것처럼 보일 뿐이다.

로베르 우댕은 훗날, 실망한 한 남성이 상자를 부수려고 손잡이를 움켜쥔 순간 공포와 두려움에 울부짖으며 비틀비틀 물러서다가 극장 밖으로 도망가버렸다는 일화를 전했다. 관객들은 감탄을 쏟아냄과 동시에 겁에 질려 항복할 수밖에 없었다. 이 공연은 이들에게 그 어떤 마라부트도 프랑스인의 초인적인 힘에는 경쟁할 수 없다는 확신을 주었다.

어쩌면 로베르 우댕이 자신의 관객들을 기만한 것이라 생각할 수도 있다. 사실 그의 초인적인 힘은 신비주의와는 상관이 없었다. 마술계의 이 거장은 과학과 기술에 매료되어 있었고, 상자가 움직이지 않게끔 무대 아래에 전자석電磁石을 설치해둔 상태였다. 또한 다루기 힘든 자원자들에게 충격을 주기 위해 상자 손잡이에 전류가 흐르도록 해두었다. 그러나 이 모든 마술이 정말로 보여주려고 했던 것은 '권력'이었고, 그 점에서 사기라고 보기는 어렵다. 공연을 마치고 로베르 우댕은 아랍어 통역을 통해 족장들에게 다음과 같이 설명했다. "내 거짓된 기적들은 그저 기술의 결과물이오. 요술이라는 예술이 영감을 주고 인도하고 있을 뿐 주술과는 전혀 상관이 없는 것이오."[13] 과학은 미신을 이겼다. 3일 후 가장 영향력 있는 지역지도자 30명은 로베르 우댕에게 그의 예술을 극찬하는 채식 필사본Illuminated manuscript(인쇄술이 발달하기 전에 손으로 내용을 쓰고 금박으로 채색한 책–옮긴이)을 선물했다. 그리고 프랑스에 충성을 맹세했다.

마술과 사기의 경계는 미묘해서 때로는 이야기의 어느 부분에 강세를 두느냐에 따라 그 결과가 바뀌어버리기도 한다. 마스트 브라더스는 거의 10년간 열정적인 창업 일화를 부당하게 이용한 실수를 통해 이를 배웠다.

창업 일화에 따르면, 브루클린 힙스터들의 자랑이었던 마스트 브라더스 초콜릿 회사는 2006년 과테말라와 에콰도르에서 가져온 카카오 가루를 브루클린 윌리엄스버그의 아파트에서 끓이고 휘저어 초콜릿으로 만들어낸, 덥수룩한 수염의 두 형제에 의해 설립됐다. 이 이야기는 현지에서 공수한 원료와 까다로운 배합에 성공한 두 형제의 엄청난 헌신을 강조했다. 그리고 유례없이 진정성 있는 제품을 만들어내는 유례없이 진정성 있는 인물로 두 형제를 그려냈다. 또한 초콜릿에 푹 빠진 미식가들은 '손으로 직접 만든 초콜릿 자가 제조'라는 서사에 홀딱 빠져버렸다.[14] 이 서사의 성공 가능성은 서사의 진위 여부 혹은 사업 시작 당시 실제로 이 형제들을 알고 있던 사람들의 공모 정도에 달려 있었다.

몇 년간 마스트 형제의 전략적인 이야기들은 제 역할을 해냈다. 이들은 가게를 세 개나 열고, 유명 셰프인 토머스 켈러의 신임을 얻었으며, 미국 전역의 최고급 상점에 우아하게 포장된 초콜릿 바를 공급했다. 그러더니 어느 날부터 이상한 소문이 돌기 시작했다. 사실은 이 형제가 대량생산된 공장용 초콜릿을 '다시 녹여서' 초콜릿을 만든다는 것이었다. 초창기 사진들이 공개됐고, 세상에나! 당시 이 형제에게는 수염조차 없었다!

마침내 2015년 말, 음식 블로거인 스콧 크레이그는 마스트 형제를 립싱크 가수 밀리 바닐리에 비교했다. 그리고 이 형제가 처음부터 이야기로 포장한 환상을 팔아왔다는 비판글을 썼다. 결국 마스트 형제는 초창기에 공장용 초콜릿을 썼다는 사실을 고백해야만 했다. 마스트 형제는 그때는 그저 과도기였을 뿐이고, 현재 브랜드의 중심인 '빈-투-바'(카카오 빈에서 바로 만들어낸 초콜릿이라는 의미 – 옮긴이) 프로세스를 개발하기 전 일이라고 주장했지만 이미 타격을 입은 후였다.

기억하자. 겨우 몇 주 전까지 마스트 형제의 고객들이 사랑해 마지않던 초콜릿의 맛은 조금도 달라지지 않았다는 것을. 바뀐 것은 이야기에 대한 대중들의 시선이었다. 그러나 크레이그의 폭로 이후 일부 매장에서 마스트 브라더스 초콜릿의 판매량은 전년 대비 66퍼센트까지 거꾸러졌다.[15] 비평가들은 형제의 사기행각을 계속 비난했다. 이 모든 논란은 이 형제가 스스로 뒷받침할 수 없는 장인의 진정성이라는 환상을 만들어내 자신들의 이야기와 엮었기 때문에 비롯되었다.

당신의 와우 요소를 보호하라. 마술은 흔히 진실을 왜곡하지만 그 마술이 들려주는 이야기만큼은 절대로 노골적인 거짓말에 의지해서는 안 된다.

당신의 이야기는 무엇인가

이야기의 재료는 우리 주변에 있다. 그 서사가 취할 구체적인 형태는 당신이 도전할 과제에 따라 달라지지만, 당신이 취할 수 있는 소재에는 제한이 없다. 데이터마저도 이야기로 바꿀 수 있다. 온라인 데이트 사이트인 오케이큐피드의 블로그인 오케이트렌드는 이를 분명하게 보여준다. 다음의 포스팅을 한번 살펴보자.

다음의 온라인 데이트 상황을 상상해보라.

1. 당신 마음에 드는 누군가를 본다.
2. 그 사람의 프로필을 보고 와우! 감탄한다.
3. 그 사람에게 긴 메시지를 보낸다.
4. 꼼짝 않고 기다린다….
5. … 답장은 절대 오지 않는다.

슬프게도 이는 아주 흔한 이야기다. 오케이큐피드 같은 활성화된 사이트에서조차 첫 메시지의 삼분의 일(32%)만이 답장을 받는다.

이 이야기는 여기서 끝나지 않는다. 오케이큐피드가 무시당한 외로운 영혼들을 구해주려고 나타나는 것이다! 이 이야기 속 영웅으로서 오케이큐피드는 데이터의 형식으로 희망을 제공한다. 적절한 메시지의 길이("짧을수록 좋다"), 적절한 접근순서("여성이 남성에게 보낸 첫 메시지는 40퍼센트 이상이 답장을 받는다") 등을 알려주면서 말이다. 이후 포스팅에서는 데이터가 더욱 유익해진다. 상대방이 첫 번째 데이트에서 섹스를 원할 사람인지 아닌지 알아보기 위해 던질 수 있는 최고의 질문 등과 같은 통찰력 있는 제안들이다. (여성과 남성 모두에게 해당되는 질문은 바로 이것이다. "맥주를 좋아하세요?" 맥주를 좋아하는 거의 70퍼센트의 여성과 90퍼센트의 남성이 첫 데이트에서 섹스를 생각한다. 희한한 일이다.)[16]

피트니스 트래커(건강 및 운동량을 책정해주는 장치 – 옮긴이) 제조기업인 조본의 블로그에는 조본 제품을 사용하는 고객들의 이야기와 함께 제품 착용시 수집되는 미가공 데이터로 구성된 이야기들이 게시되어 있다. 이 블로그에 실린 데이터 관련 이야기 가운데 하나는, 2014년 캘리포니아 북부의 사우스 나파에서 지진이 발생했을 때 인근지역 주민들의 수면상태를 추적한 내용이다. 조본 업UP밴드를 착용한 사람 가운데 93퍼센트가 새벽 3시 20분에 바로 일어났다는 이야기를 읽으며 당신은 오싹함을 느끼는 간접경험을 하게 될 것이다. 그리고 진앙지에서 가장 가까운 곳에 있던 사람들의 45퍼센트가 그날 밤 내내 잠을 이룰 수 없었던, 그 강한 흔들림과 공포를 상상하게 될 것이다.[17] 이 포스트는 주요 매체와 다른 블로그 사이트를 통해 수백 번도 더 언급되었다. 회사로서는 엄청나게 훌륭한 무료광고가 된 셈이다.

온라인 데이터를 토대로 한 스토리텔링의 왕은 네이트 실버다. 네이트 실버가 운영하는 '파이브서티에이트FiveThirtyEight' 블로그는 2008년 이래 다양한 여론조사 결과를 대담하게 종합해 제시하고 있다. 2012년 이 사이트는 미국 50개주 전체에서 누가 유력한 대선 후보가 될지를 정확히 예측했다. 그러나 이 사이트의 성공은 데이터를 정확히 수집해서가 아니라 데이터를 이야기로 짜깁기한 것으로부터 비롯된 것이었다. 2016년 선거가 치러지고 3일 후 실버가 쓴 「왜 파이브서티에이트는 트럼프가 당선될 확률을 다른 기관보다 높게 보았을까」라는 글은 실버가 대선 결과를 예측하는 데에는 실패했지만 데이터를 사용하는 데 있어서만큼은 여전히 최고라는 것을 보여준다(당시 네이트 실버는 트럼프의 당선을 예측하지 못했지만 다른 여론조사기관보다 트럼프 당선확률을 더 높게 예측했다 – 옮긴이). 모든 경우에서 이야기가 궁극적으로 전하고자 하는 것은 데이터의 의미다.

전통은 이야기 소재의 또 다른 풍부한 원천이 된다. 광고와 마케팅을 위해서뿐 아니라 경영 문제를 해결하는 데 도움이 되는 이야기들도 만들어낸다. 1990년대 말 화물운송회사 UPS의 경영진들은 자신들의 경영 방식이 시대에 뒤처졌으며, 회사 운영 방식 전반에 대한 총체적인 개혁이 필요하다는 것을 깨달았다. 소포 배달의 효율성을 높이는 것만으로는 더 이상 충분치 않았다. UPS는 새로운 서비스를 개발해야만 했다. 이는 직원들이 자기 업무를 이해하는 방식을 바꿔야 한다는 의미였다. 회사의 과거 역사를 바꿀 수는 없지만, 경영진이 설파하는 전통 이야기는 강조점이 바뀌어야 했다. 그리고 이 새로운 서사 안에서 회사는 언제나 영웅적인 혁신가로 존재하며, 자전거를 이용한 배달에서 트럭수송으로, 세계에서 두 번째로 큰 화물수송기로, 그리고 온라인 배송조회 서비스 제공으로 과감히 변화했다. UPS 직원들 역시 단순한 기술지원을 하는 사람이 아닌, 언제나 변화를 받아들이고 변화를 통해 번영하는 혁신가로 자리매김하게 되었다. 이후 회사가 빠르게 변화하는 미래사회에 대비하기 위해 도전하는 새롭고도 필연적인 그 어떤 실험에도 직원들은 더 이상 두려워하지 않는다고 한다.[18]

전통은 크래프트푸드사가 2010년 영국의 제과업체 캐드버리를 인수한 후 제시한 서사의 목적에 들어맞았다. 캐드버리의 경영진과 4만 5,000명의 직원들은 이 합병을 강력히 반대했다. 그리고 이런 낌새를 눈치챈 산업지産業紙들은 두 기업의 문화는 공존하기 어렵다는 부정적인 의견을 앞다투어 내놓았다. 크래프트는 합병에 부정적인 이야기를 잠재울 대체 이야기를 재빨리 만들어내야 했다. 캐드버리는 자사의 전통 가치를 지키지 못하고 제품 품질이 저하될 거라는 걱정과 불안감이 컸기에 크래프트는 근거 없는 두려움이라는 증거를 보여주기 위해 자신들의 기록저장소를 파고들었다. 그 결과 '동행Coming Together'이라는 이름의 인트라넷이 탄생했다. 인트라넷에서는 먼저, 두 기업의 창업자인 제임스 L. 크래프트와 존 캐드버리의 경영철학이 일치한다는 것을 적극 알렸다. 두 사람은 품질과 공정성, 그리고 공동체를 소중히 여기고 지켜야 한다는 믿음을 똑같이 가지고 있었다. 다음 단계로 크래프트의 합병 역사를 한눈에 보여주는 로드맵을 제공해, 크래프트가 어떻게 합병 기업들을 더욱 강하게 만들면서 통일성을 견지해왔는지 보여줬다. 사이트에서 전하는 이야기는 보도자료와 직원훈련 과정을 통해 경영진에 의해 반복됐다. 그리고 혁명은 무마됐다.[19]

과거가 이야기의 재료가 될 수 있듯이 현재의 연대連帶 역시 훌륭한 이야기 소재가 될 수 있다. 특히나 그 이야기가 관객들을 적극적인 참여자로 끌어들일 때는 더욱 그렇다. 마술사들은 이를 잘 알고 있기에 거의 모든 마술이 관객 가운데서 자원자를 끌어낸다. 그리고 많은 기업들이 고객에게서 교훈과 영감을 얻고 있다.

2010년 몰리 피에닝은 사우스캐롤라이나 주 뷰포트 해병항공기지 안 비행대기선에서 전투기 조종사인 남편 테드가 해병대 전투기를 착륙시키는 모습을 지켜보고 있었다. 화창한 오후 햇살 아래 그녀는 공군에서 인증한 보잉 선글라스를 자랑스레 끼고 있었다. 그 선글라스는 조종사와 조종사 아내에게 지급되는 제품이었다. 그러다 문득 몰리는 함께 서 있던 다른 가족들에게로 눈을 돌렸고, 어린아이들이 모두 얼굴을 찡그리며 눈을 비벼대는 것을 보았다. 보호기구도 없이 맨눈으로 태양을 똑바로 쳐다보고 있었기 때문이다. 그렇게 해서 어린이용 선글라스 베이비에이터Babiators에 대한 아이디어가 세상에 나오게 되었다.

그러나 어린이들은 툭하면 안경을 깨먹거나 잃어버리는 존재로 인식되어 있는 마당에, 어떻게 해야 부모들이 아이들에게 UVA(장파 자외선)를 차단하는 고급 선글라스를 사주기 위해 20달러를 쓰게 만들 수 있을까? 피에닝 부부는 동업자인 매튜 가드의 경영 스승을 찾아갔고, 베이비에이터에 '말이 안 되는 서비스'를 덧붙이라는 조언을 받았다. 즉, 분실물 보증을 하라는 것이었다. 구매 후 1년 이내에 제품이 부서지거나 분실될 경우 무조건 무료로 교체해준다고 고객에게 약속하는 보증이었다.

이 계획은 직관적으로는 말이 되지 않았다. 비양심적인 고객이 이 제안을 악용해서 무료 안경을 받아내려고 회사를 속이지 않을까? 몰리는 블룸버그 TV와의 인터뷰에서 그런 상황이 벌어지길 바랐다고 말했다. "무료 안경을 바라는 사람들이 있어요. 하지만 이 사람들은 가장 열정적인 브랜드 홍보대사예요. 그러니, 네, 맞아요. 무료 안경을 하나 주는 거예요. 그런데 그 무료 제품 하나 때문에 네 개나 다섯 개의 글러브를 더 팔게 돼요."[20]

동반자라는 개념은 베이비에이터 브랜드 전략에서 매우 중요한 위치를 차지한다. 베이비에이터 웹사이트의 카테고리 가운데 '우리 이야기' 카테고리는 대학에서 만난 두 쌍의 커플 이야기를 고객들에게 전하고 있다. 이 두 커플의 미션은 '아이들이 이 멋진 세상을 탐험하는 동안 아이들의 눈을 지켜주는 것'이다. 이들은 유례없는 고객 서비스 정책을 통해 이 미션을 뒷받침한다. 왜냐하면 '아이들은 아이다워야 한다'고 믿기 때문이다. 피에닝 부부와 가드 부부는 이러한 이야기에 뿌리를 두고 부엌 식탁을 사무실 삼아 사업을 시작했고, 이 사업은 급성장해 2014년 「포브스」지가 선정하는 100대 유망기업에 포함됐다. 오늘날 베이비에이터는 100만 개의 선글라스를 판매하고 있으며, 2017년 700만 달러 이상의 매출을 올릴 것으로 예상된다.[21]

자선, 그리고 인류와 지구에 대한 관심이라는 주제도 오늘날 수많은 브랜드들이 이야기하는 내용이다. 칫솔회사 '스마일 스퀘어드'는 고객이 칫솔 하나를 구매할 때마다 개발도상국 어린이 한 명에게 칫솔 하나를 기부한다. 이로써 고객은 창업자 에릭 코프가 과테말라 방문길에 가족끼리 칫솔을 같이 쓸 수밖에 없는 환경에서 얼마나 많은 어린이들이 예방 가능한 질병에 노출되는지 알게 된 이후 시작한 국제적 지원활동에 적극적으로 참여하는 착한 소비를 하게 된다. 스토리 컨설턴트 타이 몬태규는 참여를 유도하는 서사를 활용하는 이런 기업들을 '스토리두잉Storydoing' 기업이라고 부른다.

스토리두잉 기업과 스토리텔링 기업의 차이는 스토리두잉은 고위 경영진이 앞장서 실천해서 조직 내 모든 부서와 직원들에게 영향을 미친다는 것이다. 여기에서 스토리, 즉 이야기는 단순히 광고에 이용하는 마케팅용 서사가 아니다. 이 이야기는 경영 전반의 정책에 관여하고, 산업의 상업적 측면에 사회적 책임과 실천이라는 더 큰 목적과 의미를 부여한다. 그리고 고객들이 이 서사에서 의미 있는 역할을 하는 동시에 자신들의 사회적 인맥을 활용해 그 이야기를 공유하고 퍼뜨리도록 만든다.

몬태규의 컨설팅회사인 '코:컬렉티브Co:Collective'는 스토리두잉 기업이 스토리텔링 기업보다 여러 면에서 장점이 많다는 것을 발견했다.

소매업, 연예산업, 온라인 서비스, 그리고 교통에 이르기까지 다양한 분야의 상장기업 42곳을 비교한 결과 몬태규는 스토리두잉 기업이 SNS에서 경쟁사보다 20배 많은 답글을 받고 있는 것을 발견했다. 게다가 답글의 내용도 좀 더 긍정적이었다. 또한 참여적 서사를 활용하는 기업들은 유료매체에 더 적은 돈을 쓰면서 더 높은 성장률을 보였다.[22] 여기에서의 교훈은 사람들은 훈훈한 이야기를 좋아할 뿐 아니라 스스로가 그 이야기에 기여하고 있다는 느낌을 좋아한다는 것이다. 그리고 이들은 그 이야기를 널리 전파함으로써 그러한 느낌을 안겨준 기업에 보답한다.

인도의 밧줄 트릭

아마 어떤 마술보다 가장 미스터리한 트릭은 보는 이의 상상 속에서 펼쳐지는 신기한 마술일 것이다. 인도의 밧줄 트릭은 이에 딱 들어맞는 마술이었다.

1890년 8월 9일 「시카고 트리뷴」지 두 번째 섹션 첫 장에 두 명의 예일대 졸업생에 대한 기사가 실렸다. 기사에 따르면, 프레드릭 S. 엘모어와 조지 레싱은 인도에서 길거리 고행승이 보여주는 놀라운 기적을 목격했다. 이른바 기적을 행하는 자가 밧줄을 공처럼 감아 공중으로 던지자 놀랍게도 공은 "그에게로 되돌아오는 대신 자꾸만 위로 솟고 또 솟아올라 밧줄 끄트머리만이 길게 흔들렸다"고 한다. 그러면 한 소년이 나타나 "포도 줄기를 타고 오르는 원숭이"처럼 그 밧줄을 잡고 올라가다 9미터에서 12미터 높이에서 사라져버린다고 했다. 엘모어는 재빨리 사진을 찍었고, 레싱은 그 장면을 스케치했다.

그러나 현상한 사진은 스케치와 전혀 달랐다. 사실 사진에는 그 어떤 것도 나타나지 않았다. 소년도, 밧줄도 없었고, 그저 고행승만이 누더기 같은 카펫 위에 앉아 있었다. 엘모어는 단호히 결론을 내렸다. "그 고행승은 단지 거기 있던 모든 관객들에게 최면을 걸었을 뿐이다. 그러나 카메라에 최면을 걸지는 못했다."[23]

이 이야기는 무서운 기세로 퍼져나갔다. 이는 역사적으로 딱 필요한 때에 미스터리한 요소들을 완벽하게 융합해 제시했다. 최면술은 인기가 좋았지만 이해하는 이가 거의 없는 분야였다. 그리고 새로이 식민지가 된 인도는 미스터리의 땅이었다. 독자들은 믿고 싶었고, 존 엘버트 윌키라는 사람이 쓴 이 기사는 독자들에게 필요한 모든 증거를 안겨주었다.

그러나 몇 달 동안 조사를 한 후 「트리뷴」지는 철회 기사를 냈다. 그 이야기는 가짜였던 것이다. 윌키는 사과했다. "저는 이 하찮은 이야기가 상상했던 것보다 더 많은 관심을 불러일으킨다는 사실을 믿게 됐습니다. 그리고 많은 이들이 이를 완벽한 진실로 받아들인다는 사실도요. 누군가를 기만했다는 점에 사과드립니다."[24] 프레드릭 S. 엘모어는 신문을 '더 많이 팔기 위해'('셀 모어Sell more', 엘모어의 이름과 운을 맞춘 표현이다 – 옮긴이) 이 이야기를 지어낸 것으로 보인다.

그러나 진실은 너무 늦게 밝혀졌다. 인도의 밧줄 트릭에 대한 목격자들의 이야기가 잇달면서 대중들의 상상력은 열기를 더해갔다. 역사학자들은 마르코 폴로와 14세기 탐험가 이븐 바투타 등 아주 오래된 이야기들 속에서 로프 트릭과 아주 유사한 것들을 찾아내기 시작했다. 심지어 오늘날에도 누군가는 그 트릭을 직접 목격했다고 주장한다.

전설의 이야기꾼으로서 존 엘버트 윌키는 1898년부터 1911년까지 미국 비밀경호국의 국장을 맡았다.

마지막 순간을 장악하라,
끝이 좋으면 입소문은 절로 난다

전략적 이야기에서 가장 중요한 것은 느낌, 즉 관객이 가지게 되는 최종적인 인상이다. 그리고 그 인상은 분명 환상이다.

2014년 팟캐스트 〈시리얼Serial〉 돌풍을 불러온 첫 번째 시즌을 들어보았다면, 미국 볼티모어에서 벌어진 고故 이해민 양 살인사건에 대한 조사에서 제일 짜증나는 부분 중 하나가 목격자 증언을 믿을 수 없다는 점임을 알고 있을 것이다. 이해민의 죽음 후 바로 증언을 한 이들은 자신들이 보고 들었다고 생각하는 내용과 당시 무엇을 하고 있었는지에 대해 서로 모순되는 이야기를 내놓았다. 목격자의 거짓 진술에 관해 한 전문가는 팟캐스트 진행자 사라 코닉에게 이러한 상황이 완전히 예측 가능했다고 이야기했다. 왜냐하면 "사람들은 경찰이 듣기 원하는 말이라고 생각하는 대로 기억을 왜곡하는 경향이 있기" 때문이다. 다시 말해 무슨 일을 하고 있는지 미처 깨닫기도 전에 '눈으로 직접 본 목격자'는 착각을 이야기하고 이를 진실로 가장한다. 범죄수사에서 이 같은 미심쩍은 느낌은 생사를 가르는 결과를 가져올 수 있다.

경찰 배지를 가슴에 달고 있는 것이 아니라면, 누군가의 기억을 좌지우지할 수 있는 최고의 방법은 그들의 경험의 가장 마지막 순간을 통제하는 것이다. 토론토대학교 연구팀은 문자 그대로 경험의 마지막 순간을 통제하는 실험을 했다. 두 환자집단 가운데 한 집단을 상대로 일반적인 대장내시경의 마지막 순간을 왜곡한 것이다.[25] 두 집단은 모두 정상적인 절차를 거쳐 검사를 받았다. 내시경은 위장관계로 삽입됐고, 두 그룹 모두 내시경 카메라로 장 내부를 들여다보는 실제 검사가 이뤄지는 동안 동일한 수준의 불편함을 보고했다. 검사를 마치고, 의사는 오직 두 번째 집단에게만 추가적으로 20초 동안 기구를 빼지 않고 그대로 놓아두었다. 두 번째 집단은 조금 더 긴 검사를 거쳤지만 첫 번째 집단과는 달리 마지막으로 느낀 감각이 고통이 아니었다. 그리고 이 별것 아닌 조치가 그들의 기억을 개조하기 위해 행한 실험의 전부였다. 실험이 끝나고 환자들에게 그 검사 경험에 대해 묘사해보라고 하자, 두 번째 집단이 첫 번째 집단보다 그 과정에 대해 훨씬 긍정적인 용어로 기억했다. 그리고 이러한 기억은 몇 년 후에도 이 환자들의 행동에 직접적으로 영향을 미쳤다. 두 번째 집단이 첫 번째 집단보다 다음 정기검진을 받은 비율이 훨씬 높았던 것이다.

마술사들은 기억은 착각이며, 착각은 기억을 지배할 수 있다는 걸 잘 알고 있다. 그렇기 때문에 모든 마술사의 이야기 상자에는 가짜 요약이 중요한 자리를 차지하고 있다.

가짜 요약이란 관객들이 방금 눈으로 목격한 사건들에 대한 공연자의 요약이다. 정확한 설명처럼 들리지만, 사실은 관객들이 느끼게 될 인상을 통제하기 위해 전략적으로 왜곡해서 말한다.

마술에서 이러한 왜곡은 속이기 위해 기획될 수 있다. 예를 들어, 내가 카드를 섞고 있고 맨 앞줄에 앉은 한 남자에게 그 카드들을 가위로 자르도록 요청했다고 치자. 마술을 진행하면서 나는 아마 이렇게 말할 것이다. "다시 한번 봅시다. 선생님, 선생님께서는 카드를 섞고 가

위로 자르셨습니다." 대부분의 관객들은 발전된 형태의 이 이야기를 그대로 받아들일 것이다. 왜냐하면 그 남자가 카드를 만진 것을 기억하기 때문이다. 때로는 당사자조차 실제로 카드를 섞은 사람은 나라는 것을 기억하지 못한다.

가짜 요약은 때로는 훨씬 더 거대한 규모로 만들어지기도 한다. 이제 나는 몇 년간 밝히지 않고 지켜온 한 가지 비밀에 당신을 끌어들이려 한다. 내가 에드가 라이트 집에서 했던, 땅에 묻힌 카드로 절정에 올랐던 마술을 기억하는가? 사실 그 마술은 가짜 요약을 로드업하기 위해 특별히 짜놓은 각본이었다.

당신이 기억하듯 그날 우리의 방문은 라이트에게 블레이크 포크트와 내가 카드를 묻는 모습을 찍은 영상을 보여주는 것으로 끝을 맺었다. 그러나 땅에 묻힌 카드란 없었다. 블레이크와 나는 그날 비디오를 촬영하기 위해 일찌감치 라이트의 집에 갔지만 마치 우리가 그 모든 카드를 묻은 것처럼 보이게 만들었을 뿐이다. (기억하자. 마술과 마찬가지로 영화는 보는 이의 지각의 공백을 활용한다는 점을 말이다.) 하트 5 카드를 '땅에서 파내는 것'을 통해 라이트를 감격시킨 순간에 우리는 사실 속임수를 썼다.

우리의 각본은 라이트에게 마술사들이 자신의 마술을 로드업하기 위해 말도 안 되게 극단적인 행동도 할 수 있다는 인상을 남기는 게 목적이었다. 우리 입장에서 그가 기억해주기를 바랐던 이야기의 핵심은 '준비'였다. 그리고 우리의 가짜 요약은 그에게 결코 잊을 수 없는 광적인 준비라는 인상을 남겼다. 그날 우리가 그 집에서 나온 후에 분명히 라이트는 정원을 돌아다니며 나머지 51장의 카드를 찾으려고 땅을 여기저기 파보았을 것이다. 우리는 그가 정말로 무슨 일이 벌어진 것인지 알아내기 위해 답을 찾아 잔디밭을 헤맸으리라는 것을 안다. 그는 친구들에게 마술의 진정한 비밀은 관객들보다 몇 단계 이상 확실히 앞서 있어야 하는 것이라고 이야기했을 것이다. 그리고 우리의 가짜 요약에서 그 부분은 분명 진짜였다.

가짜 요약은 단지 관객들이 기억하길 바라는 강조점의 포인트를 바꿔놓는 것만으로도 경영상 중요한 목표를 달성하게 만들어준다. 당신이 꽤 많은 양의 정보가 담긴 발표를 했다고 가정해보자. 일부는 당신이 전달해야만 하는 내용이고, 일부는 당신 자신이 동의하는지조차도 확신할 수 없는 내용이다. 진짜 요약은 말 그대로 관객들에게 당신이 막 전달한 주요 아이디어들을 떠올리게 만들겠지만, 당신 입장에서 그들이 느끼기를 원하는 그런 인상을 남기지는 못할 것이다. 다행히도 발표자로서 당신의 임무는 가장 중요한 포인트를 요약하는 것이다. 따라서 당신은 강조를 위해 당신의 요약을 약간 왜곡하는 게 가능하다. 아마도 개인적인 의견을 살짝 더하게 될 것이다. 그리고 그 덕분에 관객들이 가장 중요하게 기억해줬으면 하던 바로 그 인상을 관객들에게 남기게 될 것이다.

가짜 요약은 전략적으로 공로를 돌리는 데 사용될 수도 있다. 의료 분야 고용전문가이자 전직 마술사인 재닛 엘킨은 「뉴욕타임스」의 애덤 브라이언트에게 이렇게 설명했다. "전에 제가 모시던 상사는 저에게 늘 말씀하셨어요. '생색 내지 말게. 생색을 내는 건 쉽지만 그럴 필요 없네. 누군가에게 공로를 돌리게. 다 자네에게 돌아올 거네.' 모든 것이 다 당신 아이디어라 할지라도 다른 사람이 그걸 꼭 알아야 할 필요는 없어요."[26] 그러니 가짜 요약을 내놓고 훌륭한 업무처리에 대해 동료를 칭찬하자. 그렇게 동료들을 끌어들이고 나면, 엘킨의 말대로 결국엔 그 공이 다 당신에게 돌아온다.

마술행위와 마찬가지로, 가장 잘 전달된 이야기는 언제나 관객들이 입소문을 내는 대상이 된다.

4장

보이는 대로 믿는다,
시선을 장악하라

프랭클린 델라노 루스벨트는 서른아홉의 나이에 소아마비를 앓은 후 정계 복귀를 결정한다. 하지만 그에게는 넘어야 할 심각한 이미지 문제가 있었다. 그 당시 사회분위기는 장애인을 대중들의 시선과 마음으로부터 차단하고 격리시키는 것이었다. 많은 사람들이 육체적 장애를 정신적 장애나 윤리적 결점과 연결지어 생각했다. 남성에 대해서는 특히나 신체적으로 건장하고 시각적으로 강해야 한다는 기대가 있었다. 남성성은 1920년대 고위 공직자에게 요구되는 절대적인 기준이었다. 따라서 하반신마비를 앓게 된 루스벨트로서는 치명적인 약점을 가지고 있는 셈이었다. 큰 성과 없이 다리 재활 훈련에 7년을 매달린 끝에 그는 실질적인 회복이 불가능하다는 것을 깨달았다. 그가 성공하려면 마술에 의존하는 것 외에 달리 방법이 없었다.

루스벨트는 거의 투병 초기부터 이를 위한 무대를 준비했다. 그는 공개석상에서 비쳐질 모습을 세심히 조작해 그 어떤 언론도 그가 부축을 받거나 휠체어에 탄 모습, 그리고 차나 기차를 타고 내리기 위해 힘들게 옮겨지는 모습을 목격하지 못하도록 했다. 또한 불굴의 영웅다운 태도를 만들어냈다. 상징적인 소품의 도움을 받아 절대적인 자신감과 능력을 지닌 인물이라는 느낌을 풍겨냈던 것이다. 그는 즐거움과 낙천성을 나타내기 위해 시그니처와도 같은 담배 파이프를 흔들었다. 그가 쓰는 코안경은 인기 많은 민주당 출신 대통령 우드로 윌슨을 떠올리게 만들었다. 루스벨트는 고통이나 실패와는 전혀 상관없는 사람인 양 언제나 미소를 띠고 상냥했으며 농담을 던졌다. 1924년, 그는 특별한 도전을 맞게 된다. 알 스미스 뉴욕 주지사의 대선 출마를 돕기 위해 매디슨 스퀘어 가든에서 열리는 민주당 전당대회에 참석하기로 한 것이다. 이 대회는 그가 소아마비를 앓고 나서 처음으로 모습을 드러내는 중요한 공식행사 자리였다. 그는 자신의 정치적 미래가 자신이 회복되고 있다는 것을 '증명'할 수 있는 능력에 달려 있다고 느꼈다. 그가 휠체어에 탄 채 나타나서는 안 될 일이었다.

루스벨트는 아들 제임스를 시켜 행사장을 미리 둘러보게 했다. 가장 넓고 장애물이 없는 입구와 통로를 알아두기 위해서였다. 대회기간 내내 루스벨트는 다른 위원들이 오기 전에 제일 먼저 도착해서 무대 가까이에 놓인 떡갈나무 재질의 특수의자에 앉았다. 그의 몸을 꼿꼿이 잡아줄 만큼 손잡이가 튼튼한 의자였다. 그는 연설을 할 때 빼고는 하루 종일 그 의자에 앉아 있었다. 그러고는 연설무대까지 '걸어야만' 했다. 어느 정도는 이러한 연기는 참을성의 위업이었다. 그는 상반신을 한쪽 목발에 의지해 다리의 무게를 지탱했고, 다른 한 손으로는 제임스의 팔을 꽉 움켜쥐었다. 철제 보조기구가 그의 엉덩이와 다리에 묶여 있었지만 신발이랑 양말과 같은 검은색으로 칠해 감춰졌다.

그의 뒤를 보좌관들이 조심스레 뒤따랐다. 스포트라이트에서 한 발짝 비켜나 있되 루스벨트가 넘어질 경우 곧바로 뛰어와 도울 수 있는 거리를 유지하면서. 루스벨트가 아들의 팔을 어찌나 세게 붙잡았던지, 대기실로 조금씩 걸어가는 동안 제임스는 고통으로 눈물을 흘릴 정도였다.

루스벨트는 단상을 4미터 앞두고는 그 누구의 도움도 받지 않았다. 그는 양쪽 목발을 짚고 힘들게 두 발을 끌고 나갔고, 드디어 연단에 도달했을 땐 땀으로 흠뻑 젖어 있었다.

갑자기 프랭클린은 고개를 살짝 돌리고 행사장 전체를 사로잡는 미소를 지어 보였다. 그 순간, 각고의 노력을 보여준 그에게 지지와 존경의 환호가 쏟아졌다. 그러나 루스벨트가 보여준 마술의 진정한 장악력은 그가 연설을 시작하는 순간 빛을 발했다. 왜냐하면 관객들 모두가 방금 자기가 본 광경을 까맣게 잊어버리도록 만들었기 때문이다. 전기작가 휴 그레고리 갤러거는 아주 적절한 제목의 책인『프랭클린 루스벨트의 눈부신 사기FRD's Splendid Deception』(1985)에서 "처음부터 그는 행사장에 있는 모든 사람들의 관심을 완전히 사로잡았다. 그는 건강하고 깨끗한 테너 톤으로 말했고, 말하면서 강력한 효과를 주었다. 이미 그의 용기에 감명받은 관객들은 곧바로 그의 연설이 주는 힘에 휩쓸려 들어갔다."[1] 그날 루스벨트가 연설을 끝내자 처음 몇 초간 그의 연설에 압도당한 침묵이 이어지다 박수소리가 터져나왔다. 박수소리는 1시간 15분 동안이나 계속되었고, 매디슨 스퀘어 가든 역사에 기록을 남겼다.

4년 후 루스벨트는 다시 전당대회 연단에 섰다. 이번에는 대선 도전이 목표였다. 그러기에 이번에는 회복하는 중이라는 모습을 보이는 것만으로는 충분하지 않았다. 그는 대중들에게 자신이 실질적으로 장애를 이겨냈으며, 더 높은 공직을 유지할 능력이 충분하다고 믿게 만들어야 했다. 이번에는 그는 목발을 사용할 수 없었다. 목발은 디킨스 소설 속의 타이니 팀(찰스 디킨스의 소설 『크리스마스 캐럴』에 나오는 소년으로 스쿠르지가 부리는 직원의 병약한 아들 – 옮긴이)과 같이 불쌍한 불구의 상징이었다. 대권 도전자로서 마지막까지 받고 싶지 않은 것은 바로 동정이었다. 따라서 루스벨트와 아들 엘리엇은 루스벨트가 진짜로 걸을 수 있다고 관객들이 믿게 만드는 마술을 고안해냈다.

엘리엇은 일어나서 오른팔을 90도로 굽혔다. 엘리엇의 팔뚝은 평행봉처럼 튼튼했다. 루스벨트는 엘리엇 곁에 서서 그 팔을 단단히 움켜쥐었다. 오른손으로는 지팡이를 짚었다. 루스벨트는 오른팔을 똑바로 폈고, 지팡이가 굽어진 선을 따라 아래쪽을 향해 쭉 뻗은 집게손가락은 그 팔을 단단히 지탱했다. 이러한 자세로 그는 '걸을 수' 있었다. 걸음마를 배우는 아이처럼 희한하게 뒤뚱거렸지만 말이다. 옆구리 근육을 이용해 처음 한쪽 다리를 들어올리고 나서 몸무게를 그 다리에 실은 다음 반대쪽 옆구리 근육으로 다른 쪽 다리를 들어올렸다. 처음 한쪽, 그리고 반대쪽. 이 움직임을 계속 이어갔다. 루스벨트는 팔을 목발과 정확히 같은 방식으로 움직였기 때문에 이렇게 할 수 있었다. 오른팔은 루스벨트의 몸무게가 집게손가락을 통해 지팡이 전체를 따라 바닥까지

옮겨지도록 했다. 아들의 팔에 기댄 왼쪽 팔 역시 비슷한 방식으로 몸무게를 분산시켰다.[2]

프랭클린 루스벨트의 팀은 연설대가 루스벨트의 몸무게를 버틸 만큼 충분히 단단하고 확실하게 고정되어 있는지 미리 확인하였다. 따라서 연단에 안전하게 도착하기만 하면 루스벨트는 손과 팔을 이용해 똑바로 서 있을 수 있었다. 쉽게 들릴지 모르지만, 그가 몸 전체의 무게를 팔로 지탱하고 있다는 점을 잊지 말자. 관객들에게 그가 편안한 상태라는 것을 보여주기 위해 루스벨트는 연설을 하는 동안 머리로 제스처를 취하고 미소와 목소리를 활용했다. 그의 연기는 관객들의 관심이 육체적인 현실로부터 멀어지도록 세심히 만들어진 것이었다. 루스벨트는 관객들이 자신의 신체적인 문제를 무시하길 원했다. 그리고 처음에는 뉴욕 주지사 선거에서, 그리고 후일 미국 대통령 선거에서 그를 위해 투표해야 할 시점에 관객들이 기억해주길 바라는 이미지와 수사법 쪽으로 관심을 이끌어가길 원했다.

프랭클린 델라노 루스벨트는 이러한 모습을 통해 정치활동을 하는 동안 여러 차례, 마술사들이 '미스디렉션Misdirection'이라고 부르는 기술의 달인임을 보여줬다.

프레임에 갇히지 마라

마술에서 미스디렉션은 관객의 관심을 마술의 방법 또는 작동원리로부터 멀어지게 하는 대신 마술의 감각적인 효과에는 가까워지게 바꾸는 조작방식을 의미한다. 이론의 여지는 있지만, 일부 현대마술사들은 '관심관리Attention management'라는 좀 더 정확한 용어를 사용하기도 한다. 그러나 그 어느 쪽이든 사물을 사라지게 하고, 모양을 바꿔놓고, 물리법칙을 거스르는 초능력을 가졌다고 믿게 만들고, 평범한 것들을 이상하게 보이게 만든다는 점에서는 동일하다. 연기와 거울이 종종 도움이 되기도 하지만, 미스디렉션의 핵심 기술은 그 어떤 도구도 필요로 하지 않는다. 사실 4살짜리 아이도 가장 기본적인 형식의 미스디렉션을 사용할 줄 안다. 쿠키를 숨겨둔 곳으로부터 경쟁자의 관심을 돌리기 위해 방 건너편을 가리키는 것이다. 꼬리감는원숭이(카푸친원숭이)들은 경쟁자들이 자기 바나나를 찾지 못하게 하려고 가짜 위험신호를 보낸다. 운동선수들의 경우엔 농구경기에서 페이크 기술을 쓰거나 축구나 럭비에서 더미패스를 하는 방식으로 좀 더 세련된 형태로 이를 활용한다.

그러나 마술에서 미스디렉션은 관객이 주목하는 것과 주목하지 않는 것 간의 간극을 의식적으로 통제하는 것이 필요하다. 마술사의 목표는 그 간극을 증폭시켜 관객들이 마술효과 뒤에서 실제로 일어나는 일들에 대해 의심조차 하지 못하도록 만드는 것이다. 프랭클린 루스벨트가 증명했듯, 이러한 기술은 이미지, 메시지, 제품, 또는 정책이 받아들여지는 방식을 통제하고 싶은 사람이라면 누구에게나 도움이 된다.

미스디렉션의 핵심 가운데 하나는 마술사들이 '프레임'이라고 부르는 초점의 도구다. 마술사들에게 프레임이란, 관객들이 보고 목격하고 마술의 클라이맥스를 즐기기를 바라는 특정한 구역이다. 일반적으로 프레임은 트릭 기법이 일어나는 곳을 의미하지 않는다. 왜냐하면 이런 트릭들은 어둠 속에서, 다시 말해 관객들이 전혀 주목하지 않는 회색구역에서 이뤄지기 때문이다. 나는 레몬을 갑자기 만들어내기 위해 이 컵을 쥐고 있는 것일까? 아니, 나는 테이블 밑에서 오렌지 하나를 몰래 꺼내기 위해 다른 한쪽 손을 프레임 바깥에서 사용하는 동안 당신의 주의를 집중시킬 프레임을 만들고 있는 것이다.

때로는 관객들이 여전히 프레임 바깥 구역을 볼 수도 있다. 그러나 관객들은 그것이 관련이 있다는 사실을 깨닫지 못한다. 마술사들이 가장 즐겨 사용하는 방법 가운데 하나는 '대담한 몸짓'이다. 뻔뻔스럽고 위험천만하면서도, 특별한 재미를 뽑아내기 위해 쓰는 전술이다. 이러한 대담한 움직임에는 사물을 프레임 바깥쪽에, 그러면서도 여전히 시야 안에 놓아두는 행위도 포함된다. 예를 들어, 내가 동전 세 개 마술을 펼치고 있다고 가정해보자.

1. 나는 허공에 손을 뻗어 첫 번째 동전을 뽑아낸다. 그리고 동전을 테이블 위에 놓아둔다.

2. 나는 두 번째 동전을 만들어내기 위해 또다시 하늘로 손을

뺀는다. 그리고 두 번째 동전을 테이블 위 첫 번째 동전 옆에 놓는다.

3.   나는 마지막 동전을 위해 세 번째로 팔을 뻗는다. 그러나 아무것도 나타나지 않는다.

4.   "세 번째 동전은 어디 있죠?" 나는 관객들에게 묻는다. "왜 벌써 테이블 위에 놓여 있는 거죠?" 이 말이 끝남과 동시에, 당연히 그곳엔 세 번째 동전이 마치 마법처럼 처음 두 동전 곁에 놓여 있다.

이 기술은 단순하다. 그러나 프레임을 움직이는 데 능숙한 마술사만이 성공할 수 있는 기술이다. 내 왼쪽 손이 세 번째 동전을 찾아 손을 뻗으면서 프레임을 허공으로 멀리 움직여간 동안 자연스레 테이블 높이에 있던 내 오른쪽 손이 은밀하게 세 번째 동전을 테이블 위에 놓아두는 것이다. 위대한 마술사 토니 슬라이디니의 가장 유명한 묘기 가운데 하나는 무대에 올라온 자원자만 속이고 나머지 관객들은 트릭에 함께 참여할 수 있도록 프레임을 통제하는 것이다. 이 트릭은 마술사의 양손 사이를 오가는 종이공을 내려다보도록 자원자의 시선을 고정시킨다. 그러다가 슬라이디니는 순간적으로 팔을 번쩍 들어 공을 자원자 머리 너머로 던져, 공이 자원자의 가시범위 바깥쪽으로 날아가도록 만든다. 이 행위는 자원자의 프레임 바로 바깥쪽이면서 관객의 프레임 안쪽에서 이뤄진다. 자원자는 매번 속아 넘어간다. 관객들은 자신도 모르게 맹인이 된 자원자에 대해 깜짝 놀라면서 종이

공들이 자원자 바로 뒤쪽 바닥에 수북이 쌓여가는 모습을 보며 폭소를 터뜨린다.

프레임을 카메라의 뷰파인더라고 가정하고 보면 TV에 출연하는 마술사들이 선보이는 마술이 프레임을 어떻게 이용하는지 알 수 있을 것이다. 유명하게는 펜 앤 텔러가 1986년 〈새터데이 나이트 라이브 Saturday Night Live, SNL〉에서 선보인 '이거 라이브죠?Are We Live?'라는 트릭에서 TV 프레임을 활용했다. 카드와 전구, 전기드릴, 그리고 인형을 모두 공중에 띄우면서, 펜은 반복적으로 스튜디오에 있는 관객들에게 물었다. "이거 라이브죠?" 관객들의 박수는 집에 있는 시청자들이 편집되지 않은 라이브 쇼를 보고 있다고 확인시켜주었다. 그러나 TV 시청자들이 보지 못한 것은 마술사가 조작하고 있는 프레임과 카메라가 설치된 위치였다. 펜 앤 텔러와 카메라는 모두 거꾸로 매달려 있었다. 펜과 텔레의 발은 스튜디오 천장에 묶여 있었고 대들보는 마치 테이블처럼 보이게 그들의 허리께에서 지나가고 있었다. 분명 중력에 위배된 이 광경은 사실 중력이 그들을 위해 트릭을 실현시켜준 것이었다!

"이거 라이브죠?"의 요점은 관객의 지각을 통제하는 데에 프레임이 얼마나 강력하게 작용하는가이다. 미스디렉션은 사람들이 보는 것만 결정짓는 것이 아니다. 더욱 중요한 것은 관객이 이해하는 바를 결정한다는 점이다.

이러한 생각은 〈디스 아메리칸 라이프This American Life〉라는 라디오 시리즈 중 한 에피소드의 출발점이 되었다. 이 쇼의 제작자는 매리 아치볼드라는 이름의 여성이 인생 대부분을 '등잔 밑이 어둡게' 살아왔다는 것을 알게 됐다. 좀 더 구체적으로 표현하자면, 그녀가 등잔 밑에 두었던 것은 그녀의 팔이 하나밖에 없다는 사실이었다.

아치볼드는 태어날 때부터 한쪽 팔이 없었다. 그녀는 어른이 되어서도 그녀 자신에게는 완벽하게 자연스러워 보이는 방식으로 살아갔다. 아치볼드가 다른 사람들의 관심이 자신의 의수에서 멀어지도록 유도한 이유는 단 하나, 사회적으로 곤란한 상황을 피하기 위해서였다. 아치볼드는 배우이자 댄서, 연기자, 그리고 필라테스 강사였다. 그녀는 언제나 무대 위에 섰다. 그리고 그녀의 댄스 파트너들은 대부분 그녀에게 팔이 하나밖에 없다는 사실을 눈치채지 못했다. 그녀의 학생들도, 관객들도 알아채지 못했다. 심지어 고등학교 시절 그녀가 데이트했던 남학생들조차 몰랐다!

아치볼드의 기술은 항상 소매가 긴 옷을 입고 마술사처럼 커다란 제스처와 표현을 쓰면서 몸을 빠르게 움직이는 것이었다. 따라서 사람들은 그녀의 손목과 손가락이 움직이지 않는다는 것을 알아볼 시간이 없었다.

"저는 한 방향으로만 섭니다. 그래서 사람들은 제 진짜 팔만 볼 수 있죠." 그녀는 호스트인 아이라 글래스에게 말했다. 그녀는 언제나 자신의 진짜 손이 움직일 준비가 되어 있도록 주의한다. "예를 들어 파티에서 저는 음료수를 들고 있지 않아요. 한 모금 마시고 다시 내려놓죠. 내가 누군가를 만나게 되면 그 사람은 저와 악수를 하고 싶어 할 테니까요." 필라테스 수업에서 자세를 보여줘야 할 때면, 그녀는 자기 대신 시연을 해줄 학생 한 명을 불러낸다.

그러나 고등학교 시절 그녀와 데이트했던 남학생들은 어찌 된 것일까? 많은 부분 미스디렉션과 동일한 그 기술은 데이트 상대들에게도 통했다. 셔츠를 벗었을 때조차 왼쪽 팔은 언제나 그대로 소매에 끼인 채였다. "셔츠 단추를 풀었는데 당신이라면 (내 팔이) 보이겠어요?" 그녀는 되물었다.

글래스는 아치볼드의 기술이 "너무나 간단해서 그 얘기를 듣는 동안 우리가 얼마나 쉽게 속아 넘어갈 수 있는지, 정말 많은 상황에서 얼마나 부주의한지 깨닫게 된다"고 감탄했다. 미스디렉션은 바로 이렇게 작동한다![3]

진짜 노림수는 정박자가 아니라 엇박자 속에 있다

공간적인 프레임의 개념은 우리가 '정박자와 엇박자'라고 부르는 시간 단위와 협력해 작동한다. 정박자는 마술사가 관객들에게 주의를 기울이라고 신호를 주는 순간이라는 점에서 시간의 프레임과 같다. 정박자 상황에서 관객들은 긴장하며 집중한다. 트릭이 자기 눈으로 좇는 것보다 앞서 일어날 것이라고 생각하기 때문이다. 엇박자는 정반대의 순간들을 의미한다. 관객들이 중요한 일이 전혀 일어나지 않을 것이라고 생각하기 때문에 주의를 느슨하게 하는 때다.

- **정박자**: 나는 내 왼손에 있는 동전을 보여준 후 주먹을 쥔다. 그리

고 그 손을 골똘히 쳐다본다. 이는 프레임을 축소하고 조이는 효과를 가진다.

- **엇박자**: 나는 시선을 들어 농담을 던지고 어깨의 긴장을 푼다. 때로는 이전 순서의 트릭에서 쓰고 남은 쓰레기를 테이블 위에서 쓸어버리기도 한다. 갑자기 프레임은 확장되고 초점을 잃는다.

이러한 프레임 전환은 관객들이 엇박자를 마술 도중에 자연스럽게 찾아온, 의도하지 않은 휴식이며 긴장을 풀 기회라고 받아들이기 때문에 발생한다. 유명한 네덜란드 마술사 토미 원더는 이에 대해 "관객들이 긴장을 풀고 주의를 넓힙니다. 시선을 더 널찍하고 관심을 덜 기울이게 되는 범위까지 확장하는 것이죠." 다시 말해 관객들은 더 많이 보지만 덜 주목하게 된다. 내 가벼운 태도와 농담은 관객들이 웃도록 부추긴다. 그리고 그 누구도 웃을 때 집중을 하기는 어렵기 때문에 이 엇박자 타임은 동전을 버리기에 꼭 알맞은 순간이 된다.

농담을 끝내고 나는 정박자로 돌아와 모든 사람이 내 왼쪽 주먹을 다시 바라보도록 이끈다. 그렇게 한 다음 과장된 몸짓으로 손을 활짝 펴서 그 동전이 '사라졌다'는 것을 보여준다. 사람들은 놀라서 숨을 들이마신다.

이런 식의 공개는 내가 다음 트릭을 준비하는 데 써먹을 수 있는 또 다른 엇박자를 만들어준다. 경외심 역시 정신을 흩트려놓는 강력한 역할을 하기 때문이다. 비판적으로 생각하는 게 가장 어려운 순간은 당신이 놀라거나 박수를 치거나 옆자리 사람에게 몸을 돌려 "그거 봤어요?!"라고 묻는 때다. 따라서 마술사가 몸집 큰 앵무새가 알록달록한 날개를 퍼덕이도록 만들면서 마술을 '끝낼' 때는, 그가 이 순간을 다음 마술을 위해 로드업하는 데 쓰고 있다고 확신해도 좋다. 어쩌면 끝인사를 할 때 다른 앵무새 한 마리를 살며시 데려왔을 수도 있다.

'매니퓰레이션Manipulation'이라는 마술 부문이 있다. 단언컨대 이는 가장 연기하기 어려운 무대마술이라고 할 수 있다. 간단하게 설명하자면 모두가 지켜보는 앞에서 벌이는 손기술로, 알 수 없는 곳에서 카드나 동전, 중국식 부채, 새 같은 것들을 꺼내는 것이다. 여자를 반으로 가르는 톱질하는 상자도 없고 커다란 궤짝이나 판때기 같은 것도 존재하지 않는다. 매니퓰레이션이 어려운 이유는 프레임이 고정되어 있기 때문이다. 모든 시선이 줄곧 마술사에게 꽂혀 있다. 따라서 정박자와 엇박자를 조절하는 마술사의 능력이 무엇보다도 중요하다. 모든 이들이 지켜보는 가운데 마술사는 관객의 주의를 끌었다 놓았다 한다. 마치 가상의 손잡이를 돌리듯이 말이다.

- **정박자**: 그는 오른손을 허공으로 번쩍 들어 불쑥 카드들을 부채처럼 펼친다.
- **엇박자**: 그는 웃으면서 박수를 받는다(그러면서 더 많은 카드들을 살며시 숨긴다).
- **정박자**: 숨겨둔 카드들이 갑자기 왼쪽 손에 나타나게 만든다.
- **엇박자**: 카드를 쥔 양손을 이용해 그는 모자 속으로 카드들을 아무렇지 않게 떨어뜨린다(그러면서 예를 들어 꽃을 모자로부터 몰래 꺼

내어 숨긴다).

- **정박자 뒤에 곧바로 엇박자**: 그는 무대 앞으로 걸어나가(모자로부터 멀어짐) 커다란 꽃다발이 나타나게 만든다. 그리고 관객들이 이 말도 안 되는 훌륭한 끝마무리에 감탄하는 동안 비밀리에 다음 트릭을 준비한다.

분명 이 모든 행위는 치밀한 준비 과정과 견고한 순서로 짜여진 행위의 스토리라인, 그리고 한 가지 이상의 동작을 하면서 한 가지 이상의 생각을 할 수 있는 숙련된 멀티태스크 능력과 관련이 있다. 이러한 요소들은 분명 착시기술에 필수적인 능력들이다. 그러나 이를 위해 초자연적인 힘이 요구되는 것은 아니다. 여기에 필요한 것은 미스디렉션의 손발이 척척 들어맞을 수 있도록 인간의 집중력이 작동하고 흔들리는 방식을 예리하게 이해하는 것이다.

멀티태스킹은 없다,
익히고 또 익혀라

우리 모두는 어마어마한 자극에 둘러싸여 있다. 원자보다 작은 입자에서부터 저 멀리 있는 은하계, 요란하게 짖어대는 강아지와 수다스러운 아이들, 쏟아지는 햇빛, 깜빡이는 컴퓨터 커서, 까다로운 상사와 심부름 목록, 욱신거리는 발과 잠재고객들, 노란 장미, 핸드폰 진동, 그리고 기대에 가득 찬 고객에 이르기까지 헤아리기도 어려울 지경이다. 그뿐만이랴. 페이스북, 트위터, 유튜브, 인스타그램, 스냅챗 같은 SNS 세계는 말할 것도 없다. 이 모든 것이 매일 우리가 내딛는 한 걸음 한 걸음마다 우리의 주의를 끌기 위해 경쟁한다.

우리가 매 순간 모든 자극 하나하나에 집중해야 한다면 우리의 뇌는 몇 만분의 일초 만에 망가지고 말 것이다. 그런 식의 과업은 인간이 상상할 수 있는 그 어떤 것도 하찮게 만들어버리는 슈퍼컴퓨터로나 가능하다. 한 신경과학자는 우리가 주변의 모든 시각적 정보를 처리하기 위해서는 "우리 뇌가 빌딩 한 채보다 커져야 하는데 그것만으로도 여전히 부족할 것"이라고 말했다.[4] 다행히 진화는 꽤나 효율적인 제2의 해결책을 우리에게 선사해줬다. 우리의 마음은 현실의 일부만을 처리하는 것이다.

우리는 스스로 주변세계를 '정확하게' 관찰한다고 생각할지 모른다. 그러나 사실 우리의 지각은 지속적으로 걸러지고 조정된다. 그리고 이는 여러 신경회로가 작용하는 수많은 인지 과정에 의해 이뤄진다. 우리가 현실이라고 인식하는 것은 환상이며, 실제로 존재하는 정보의 극히 일부다. 왜냐하면 우리의 뇌는 생존에 필요하다고 무의식적으로 판단한, 또는 수많은 가능성 가운데서 정교하게 뽑아낸 정보만 보여주도록 진화했기 때문이다. 우리의 신경회로는 대뇌에 부담을 줄 수도 있는 관련 없는 세부사항들은 잘라낸다.

주의는 이와 같은 처리 과정에서 영화제작 과정의 카메라감독처럼 중심적인 역할을 한다. 주의는 어떠한 지각에 주목할 것인지, 그리고 어느 것에 우선권을 줄 것인지 결정한다. 윌리엄 제임스는 1890년 자신의 저서 『심리학의 원리』(아카넷, 2005)에서 주의에 대해 "동시에 존재하는 여러 가능한 사물이나 일련의 생각들 가운데서 하나를 분명하고 선명한 형식으로 마음속에 소유하는 것"이라고 썼다.

마음의 주의를 얻기 위한 즉각적인 경쟁은 아주 당연하게도 그 끝이 존재하지 않는다. 이는 가장 민감하고 관찰력 있는 개인들조차 눈앞에서 정보를 놓칠 수 있다는 의미다. 마술사는 이 점에 의지한다.

그럼에도 불구하고 주의는 경이로울 정도로 유연하다. 줌렌즈를 가진 카메라감독처럼 주의는 아주 제한적인 감각으로까지 그 초점을 좁힐 수 있다. 모래 한 톨? 옆구리의 짜릿한 통증? 잇새에 낀 껍질? 전혀 문제없다. 사실 그 표적이 더 작고 더 따로따로 존재할수록 초점 맞추기가 더욱 쉬워진다. 그리고 우리의 초점이 상대적으로 좁아질 때 우리의 주의를 유지하는 것이 더 쉬워진다. 걷기와 같이 조금 더 반사적인 행동을 할 때조차 말이다.

그러나 주의의 범위를 넓혀보면 당신의 집중력을 일정하게 유지하는 것이 훨씬 더 어려워진다는 것을 깨닫게 될 것이다. 관객으로 꽉 들어찬 극장에 모든 조명이 다 켜져 있고, 무대 위에선 분장을 한 배우들이 바쁘게 소도구들을 챙기고, 손을 크게 흔들고, 서로 대화를 나누는 척한다고 상상해보자. 이와 동시에 관객석에서는 핸드폰이 울리고, 빨간색 비상등이 깜빡이기 시작하고, 당신 앞쪽에서는 좌석안내원이 깃털 달린 크고 하얀 모자를 쓴 한 여성을 자리에 앉힌다. 어느 곳을 보겠는가? 무엇에 주목하겠는가? 무엇이 중요한지 어떻게 이야기하겠는가? 아마도 이 확장된 주의의 범위 안에서 당신은 단 하나의 흥미로운 대상에 초점을 맞추기로 결정하든지, 어떤 특성을 공유하는 두드러진 이미지 두어 개가 눈에 들어오게 될 것이다. 예를 들어, 밝은 빨강과 검정 드레스를 입은 무대 위의 두 여성이 움직이는 모습을 동시에 눈으로 좇을 수 있을 것이다. 그러나 그러고 나면 나머지 장면은 초점 밖으로 사라질 것이다.

이제 극장 조명이 꺼지고 무대조명이 흐릿해지면서 스포트라이트가 노래를 막 시작한 한 배우만 또렷이 비춘다고 상상해보자. 당신의 주의는 어디로 가는가? 초점의 범위는 어떻게 변화하는가? 당신이 대부분의 사람들과 비슷하다면, 당신의 시선과 주의는 무대 위 스포트라이트 불빛의 한가운데로 곧바로 가서 꽂힐 것이다.

이와 비슷한 과정이 일상생활에서 당신이 새로운 '현장'에 발을 디딜 때마다 무대조명의 도움 없이도 매번 발생한다. 예를 들어, 회사에서 당신이 회의실에 들어서는 그 짧은 순간에 연례회의의 모든 디테일을 파악하는 것은 불가능할 것이다. 따라서 자연스럽게 당신의 뇌는 현장을 재빨리 훑고 좀 더 편안한 정도로 스포트라이트의 범위를 줄인다. 줄어든 범위는 당신이 정신적 스포트라이트의 한가운데에 위치한 CEO에 초점을 맞출 수 있게 해준다. 그러는 동안 가장자리에 있는 사람과 사물들은 주의에서 희미해지고, 조명 바깥쪽에 있는 모든 것들은 사라진다. 그러고 나면 당신의 주의는 선택적으로 그 스포트라이트를 이리저리 움직여볼 것이다. 벽에 걸린 시곗바늘에서 CEO의 펜이 연단을 가볍게 두드리는 소리로 옮겨가고, 그다음으로는 지금 연설을 하는 사람으로 옮겨갈 것이다. 그러는 동안 테이블을 빙 둘러싸고 앉은 다른 이들의 얼굴과 논의 중인 회의 서류는 점점 희미해질 것이다.

이러한 스포트라이트 효과(이는 심리학자들이 제임스 덕분에 탄생했다고 생각하는 용어다)는 모든 종류의 정신집중 활동으로 확대된다. 책에 깊이 몰두하고 있는 누군가에게 말을 걸어본 적 있다면, 주의가 우리를 둘러싼 가까운 환경으로부터 눈과 귀를 멀게 한다는 것을 알 것이다. 우리는 초점의 중심을 붙잡고 있는 대상이 무엇이든 간에 그것에 주의를 기울인다. 그러고 나면 우리를 둘러싼 소음은 거의 의식하지 않게 된다.

책읽기에 몰입해 있을 때와 같은 고도의 선택적인 집중을 신경과학자들은 '하향식Top-down' 주의라고 부른다. 왜냐하면 뇌의 의식적인 사고로부터 신호를 받기 때문이다. 우리가 주의를 기울이기 위해 의식적으로 더욱 노력할수록, 뇌의 피질에 있는 뉴런들은 이 자극에 반응해 더욱 활성화된다. 그러나 동시에 주변 부위의 뉴런들은 능동적으로 억제된다. 이는 마치 뇌가 충돌하는 많은 정보를 상관없다고 기록하고는 이 정보들에 문을 닫아버리는 것과 같다. 이러한 억제는 스포트라이트 효과를 더욱 강화하고 무의식적인 또는 '상향식Bottom-up' 주의를 둔화시키거나 중지시킨다. 상향식 주의란 기대치 않았던 시각, 청각, 후각, 그리고 기타 신체의 감각기관에서 비롯된 신호들에 반응하는 것이다.

이제 어떤 상향식 자극이 당신에게 전달된다고 해보자. 누군가가 당신 어깨를 두드린다. 그러면 당신이 책이나 문자에 몰입해 있더라도 당신은 아마 눈을 돌릴 것이고 모든 주의는 그 두드림의 주체에게로 옮겨갈 것이다. 치댐이든 비명이든 불빛이든 간에 그 요구가 감각적이고 집요할수록 자발적인 주의가 방해받을 가능성은 높아진다. 그러나 더 미묘하거나 멀리서 전해진 신호는 그렇지 못하다. 마술사들이 엇박자에서 조용하고 조신하게 행동하는 이유도 바로 이 때문이다. 즉, 관객의 자발적인 주의를 흐뜨리지 않기 위해서다.

동시에 마술사들은 하향식 주의를 높이기 위해 열심히 노력한다. "저를 매의 눈으로 봐주세요." 마술사는 이렇게 이야기할 것이다. 〈나우 유 씨 미〉의 메인 카피와 마찬가지로 '가까이에서 볼수록 보이는 것이 없다'는 것을 너무나 잘 알고 있기 때문이다. 다시 말해 당신이 무엇인가를 보기 위해 애를 쓸수록 스포트라이트 가장자리를 놓치게 된다는 것을 잘 알기 때문이다. 비밀스러운 움직임이 실질적으로 일어나는 바로 그곳을 말이다.

이 모든 것이 왜 전체 교통사고의 절반 이상이 핸드폰 때문에 발생하는지를 설명해준다. 우리가 믿고 싶은 것과는 달리 집중의 역학은 인간이 지독히 형편없는 멀티태스크 능력을 가지도록 만든다. 욕망이나 산만함이 여러 자극들 가운데서 선택하는 것을 불가능하게 만들 때 우리의 주의는 오락가락하겠지만, 스포트라이트는 그렇게 쉽게 나누어질 수 있는 것이 아니다. 문자를 보내거나 전화통화를 하는 운전자들은 설사 핸즈프리 모드라 할지라도 자신들의 하향식 주의를 대화에 쏟는 경향이 있으며, 통화가 이어지는 동안 도로 위 신호들이 초점의 중심이 되기 위해 경쟁하게 만든다. 결과적으로 이 운전자들은 도로 위에서 발생하는 비상상황을 감지하는 속도가 느려지고 장애물에 반응하는 속도가 더뎌지며 자동차의 속도와 차선 변경, 그리고 진행방향에 대한 통제가 느슨해진다.[5] 일부 연구에 따르면, 운전 중 휴대폰을 사용하는 운전자들이 음주운전자들보다 주의력에 문제가 더 많다고 한다.[6] 핵심은? 10미터 앞에서 도로에 뛰어든 어린아이를 지키기 위해서는, 운전자로서 당신은 비자발적이고 상향적인 주의를 기울일 수 있을 만큼 집중력이 분산되지 않아야 하고 또한 이완되어 있어야 한다.

그 정도 수준의 이완을 유지하기 위해서는 초점을 맞추는 방법을 터득하는 것이 필요하다. 마술사들은 이 점을 잘 알고 있다. 그렇기 때문에 우리는 동작이 반사적으로 나올 때까지 몇 년 동안 수천 번도 넘게 곡예를 연습하는 것이다. 유명 마술사 텔러는 미국 중서부 지역의 어느 만찬장에서 있었던 일화를 이야기하기 좋아한다. 그날 컵과 공 트릭을 펼치던 중 공 하나가 그의 손에서 벗어나 굴러가버리는 바람에 순간적으로 그는 집중력을 잃었다. 그러나 이 사실을 미처 깨닫기도 전에 그의 다른 쪽 손이 또 다른 공 하나를 컵 아래쪽에 곧바로 준비해주었다. 이와 마찬가지로 숙련된 모스부호 통신사들은 메시지를 해석하면서 동시에 대화를 이어갈 수 있다고 한다. 나 역시 내가 전혀 다른 주제에 대해 이야기하면서 트럼프 카드를 섞고 조작할 수 있다는 것을 안다.

과학자들은 이를 '과잉학습Overlearning'이라고 부른다. 어떤 기술이 거의 자동으로 작동할 때까지 철저히 통달함으로써 그 기능을 위해 필요한 일부 뉴런들을 해방시켜주는 것이다.

마술사들이 거침없이 활용하는 또 다른 주의의 유형은 '공동주의 Joint attention'다. 이는 눈동자(안구)의 움직임과 보디랭귀지에 의해 촉발되는 집단적인 형태의 초점이다. 공동주의는 인간에게 아주 자연스러운 현상이다. 방에 있는 어른들이 한 사람에게 주의를 기울이면 그 방에 같이 있던 아기들도 그 사람에게로 몸을 돌린다.[7] 이러한 반사작용은 커뮤니케이션을 용이하게 하기 위해 진화했다. 사회적 상호작용에서 공동주의를 통제하는 신호들은 매우 미묘해서 그 과정이 자발적인지 비자발적인지조차 구분하기 어려울 정도다. 운전을 하는 동안 누군가가 당신을 쳐다본다는 느낌이 들어 백미러를 보았다가 뒤차 운전자와 똑바로 눈이 마주친 적이 있는가? 의식과 잠재의식은 언제나 함께 작동한다. 그리고 이러한 협력은 특히나 공동주의에서 더욱 명백히 발생한다. 마술사가 해야 할 일은 그저 시선을 왼쪽으로 돌리는 것뿐이다. 그러면 마치 마술처럼, 모든 관객이 그가 무엇을 보는지 알아보려고 주의의 프레임을 움직일 것이다.

카인드 스낵스의 CEO이자 전직 마술사인 대니얼 루베츠키는 안구의 움직임을 포함한 보디랭귀지가 리더에게 특히 유용하다는 것을 깨달았다. "당신이 보는 곳이 사람들이 보는 곳이에요. 이는 마술사로서 배우는 많은 것 가운데서도 아주 좋은 도구라고 생각합니다. 사람들의 감정과 심리상태를 이끌어갈 수 있는 방법이죠."[8] 이러한 맥락에서 시선은 마음을 꿰뚫어볼 수 있는 지름길과 같다.

시선은 또한 마음을 들여다보는 창이 될 수 있다. 인간은 자신이 선호하는 선택지를 더 길게 쳐다보는 경향이 있다는 연구 결과가 있다. 이 연구 결과는 피자헛이 2014년 영국에서 '잠재의식 메뉴Subconcious menu'를 처음으로 도입하는 데 도움을 주었다. 고객들은 태블릿PC 화면의 메뉴 사진을 바라보기만 하면 된다. 그러면 아이트래킹Eye-tracking 소프트웨어가 대신 주문을 해준다. 이 태블릿PC는 아이트래킹의 예측이 틀릴 경우 주문을 바꿀 수 있는 버튼도 제공한다. 피자헛은 고객의 결정을 지시하는 것이 아니라 돕고 있는 것이다.

반대로, 2015년 실시한 한 연구는 안구의 움직임이 사람들을 조종하는 데 사용될 수 있다는 사실을 증명해냈다. 실험참가자들은 '타당한 살인이 있는가?'와 같은 묵직한 윤리적 질문들을 받았다. 그리고 그들 앞에는 '그렇다'와 '아니다'라는 단어가 나란히 주어졌다. 과학자들은 실험참가자의 58퍼센트가 즉각적인 대답을 요구받았을 때 자신이 보고 있던 대답이 무엇이든 간에 그 대답을 선택한다는 것을 발견했다. 시선이 향하는 방향에 따라 대답을 요구하는 순간을 조절함으로써 실험자들은 실험참가자의 응답에 영향을 줄 수 있었다. 이 연구팀 가운데 한 명은 "윤리적인 결정으로 이어지는 과정은 우리 시선의 방향에 반영됩니다. 그러나 결정이 이뤄질 때 우리의 눈이 어디에 머물러 있는지 역시 우리의 선택에 영향을 줍니다"라고 말했다.[9] 런던대학교의 아이싱크연구실Eye Think Lab은 핸드폰에 안구의 움직임을 인식하는 센서를 쉽게 부착할 수 있다는 점을 짚어내며, 어쩌면 오싹하게 느껴질 수 있는 이 발견에 기분 좋은 반전을 가한다. "우리 행동의 작은 변화들을 기록함으로써 핸드폰은 전에는 불가능했던 방법으로 우리가 결정을 내리는 데 도움을 줄 수 있습니다." 물론 이는 멘탈리스트들이 아주 오래전부터 써오던 방식이다.

고전적인 마음읽기 트릭 가운데 하나는 '텔레파시 능력자'가 당신이 어느 손에 동전을 감추고 있는지 맞힐 수 있다고 내기를 거는 것이다. 비밀을 감추기 위해 당신이 애쓰는 동안 멘탈리스트는 당신의 '단서'에 주목한다. 어떤 손을 더 단단히 쥐고 있는지, 또는 깨닫지 못한 사이에 동전을 감춘 방향 쪽으로 머리를 기울이고 있지 않는지 같은 것들이다. 마찬가지로, 당신이 활짝 펼쳐진 트럼프 카드들 가운데서 하나를 골라낼 때 마술사는 분명 당신의 시선을 좇고 있을 것이다. 당신에게 던지는 농담에 푹 빠져 있는 것처럼 보일지라도 말이다.

우리 뇌는 거짓말쟁이, 인지적 착시에서 벗어나라

우리가 주목하는 것은 주의의 한 측면이다. 우리는 우리 뇌가 수집하는 끝도 없는 정보들을, 그 정보로 무엇을 할지 결정하기 전에 해석해야 한다. 따라서 우리 내면의 카메라감독 뒤에는 우리의 정신적 스포트라이트가 비추는 갖가지 대상의 유의미성을 끊임없이 해석하는 인지적 감독이 앉아 있는 셈이다. 내면의 감독과 당신이 인지적 착시에 빠지도록 혼란을 유도하는 것, 그것이 바로 마술사의 일이다.

혼란을 유도하는 것은 그다지 어렵지 않다. 뇌는 우리가 주목하는 모든 이미지에 대해 한 번에 한 가지 의미만 부여하기 때문이다. 인지적 착시는 당신이 관찰한 무엇인가에 잘못된 의미를 부여할 때 발생한다. 내가 밧줄을 들고 있는 모습을 보았다고 가정해보자. 내가 밧줄을 잡고 있는 방식 때문에 당신의 뇌는 그 밧줄이 한 가닥으로 이어진 밧줄이며 두 가닥일 리 없다고 결론 내린다. 따라서 내가 손가락을 '딱' 하고 울리며 밧줄을 두 개로 만들어냈을 때 당신은 내가 '마술'을 해냈다고 생각한다. 이런 단순한 트릭은 당신이 한 가지 이미지를 보고 동시에 두 가지 상반된 해석을 내릴 수 있다면 결코 성공할 수 없을 것이다.

마술사로서 나는 당신의 뇌에 의지한다. 당신의 뇌는 내가 그릇 안에 무엇인가를 넣고 무엇인가를 꺼내는 일을 동시에 할 수 없다고 이야기한다. 당신은 내 신발끈이 풀렸기 때문에 내가 신발끈을 묶으려고 몸을 구부린 것이라고 가정할 것이다. 하나의 행동에는 하나의 목적만이 있을 뿐이다. 나는 내 목이 간지럽기 때문에 긁는다. 나는 글을 쓰고 있기 때문에 종이를 가로질러 펜을 움직인다. 당신이 추측하는 그 행동의 유일한 목적이 당신의 주의를 장악한다. 따라서 내가 신발 밑에 카드를 밀어넣는다든지 셔츠 칼라에 동전을 떨어뜨린다든지 글을 쓰면서 펜을 소매 안에 집어넣는 모습에는 주목조차 하지 않는 것이다. 마술사들은 완전히 다른 목적을 달성하기 위한 것처럼 보이는 행위 안에 비밀스러운 움직임을 숨길 때 "동작에 대해 알린다"고 말한다. 프랭클린 루스벨트는 '걷기' 위해 아들 엘리엇에게 '기댔을' 때 이

루빈의 꽃병
덴마크의 심리학자 에드가 루빈이 고안한 그림으로, '루빈의 잔'이라고도 한다. 시선을 어디에 두느냐에 따라 꽃병으로 보이기도 하고, 마주 보는 두 사람의 얼굴로 보이기도 한다.

러한 전술을 살짝 솔직한 버전으로 사용한 것이었다.

'루빈의 꽃병'이라고 불리는 고전적인 착시는 우리가 동시에 여러 가지 의미를 처리할 수 없다는 것을 보여주는 좋은 예라고 할 수 있다.

1분 동안 위 그림을 응시하면 두 얼굴이 서로를 바라보는 모습이 눈에 들어올 것이다. 다시 한번 그림을 보면 꽃병이 보일 것이다. 그림 속에 담긴 두 가지 의미를 한꺼번에 보려고 하면 당신의 시각 처리 과정은 이에 저항할 것이다. 그리고 당신의 뇌가 이미지의 해석을 왔다 갔다 계속 바꾸면서 불안정한 느낌을 받을 것이다.

1930년대에 활동한 미국의 심리학자 이름을 딴 스트룹 효과Stroop

effect 역시 우리의 뇌가 서로 충돌하는 의미들을 동시에 다루는 것이 얼마나 힘든 일인지를 보여준다. 존 리들리 스트룹John Ridley Stroop은 색깔을 나타내는 단어들을 단어의 의미와 다른 색깔로 쓴 뒤 실험참가자들에게 읽게 했다. 예를 들면 파란색으로 쓴 '빨강'이라는 글자였다. 그러자 실험참가자들은 검은색으로 쓰거나 단어에 맞는 색으로 쓴 글자를 읽을 때보다 시간도 더 걸리고 더 많은 실수를 저질렀다.

이와 동일한 원칙은 행동에도 적용된다. 예를 들어 사람들은 종종 말하면서 손으로 제스처를 취한다. 그리고 청자들은 제스처의 목적이 말하는 내용을 반영하거나 강조하는 데에 있다고 가정한다. 2010년의 연구는 제스처가 말하는 내용과 일치하지 않을 때 청자들이 당황한다는 것을 밝혀냈다. 예를 들면 화자가 보이지 않는 천을 비틀며 '토막 낸다'라고 말하는 식이다. 스트룹 효과를 응용해, 들은 대로 묘사하라는 요청을 받았을 때, 일치하지 않는 제스처를 보고 있는 자원자들은 더 느리고 덜 정확한 반응을 보였다. 오직 무슨 말을 하는지에만 집중하라는 지시를 받은 경우에도 말이다.[10]

이는 당신이 공개적인 연설을 하거나 직장에서 발표를 해야 할 때 유념할 만한 가치가 있다. 새로운 슬라이드를 공개할 때 화면을 바라보는 것을 잊지 마라. 그리고 관객들이 흡수하길 바라는 정보에 주의를 집중시키기 위해 보디랭귀지를 이용하라. 그렇지 않으면 관객들의 주의는 시각적 자극과 당신이 말하는 단어 사이에서 산산이 흩어질 것이다. 더욱 최악의 상황은 당신의 말이 전혀 관객에게 전달되지 않는 것이다. 왜냐하면 청각과 시각은 제한적인 신경자원을 공유하는 까닭에 신호들이 합동해서 함께 일하지 않으면 듣는 것보다 보는 것에 초점을 맞출 가능성이 높기 때문이다. 그러나 당신의 말과 제스처가 일관성 있게 슬라이드 속 이미지들에 대해 이야기한다면, 어떤 충돌도 없으므로 당신의 메시지는 더 크고 선명하게 전달될 것이다.

다중기법

생존하는 최고의 마술사로 존경받는 스페인의 후안 타마리즈는 '가짜 답의 이론'이라는 용어를 만들어냈다. 마술사가 모든 가능한 답들을 차례대로 지워나가 마지막엔 진짜 마술이 아니면 설명이 안 되도록 만드는 과정을 뜻하는 용어다. 단순하게 생각해보자. 무대 마술사가 빙빙 도는 테이블 위에 놓인 커다란 상자 안의 조수를 사라지게 만들었다. 마술사는 상자의 판자들을 하나씩 제거하며 그 조수가 그 어떤 판자 뒤에도 숨어 있지 않다는 것을 보여준다. 마지막 판자까지 빼냈을 때 관객들은 그녀가 빙빙 도는 테이블 뒤에 숨어 있을 것이라고 결론 내릴 수도 있다. 바로 이때 마술사는 관객들이 그렇게 의심하도록 유도한 데 대한 세레머니라도 하듯, 어마어마한 불꽃 효과와 함께 테이블의 방향을 바꿔 그 조수가 테이블 뒤에도 숨어 있지 않다는 것을 보여줄 것이다. 이쯤 되면 관객들은 마술사의 조수가 무대에서 몰래 빠져나갔다거나 테이블 밑에 숨었다는 답은 그다지 매력적이지 않다고 판단하고 그녀가 정말로 사라진 것이라고 확신하게 된다!

마술사가 가끔 쓰는 또 다른 기술은 첫 번째 마술에 사용한 트릭이 추론되는 설명과 모순되는 두 번째 마술을 선보이는 것이다. 보이지 않는 줄을 교묘히 활용하는 '춤추는 손수건' 묘기 다음에 코르크 마개로 막혀 있는 투명한 병 안에 떠 있는 실크천 묘기가 이어지는 식이다. 어찌 된 일인지 천조각은 병 안을 계속 떠다닌다. 그 병이 완전히 밀봉되어 있는데 어떻게 그 마술사는 손수건을 조종할 수 있을까? 교묘히 설계된 이 병은 관객의 첫 번째 가정이 틀렸음을 증명하는 두 번째 마술이다. 이는 첫 번째 트릭에 투명 줄이 있었을 것이라고 믿은 바른 판단으로부터 멀어지도록 관객을 인도한다.

마지막으로 능숙한 마술사는 트릭을 이용함에 있어 속력과 방향이 모두 변하는 포물선처럼 방법을 다양화한다. 예를 들어, 동일한 카드 한 장이 카드덱 맨 위에 계속해서 나타나는 마술을 펼치고 있다면, 매번 그는 속임수를 다르게 사용할 것이다. 아마도 처음에는 손 안에 감출 것이고 두 번째는 카드를 가짜로 섞을 것이며 세 번째는 똑같이 생긴 카드를 쓸 것이다. 매번 아주 다른 기법을 사용하면서도 똑같은 효과를 선사할 때 마술사는 관객들이 단 한 가지 설명에만 집착하는 것을 막을 수 있다.

━━━━━━━━━━━━━━━━━━━━━━━━━━━━━━━●

인지는 모순을 처리하는 것에 어려움을 겪을 뿐 아니라 변화에 느리게 반응한다. 이미지가 화면 위에서 깜빡거리되 매번 반복될 때마다 아주 조금씩 형태가 바뀌면 대부분의 사람들은 그 변화를 알아채지 못한다. 2010년의 한 연구에 따르면, 강도가 범행을 저지르는 영상을 지켜본 자원자의 62퍼센트가 범행 중간에 강도질을 하는 사람이 바뀌었다는 것을 눈치채는 데 실패했다.[11]

뇌는 감각정보의 변화를 입력할 때 여러 방식으로 더디게 작동한다. 예를 들어 우리는 하나의 이미지를 계속 쳐다 보고 있다 보면 그것이 사라진 후에도 짧은 순간 동안 감각 경험이 지속되어 여전히 보고 있는 것처럼 느낄 수 있다. 내 손바닥 위에 동전 하나를 올려놓고 그 동전을 계속 보게 하면 당신은 내가 살그머니 동전을 감춘 후에도 여전히 그 동전이 어른거리는 걸 볼 수 있을 것이다. 마치 환한 동그라미의 인상이 당신의 망막에 새겨지는 것과 같다.

마술사만큼이나 도둑들은 인지적인 사후 이미지 효과를 잘 활용한다. 예를 들어, 소매치기 예술가 아폴로 로빈스는 당신의 손목에서 슬며시 시계를 끌러 훔칠 수 있다. 그리고 당신은 그가 돌려줄 때까지 시계가 사라진 사실조차 알아채지 못할 것이다. 로빈스는 우선 당신의 손목을 잡을 핑계를 만들 것이고, 이로 인해 당신의 신경회로는 손목시계를 차고 있다는 느낌을 갖게 되기 때문이다. 몇 분 후 그가 손목시계를 풀러 주머니 속에 슬며시 넣고 나서도 당신은 여전히 시계를 차고 있다는 착각을 하게 된다.

주의에 작용하는 또 다른 인지적 요소는 목적의식이다. 취업 면접을 보기 위해 면접장소인 회사 빌딩을 찾고 있다고 해보자. 어쩌면 당신의 여자친구가 몇 미터 앞에서 당신에게 손을 흔들어도 당신은 그녀를 알아보지 못할 수도 있다. 과학자들은 이를 '무주의 맹시Inattentional blindness'라고 부른다. 그리고 이는 범죄현장에 있던 행인들이 반드시 도움이 되는 목격자가 되는 것이 아닌 이유다. 일반적으로 사람들은 그 어떤 상황에서든 잠재의식이 주목하라고 가리키는 대상만 주목한다. 그리고 그 이외의 것은 프레임 밖으로 밀려난다. 목적의식이 강해질수록 관련 없는 광경과 소리는 더 적게 입력된다.

무주의 맹시에 대해 가장 잘 알려진 실험은 1999년 일리노이대학교의 대니얼 사이먼스에 의해 추진됐다. "우리는 사람들에게 비디오를 보여주고 하얀 티셔츠를 입은 세 명의 농구선수가 몇 번이나 공을 패스하는지 세어보라고 지시했어요. 30초 후 고릴라 분장을 한 여성이 경기장에 어슬렁어슬렁 걸어나와 카메라를 바라보고는 가슴팍을 두드리고 나갔어요. 사람들의 반은 그녀를 보지 못했죠. 사실 어떤 사람들은 고릴라를 똑바로 보았지만 알아보지 못한 거예요."[12]

무주의 맹시는 왜 프레임이 미스디렉션에서 그토록 중요한 역할을 하는지 설명해준다. 당신이 정박자에서 또는 내 행위의 프레임 안에서 무슨 일이 벌어지고 있는지 알아내려고 노력할수록, 내가 프레임 바깥이나 엇박자에서 조작할 수 있는 범위는 넓어진다. 내가 실질적으로 하는 행위는 당신의 인지적 한계를 이용하는 것이다.

주의의 집중과 분산에 능해지자

미스디렉션은 경영에서도 중심적인 역할을 한다. 취업활동을 하든, 새로운 제품을 출시하든, 브랜드를 홍보하든, 아니면 단순히 회의를 주재하든 당신은 관객들이 당신의 메시지에 집중하도록 만들 필요가 있다. 그와 동시에 역효과를 가져올 수 있는 정보로부터는 관객을 멀어지게 만들어야 한다. 마술사들은 관객을 인도하는 행위와 산만하게 만드는 행위를 동시에 수행하려고 최대한 노력한다. 그러나 이 두 가지 상태를 유용하게 활용하기 위해서 꼭 중복되게 만들 필요는 없다.

관객의 관심을 적극적으로 유도하는 행위는, 정박자를 만들어내며 관객들이 당신의 프레임에 마음을 집중하도록 인도한다. 이 과정의 중심에는 토미 원더가 말한 '더욱 큰 흥미를 주는 무엇인가를 제시하는 개념'이 존재한다.

적극적으로 관객의 흥미를 유발하는 방법 가운데 하나는 참신한 질문을 던지거나 오래된 질문을 전혀 새로운 방식으로 던지는 것이다. 질문은 주제에 초점을 맞추는 정신적 프레임과 같다. 그리고 많은 사람들은 어린아이들이 자신이 좋아하는 장난감을 서슴없이 선택하듯 익숙한 질문에 자동적으로 응한다. 따라서 똑똑한 정치인이면 다들 알고 있듯이, 관심을 흩트리는 가장 효과적인 방식 가운데 하나는 관객들에게 익숙한 질문이 아닌 차별화된 질문을 던지는 것이다.

반갑지 않은 뉴스가 있을 때 주목받지 못하도록 만들기 위해서는 그 뉴스를 전달한 사람에 대한 도발적인 질문을 하는 것만큼 좋은 방법이 없다는 것이 정설이다. 2016년 미국 대통령 예비선거(경선)에서 이 전술은 매일까지는 아니더라도 매주 등장했다. 버니 샌더스는 힐러리 클린턴의 '판단력'에 의문을 제기하면서 경선 패배에 대비했고, 테드 크루즈는 도널드 트럼프가 마피아와 같은 범죄집단과 거래를 하고 있다는 의혹을 던지며 트럼프의 공격을 막아냈다. 한편 트럼프는 토론회 사회자 메긴 캘리의 공정성에 의문을 제기하며 민감한 질문들을 피했다. 새로운 질문들은 후보자들의 이해에 부합하는 방향으로 주의의 스포트라이트를 이동시켜주었다. 적어도 그다음 질문이 경기장 안에 등장할 때까지는 말이다.

로열더치셸이 사용해온, 대중에겐 거의 알려지지 않은 한 기획안은 매우 다른 방식으로 질문을 활용한다. 질문을 다양한 주제의 가상 시나리오로 제시해 회사 경영진들의 주의를 의미 있는 해결책 쪽으로 적극 인도하는 것이다. 1965년 셸의 런던본부에서 장기적인 연구가 시작됐다. 당시 프로그램 책임자였던 테드 뉴랜드 팀은 회사 직원 대부분이 현재를 바탕으로 추론해 미래계획을 세운다는 점에 주목했다. 사람들은 익숙한 것, 특히나 현재 환경에서 자신에게 잘 맞는 아이디어에 매달리는 경향이 있다. 그렇다면 지금의 환경을 급격하게 바꿀수도 있고 현재의 아이디어를 쓸모없게 만들 수도 있는 미래의 사건들과 조건들에 초점을 맞춰 대비하고 대응하게 하려면 어떻게 해야 할까? 뉴랜드는 가상의 시나리오를 제시하는 것이 경영진의 주의를 사로잡고, 그들의 생각을 형성하는 질문들을 바꾸는 가장 효과적인 방법이라는 것을 깨달았다. 그는 이에 대해 '사람들이 마음을 열도록 조종하는 시도'라고 표현했다.

세계적인 에너지 격차로 인한 정부의 규제강화, 중동지역 전쟁으로 인한 급격한 인플레이션과 임금상승, 아시아 시장에 유리해지는 지정학적 변화와 같은 미래의 가상 시나리오를 보여줌으로써, 이 팀은 회사 내 부서들이 다 함께 노력해 대응방안을 찾아가는 방향으로 주의를 돌리도록 장려했다. 보험담당부터 전략기획담당, 홍보담당과 기술담당에 이르기까지 모두가 그러한 변화 과정에서 발생할 것으로 예상되는 일들이 무엇인지, 그리고 그 일들이 실제로 일어난다면 어떻게 대응할 것인지에 대한 답을 모색해가도록 한 것이다. 뉴랜드는 이에 대해 "시나리오가 지닌 최고의 가치는 누구에게나 질문을 던질 수 있고, 그 답이 맥락에 맞아야 한다는 문화를 만들어냈다는 데 있어요. '왜냐하면 나는 상사니까'라든지 '왜냐하면 그 경영사례가 성공을 거두었으니까'라고 대답하는 것은 아웃인 거죠"라고 말했다.

또한 뉴랜드의 동료 피에르 왁은 "전략적인 비전은 기업의 지도자에 의해 하향식으로 만들어지는 것이 아닙니다. 적절한 질문을 던질 줄 알고, 놀라워하는 능력이 있어야 하죠"라고 말했다.

전 세계 경영진들은 이에 동의하는 듯 보인다. 시나리오를 활용한 계획수립을 45년 이상 해온 기업은 셸뿐만이 아니다. 2011년 베인앤컴퍼니가 (매출 20억 달러 이상의) 대기업들을 상대로 실시한 설문조사에서 65퍼센트의 회사가 경영진의 주의를 끌기 위해 이 방법을 사용하는 것으로 드러났다.[13]

마술에서는 '커다란 움직임이 작은 움직임을 덮는다'라는 말을 종종 쓴다. 마술사는 자기가 손으로 무엇을 하는지 감추기 위해 팔을 크게 휘젓는다. 그렇게 하는 이유는 우리의 시선이 자동적으로 우세한 움직임에 끌리게 되어 있으며, 아주 작은 움직임에까지 동시에 주의를 기울일 수는 없다는 것을 알기 때문이다.

그러나 감추기 위한 움직임이 말 그대로 크기만 한 것은 아니다. 고요한 무대 위에서 잔잔한 움직임을 시작하는 것, 흐릿한 배경에 대비되는 선명한 움직임, 커다란 소리, 또는 평화로운 분위기에서 불쑥 불거진 갈등 같은 것들도 확실히 주의를 끈다. 관객들이 의식적으로 초점을 전환하지 않아도 저절로 전환이 일어난다. 관객들의 감각이 그렇게 만든다. 마술사들이 관객들의 주의를 흩뜨리기 위해 이러한 기술을 쓰는 것을 '소극적인 미스디렉션'이라고 부른다.

마술사들이 소극적으로 미스디렉션을 유도하는 가장 효과적인 방법 가운데 하나는 프레임 안에 새로운 무엇인가를 끌어들이는 것이다. 내가 숨겨진 공을 보여주기 위해 컵을 들어올리려 한다고 가정해보자. 그 공을 '튕겨서' 테이블 위로 굴러가도록 만든다면 좀 더 효과적일 것이다. 사실상 관객의 모든 시선은 그 공이 굴러가는 모습을 좇을 테니까. 또 다른 방법으로 '은박지'를 사용해 자극적인 번쩍거림을 만들어낼 수도 있다. 이 역시 자동으로 당신의 시선을 바꿔놓는다.

새로움의 매력에는 거의 저항하기 어렵다. 우리에게 내재된 본성이기 때문이다. 진화적인 관점에서 이는 음식, 친구, 그리고 생존전략의 새로운 원천을 탐구하고 발견할 수 있게 해주었다. 마케팅적인 관점에서는 새로운 포장, 광고, 맛에 민감하게 반응하도록 만든다. 런던대학교의 비앙카 위트만은 새로운 선택에 노출됐을 때 뇌의 보상중추가 활성화된다는 것을 밝혀냈다. 그리고 "아마도 나에게는 가장 좋아하는 종류의 초콜릿 바가 있을 거예요. 하지만 다른 브랜드의 초콜릿 바가 포장을 바꾸고 '새롭고 더 좋아진 맛'이라고 광고를 한다면 새로운 경험을 추구하는 인간의 성향이 발동돼 평소 선택에서 벗어나도록 나를 부추길 거예요"라고 설명한다.[14]

물론 친숙함은 분명 사람을 편안하게 해주는 매력이 있고, 브랜드 충성도는 모든 기업이 찾아 헤매는 성배다. 따라서 기존 고객을 무시하거나 혼란스럽게 하는 완전히 다른 선택지를 내놓아야 한다는 뜻은 아니다. 코카콜라는 이러한 교훈을 1980년대에 뉴코크를 출시한 이후 뼈저리게 배웠다. 충성스러운 코카콜라 팬들은 이 청량음료의 제조법을 감히 건드릴 수 없는 신성한 것으로 여겼고, 팬들의 반발은 결국 회사가 새 제품의 생산을 중단하도록 만들었다. 물론 여전히 회사는 체리 맛, 강한 오렌지 맛, 라임 맛 등 새로운 맛과 포장을 소개하면서 새로움을 통해 고객들의 주의를 끈다. 그러나 새 제품들도 모두 기존 제조법을 바탕으로 한다. 여기에 깔린 마술은 고객들이 예전의 것을 포기하지 않고 새로운 무엇인가를 살 수 있도록 하는 것이다. 이런 방식으로 코카콜라는 두 가지 욕구 모두에서 이득을 얻고 있다.

혼란은 사람들의 주의를 산만하게 만드는 또 하나의 방법이다. 『손자병법』에 나오듯, '모든 비밀은 적을 혼란에 빠뜨려서 우리의 진짜 의도를 짐작할 수 없게 하는 데 있다.' 그러나 그 표적이 반드시 적일 필요는 없으며, 목표가 언제나 상대를 제압하는 것이어야 할 필요도 없다. 평범한 대화 중에 미묘하게 모순을 집어넣거나 주의를 산만하게 만듦으로써 당신은 다른 사람의 집중을 방해할 수 있고, 이는 당신에게 대화의 방향을 바꿔놓을 수 있는 힘을 부여한다.

사회심리학자들이 '교란 후 재구성Disrupt-then-reframe' 기술이라고 부르는 이러한 전략은 영업과 설득의 잠재적인 도구가 된다. 1999년 아칸소대학교 연구팀은 지역 자선단체를 돕기 위해 크리스마스카드 세트를 집집마다 찾아다니며 판매하는 과정에서 이를 발견했다. 영업과 자선활동은 모두 합법적이었고 세 가지 판매방식이 적용됐다. 세 방식 모두 카드 판매기금이 한 장애인센터를 위해 쓰일 것이라는 평범한 설득으로 출발했다. 그러나 고객의 삼분의 일은 "가격은 300센트예요. 그러니까 3달러죠. 싸게 사시는 거예요"라는 말을 들었다. 또 다른 삼분의 일은 "가격이 3달러예요"라는 말을 들었다. 그리고 세 번째 집단은 "가격은 3달러예요. 싸게 사시는 거예요"라는 말을 들었다. 이 실험에서, 그리고 이후 진행된 더 많은 변형연구에서 "300센트예요"라고 동전으로 바꿔 말함으로써 자선 판매 멘트를 혼란스럽게 만들고 나서 '싸게 사는 것'이라는 말을 덧붙여 기부금의 의미를 재구성한 방식이 다른 방식보다 두 배 이상의 매출을 올렸다.[15]

최면술사들은 오래전부터 이러한 기술을 사용해왔다. 임상 현장에서 이 기술, 즉 교란 후 재구성 기술을 사용하는 방법에 대해 처음으로 글을 쓴 사람은 밀턴 H. 에릭슨이다. 그는 자신을 찾아오는 대부분의 환자들이 최면술에 대해 미심쩍어한다는 것을 발견했다. 도움을 받고 싶은 욕구와 치료방식에 대한 거부감 간의 긴장감은 밀턴이 환자들을 돕기 전에 허물어야 할 장벽을 만들어냈다. 에릭슨은 치료 초반에 의도적으로 그들을 혼란스럽게 만들었다. 그는 문장 중에 불합리한 결론을 끼워넣거나 기대치 않은 악수를 청했고 살짝 헷갈리는 말을 하기도 했다. 이러한 교란은 사람들이 그가 제시하는 것이면 무엇이든 집중할 가능성을 높였다.

에릭슨과 아칸소대학교 연구팀은 성공적인 공식에는 일관성이 있다는 것을 발견했다. 제안을 하고 교란시키고 재빨리 재구성하는 것이었다. 교란의 과정이 없거나, 또는 교란 전에 재구성을 하는 것은 그다지 효과가 없었다. 또한 관객들이 협력할 의사가 있을 때도 도움이 되었다. 에릭슨의 환자들과 마찬가지로 크리스마스카드 고객들은 처음부터 설득에 넘어갈 훌륭한 동기가 있었다. 대부분은 지역 자선단체를 돕고 싶어 했고 그 카드를 사용할 의사도 있었다. 그러나 누군가 현관 앞에 불쑥 찾아와 요청하지도 않은 무엇인가를 팔려고 들 때 이를 거부할 이유도 얼마든지 있다. 교란 후 재구성 기술은 사람들이 이 작은 저항을 넘어설 수 있도록 했다. 그러나 그 이후의 실험들은 이 방식이 적극적인 판매상황에서는 그다지 효과적이지 않다는 것을 보여주었다.

이 기술의 중요한 포인트는 미묘함이다. 마술사들은 효과적으로 주의를 이탈시키기 위해서는 감정을 절제시키고, 자연스럽게 생긴 일처럼 보여야 한다는 것을 알고 있다. 무대 위에서 울리는 커다란 소리는 관객을 연기의 마력으로부터 멀찌감치 밀어내는 것처럼, 기본적인 대화와는 전혀 관계없이 그저 교란만 시키는 것은 고객들을 몹시 혼란스럽게 만들어 도리어 불안해하거나 의심을 품거나 짜증나게 할 수 있다. 언제나 목표는 주의를 관리하는 것이 되어야 한다. 절대 위협해서는 안 된다.

노골적인 미스디렉션 뒤편의
진실에 주목하라

우리는 물리적인 미스디렉션의 세계에 살고 있다. 예를 들어 우리 대부분이 먹는 고기나 가금육은 소비자들로부터 아주 멀리 떨어진 곳에서 키워지고 도축된다. 그 과정은, 때로는 소비자들이 본다면 심각하게 거부하게 만들 환경에서 이뤄지기도 한다. 그러나 미국의 어린이들이 그 고기가 동물한테서 나온 것이라는 생각조차 못하고 자라도록 포장되고 판매된다. 식료품점이 식품을 만들어낸다는 착각을 만들어내는 것이다.

마찬가지로, 차를 운전하는 대부분의 사람들은 차가 어떻게 움직이는지 모른다. 자동차 제조사들이 마치 마법지팡이를 휘두르듯 기계로부터 관심을 앗아가기 위해 화려한 외장을 갖추는 데 각고의 노력을 쏟기 때문이다. 날렵하고 고전적인 재규어 XJ 시리즈의 경우, 많은 고객들이 그 외관에 푹 빠져 차를 구입했다. 그러고 나서 자신이 고장, 누수, 부품 결함을 가진 차를 사느라 5만에서 10만 달러를 썼다는 사실을 뒤늦게 깨달았다. 결국 '재규어 개조'를 중심으로 2차시장이 형성됐다. 장식적인 뼈대가 아닌 후드 안쪽을 볼 줄 아는 기술자들은 재규어를 쉐보레 콜벳처럼 몰 수 있다는 환상을 지켜주기 위해 재규어 엔진을 제거하고 좀 더 믿을 만하고 강력한 엔진으로 바꿔 놓았다.

이는 모두 '노골적인 미스디렉션Overt misdirection'의 예들이다. 신경과학자 스티븐 매크닉과 수사나 마르티네즈-콘데는 효과의 물리적인 표현방식을 바꿈으로써 기본 공정의 너저분한 진실을 관객이 보지 못하게 시각적 그리고/또는 공간적 프레임을 조정하는 기술을 '노골적인 미스디렉션'이라고 묘사했다. '사용자가 사용하기 편리한' 제품을 만들어내는 기업들은 모두 이런 식의 주의관리 기법을 사용한다.

여기에서 함정은 훌륭한 마술 트릭과 마찬가지로 이러한 제품들은 종종 눈부시게 복잡한 내부 작업을 수반한다는 것이다. 그리고 그 제품을 고안해낸 엔지니어들은 당연히 이를 자랑하고 싶을 것이다. 기술적인 묘기뿐 아니라 고객들에게 단순하고 매력적인 인터페이스를 제공하는 것 역시 인정받고 싶어 하는 스티브 잡스 같은 리더들은 미스디렉션을 최대한 활용한다. 이 천재가 만들어낸 애플의 제품은 어린아이들도 사용할 수 있을 만큼 단순하고, 또 실제로 어린이들이 쉽게 사용할 수 있지만, 이러한 마술을 만들어내는 작업은 전혀 간단하지 않다.

스웨덴의 대기업 이케아 역시 '깜짝 놀랄 가격'에 훌륭한 디자인의 가구를 팔겠다는 약속 뒤에 숨겨진 모습을 고객들이 보지 못하도록 노골적인 미스디렉션을 사용한다.[16] 소비자들은 이케아의 테이블과 옷장을 집에서 조립하겠다는 의지 덕에 알뜰하게 구입할 수 있는 것이라고 생각할지 모른다. 그러나 이들은 '부분조립'이 가능하도록 만드는 시스템이 얼마나 복잡한지 짐작조차 못할 것이다. 좀 더 효율적인 의자 조립 방법을 찾아내기 위해 여러 팀이 연구에 몰두한다. 받침대 하나로 고정할 수 있는 판자의 수를 최대화하는 것에만 집중하는 팀도 있다. 또 다른 팀은 가구의 스트레스 포인트에서 합판의 밀도를 높이면 내구성을 더 높이면서 생산비용은 더 줄어든다는 것을 발견했다. 이렇게 해서 이케아는 빌리 책장의 가격을 초기보다 76퍼센트 낮출 수 있었다. 그러나 제품이 아닌 일반 사람들과 직접적으로 관련이 있는 분야에서는, 그냥 마술에 의해 일어난 일이라고 해두는 편이 낫겠다.

경영에서 노골적인 미스디렉션은 제조업에만 국한되지 않는다. 이는 전문적인 관리와 서비스를 제공하는 분야에서도 중요한 역할을 한다. 심지어 투명성을 강조하는 의료계 전문가들에게도 필수적이다. 미스디렉션과 투명성의 조합이 모순처럼 들린다면, 간이식 병동의 의사가 겪는 딜레마에 대해 생각해보자. 회진 중 대화는 본래 환자의 치료에 관여하는 담당 의료팀에게만 제한되어 있다. 그러나 새로운 투명성 정책 때문에 이 대화들을 환자와 가족들에게도 공개해야만 한다면 어찌 될까? 게다가 전통적인 소크라테스 문답법은 조금도 바뀌지 않았다면? 레지던트들은 여전히 각 환자의 상태에 대해 질문을 받고 그에 맞는 진단과 적절한 치료법에 대해 대답을 할 것이다. 만약 환자와 가족들 앞에서 이 신참의사들이 실수를 한다면? 그냥 창피만 당하는 것으로 끝나지 않고, 의사와 병원 모두 신뢰를 잃을 수도 있다. 자연히 레지던트들은 모험적인 의견을 내놓는 걸 꺼리게 되고, 자신들의 수련교육과 환자의 치료 사이에서 타협점을 찾아갈 것이다. 한편, 환자의 사례가 특별히 어려운 경우 복잡한 진단과 치료 과정으로 발전하기 위해 필요한 토론과 문제해결 모습을 지켜보면서 환자와 가족들은 필요 이상으로 불안해할 수도 있다. 적절한 해결책은? 바로 미스디렉션이다.

신시네티 아동병원 간이식 병동의 외과전문의와 레지던트들은 회진에 앞서 환자들의 상태에 대해 논의하기 위해 모인다. 이런 방식으로 진단과 치료 관련 회의 및 교육은 환자와 가족들의 '프레임' 바깥에서 일어난다. 이를 통해 회진을 돌 때 의료팀은 환자와 가족들 앞에서 어수선한 모습을 보이는 일 없이 숙의의 효과를 발휘할 수 있게 된다.

한 의사는 이에 대해 "우리는 실제로 우리 모두가 제대로 이해하고 있도록 하기 위해 회진 전 작업을 합니다"라고 설명했다. 이는 또한 의료팀이 "합의된 메시지를 도출할 수 있도록 도우며, 회진 시간에 가족들 앞에서 분명한 계획을 제시할 수 있게" 한다.[17]

은밀한 미스디렉션에
넘어가지 않을 재간이 있을까

'노골적인 미스디렉션'이 관객의 물리적인 프레임을 바꿈으로써 마술을 실현한다면, '은밀한 미스디렉션'은 정신적인 프레임을 엉망으로 만드는 것만으로 동일한 목표를 달성할 수 있다. 마술사들은 은밀히 미스디렉션을 하기 위해 변화 맹시Change blindness(연속적으로 제시되는 장면에서 어느 한 부분의 변화를 탐지하지 못하는 현상-옮긴이)나 무주의 맹시 같은 엇박자와 인지적 착시를 활용한다. 그러나 경영에서는 좀 더 교묘한 심리학적 속임수가 등장한다.

영업사원들은 은밀한 미스디렉션을 늘 사용한다. 부동산업자들이 빈 집에 가정이라는 환상을 입히기 위해 사용하는 전략에 대해 생각해보자. 이들은 대여업체에서 빌려온 무난하지만 고상한 가구 몇 점만으로 집을 '꾸밀' 것이다(아마 그 대여업체는 매물로 나온 집을 꾸미는 일만 할 것이다. 그것 자체로 이미 산업이기 때문이다). 이들은 집을 공개하기 직전에 쿠키를 구울 것이다. 그래야 온 집 안에서 아이가 돌아오길 기다리는 엄마의 냄새가 날 테니까 말이다. 그리고 이들은 전략적으로 아기와 어린아이들의 사진을 걸어놓겠지만 어른 사진은 없을 것이다. 왜냐고? 집을 사려고 하는 사람들은 대부분 자신만의, 아마도 미래의 가족을 바로 그 환경에서 그려보는 자극을 필요로 할 것이기 때문이다. 그러나 동시에 이 사람들은 나무를 찾아 영역표시를 하는 강아지와 같아서, 만약 다른 경쟁자가 먼저 표시를 했다는 증거를 보게 되면 그냥 지나쳐버리고 말 것이기 때문이다.

이러한 식의 은밀한 전략은 식욕조차 다른 쪽으로 인도할 수 있다. 과학자들은 사람들이 작은 접시를 사용할 때 2배 큰 접시를 사용할 때보다 30퍼센트 적게 음식을 덜어 먹는다는 것을 발견했다. 이러한 결과는 제공되는 음식의 종류와는 상관없이 전 세계 연구들을 통해 입증이 되었다.

재미있는 점은, 사람들이 자신이 관찰당하고 있다는 사실을 알 때는 재구성이 효과를 발휘하지 않는다는 것이다. 즉, 자신이 먹는 모습이 다른 누군가가 주목하는 대상이라는 것을 알게 되면, 그릇은 그 사람의 주의를 미스디렉션하는 힘을 잃고 결국 그는 더 많은 양을 먹게 된다.[18]

그렇다면 은밀한 미스디렉션을 위해서 당신은 관객의 마음속에 가상으로 접근할 수 있어야 하며 그들의 관점에서 상황을 바라보고 어떻게 프레임을 입혀야 그들이 받아들일지를 알아내야 한다. 이것이 바로 1970년대 신용카드 회사들이 한 일이다. 당시 일부 소매상들은 신용카드 회사들이 부과하는 1퍼센트의 수수료를 메우기 위해 신용카드 구매에 대해 부담금을 부과하기 시작했다. 소비자들은 현금가가 더 싸다는 것을 알고 신용카드 쓰는 것을 꺼렸다. 법으로 가격을 통일하려는 시도는 의회에서 부결됐고, 결국 신용카드 회사들은 미스디렉션을 사용하는 수밖에 없었다. 이들은 소매상들에게 카드가격을 '정상'가인 것처럼, 그리고 감액된 현금가격을 '할인가'인 것처럼 재구성해달라고 설득했다. 오래지 않아 소비자들은 전과 똑같은 이중가격 체계에 대해 사기당했다는 느낌 대신 할인가격을 제시한다고 느끼게 되었다.

대형 창고형 할인점인 코스트코는 체인점들을 단순히 상자째 쌓아놓고 파는 가게가 아닌 회원제 클럽으로 포지셔닝하는 재구성 작전을 도입했다. 공동창업자 로버트 프라이스는 회원 가입 조건으로 아메리칸 익스프레스 카드를 보유하고 있어야 한다고 정했다. 2015년 공영라디오와의 인터뷰에서 프라이스는는 "누군가가 '와! 특별혜택을 받았네'라고 느낄 수 있는 주류 밀매점 같은 곳, 그리고 나는 들어가 쇼핑을 할 수 있지만 대부분의 사람들은 들어갈 수도, 사갈 수도 없는 곳"을 상상했다고 말했다. 그는 코스트코 회원이 아닌 사람들을 쫓아내기 위해 문지기(즉, 보안요원)까지 고용했다. 그곳에서 쇼핑하는 특권을 누리기 위해 사람들은 55달러를 회비로 지불했고, 회비 낸 것을 만회하기 위해 (다른 곳에선 만나기 어려운) 이 대형 할인매장에서 쇼핑을 하게 됐다.[19]

그러나 프라이스는 여기에서 멈추지 않았다. 그는 미스디렉션을 통해 쇼핑의 권태로움을 날려버리고, 고객들의 관심을 저렴한 물건을 발굴하는 즐거움 쪽으로 이끌어가고 싶었다. 그리하여 그는 이 거대한 창고형 매장을 할인가격의 보물로 가득 찬, 표지판 없는 미로로 바꿔놓았다. "저는 물건이 어디 있는지 알려주는 표지판들을 달아놓지 말아야 한다고 굳게 믿었어요. 그래야 사람들이 모든 통로를 다 헤매다니게 되고 다른 물건들을 더 사게 되기 때문이에요." 그리고 진짜로 그랬다. 고객들은 매장 안을 이리저리 헤매다녔고 생각지도 않았던 유혹에 계속 빠졌다. 고객들이 평소 식료품점에 갈 때 가지는 마음가짐으로 이 매장에 들어왔다면 벌어지지 않았을 일이다. 고객들은 코스트코를 완전히 다른 기업이라고 인식했기 때문에 효과를 발휘했다. 이는 물론 착각이다. 지금도 고객들은 여전히 차에 가득 식품을 싣고 집으로 향한다(가끔은 커다란 TV를 실을 때도 있다). 미스디렉션은 코스트코를 위해 매우 훌륭하게 효과를 발휘했다. 그리고 코스트코의 연간매출은 아마존보다 앞선다.

A 다음에 B가 아닌
B 앞에 A일 때 마술이 펼쳐진다

우리의 눈이 착시를 통해 우리에게 농간을 부리듯, 우리의 마음 역시 때로는 시간의 마술을 부린다. 시간에 대한 우리의 지각은 마치 엿가락처럼 늘어났다 줄었다 하고, 순서가 뒤바뀌기도 한다. 이런 시간의 변화는 효과를 노리며 조작될 수 있다. 이를 '시간의 묘기'라고 부르도록 하자.

카지노 매니저들은 시간과 주의의 관계를 날카롭게 의식한다. 도박장에 시계나 밖이 내다보이는 창문이 절대로 없는 이유다. 열정적인 도박꾼들은 한자리에 들러붙어 자기들이 하고 있는 게임에 모든 에너지를 쏟는다. 자발적인 주의를 쏟는 이런 도박꾼들은 다른 자극에는 귀가 멀고 눈이 멀게 된다. 또한 시간에 대한 감각을 길게 늘여놓고, 비행스케줄, 직장, 또는 가족에 대한 의무 등 시간이 필요한 다른 일들로부터 정신적으로 멀어지게 만든다. 벽에 걸린 시계나 햇빛의 존재는 시간이 무한하다는 착각을 위협하기 때문에 카지노는 그러한 가능성들을 아예 없애버린다. 이들은 은밀히 시간의 묘기를 펼치는 것이다.

마술에서 '시간의 미스디렉션'이란 과정과 결과가 관계없는 듯 보이게 하려고 시간을 활용하는 것을 의미한다. 카지노에서 도박꾼들이 주사위를 굴리다가 돈이 터버린 걸 의식하지 않기를 바라듯, 마술사들은 트릭을 준비하는 행동을 하면서 이를 당신이 눈치채지 않기를 바란다. 당신이 다른 방에 잠깐 다녀오느라 탁자 위에 핸드폰을 놓고 갔다고 해보자. 나는 당신의 핸드폰 케이스를 벗겨내 트럼프 카드를 집어넣고 이를 숨기기 위해 다시 케이스를 끼워둘 것이다. 이는 발각이 불가능한 완벽한 준비가 된다. 그러나 당신이 돌아오자마자 그 트릭을 당신에게 보여주는 것은 위험한 일이다. 당신이 잠시 자리를 비웠다는 것과 내가 그 틈을 장난칠 기회로 삼았다는 사실을 곧바로 연관지어 떠올릴 것이기 때문이다. 따라서 나는 기다린다. 내가 이 트릭을 한 시간이나 두 시간 후에 쓴다면, 특히나 다른 누군가가 카드마술을 보여달라고 요청한 상황이라면 카드의 발견은 훨씬 더 마술처럼 느껴질 것이다.

'시간적 거리두기'는 경영에서도 가치 있는 목표를 달성하는 데 도움이 될 수 있다. 닉 샤시노프는 온라인 마케팅회사 테크닉스를 세울 때 이를 깨달았다. 곧바로 스타트업 기업을 시작하려 했던 그는 1년 후 다른 직업을 찾아야만 했다. 현명하게도 그는 디지털 마케팅 회사에서 일을 하게 됐고 나중에는 데이터 검색 서비스 기업인 렉시스넥시스와 맥그로힐에서 근무했다. 이러한 경험을 통해 그가 배운 것은 그가 애초에 테크닉스를 위해 생각했던 웹디자인 경영 모델은 결점투성이라는 것이었다. 1회성 고객에 기댄 탓이었다. 그가 고객들에게 제안해야 할 것은 일이 계속 지속되거나 순환되는 형태를 갖춘 검색엔진 최적화SEO와 인터넷 서비스였다.

직장에 다니며 샤시노프는 테크닉스의 새로운 출발을 위해 조용히 로드업을 했다. 그는 다양한 잠재고객들을 만났다. 그리고 그 고객들이 정말로 원하는 서비스가 무엇인지 주목했다. 그는 자신과 함께 일했던 프리랜서들 가운데서 재능 있는 사람들을 스카우트했다. 동료들과 보스한테서 일을 가로채거나 훔쳐오는 일이 없도록 주의하면서 그는 조용히 자기 회사를 위한 재정적이고 지식적인 기반을 쌓아갔다. 5년 후 샤시노프는 다니던 직장을 그만둘 준비가 됐다.

젊은 벤처기업의 너저분했던 출발을 시간의 장막으로 잘 감춘 덕에 샤시노프는 마치 마술처럼 잘 닦인 결과물을 대중 앞에 내놓을 수 있었다. 2009년 그는 자신의 전前 보스와 고객으로서 계약을 맺었고,

100만 달러의 매출을 올렸다. 2011년 그는 34명의 직원을 거느리고 2,500만 달러의 매출을 올렸다.[20]

이런 식의 계획적인 '자연스러움'은 인상적인 시작이 될 뿐 아니라 경쟁의 위험을 줄여줄 수 있다. 당신의 경쟁상대는 모르는 것을 따라 할 수 없다. 따라서 당신의 CEO에게 알리고 싶은 독창적인 아이디어가 있을 때 당신이 할 수 있는 최선의 선택은 밤시간이나 주말같이 당신만의 시간에 이를 은밀히 발전시키는 것이다. 모순되는 부분을 전부 개선하고 어떤 공격에도 끄떡없는 상태가 될 때까지 말이다. 그러고 나면 당신은, 마법의 순간이 찾아왔을 때 당신이 아무것도 없는 허공에서 이토록 빛나는 아이디어를 뽑아낼 수 있는 유일한 천재처럼 보이게 되리라 확신할 수 있게 된다.

그러나 시간을 반전시키는 것은 무엇일까? 지금까지 나는 이 책을 통해 마술의 주요 목적은 관객보다 적어도 '한 발자국 앞서' 있는 것이라고 누누이 말해왔다. 일반적으로 이는 카드를 슬쩍 훔쳐본다든가, 중요한 정보를 미리 입수한다든가, 물건을 보이지 않는 곳에 로드업해 놓는 것을 의미한다. 하지만 때로는 사건의 자연스러운 순서를 뒤집어 시간적으로 우리보다 앞서도록 만드는 것을 의미하기도 한다.

나는 이 전략을 2010년에 사용했고, 결과적으로 이는 내가 성공할 수 있게 된 결정적인 기회가 되었다. 두 달 전에 내가 매직 캐슬에서 처음 선보인 크로스워드 퍼즐과 마술을 융합한 새로운 트릭에 대해 이야기를 들은 「뉴욕타임스」의 과학기자 코넬리아 딘이 나와 인터뷰를 하고 싶어 했다. 인터뷰는 물론 꽤나 신나는 일이지만, 나는 「뉴욕타임스」웹사이트에 영상이 올라가면 훨씬 더 큰 반향을 일으키리라는 것을 알았다. 따라서 나는 딘에게 크로스워드 트릭은 말로 설명하기엔 너무 어렵다고 말하고, 나를 직접 만나는 것이 도움이 될 것이라고 제안했다. 어쩌면 딘은 타임스를 위해 영상을 찍고 싶어 할 수도 있었다. 나는 2주 후에 개인 파티에서 마술쇼를 하기로 예정되어 있었다. 따라서 기쁜 마음으로 그녀를 손님 목록에 올렸다. 문제는, 그 파티 말고는 나에게는 예정된 파티가 없었다는 점이다.

내가 알고 있는 사실은 파티를 여는 것쯤은 그다지 어렵지 않다는 것이었다. 따라서 나는 쇼를 할 수 있는 알맞은 거실을 찾기 위해 주력했다. 그리고 그녀가 내 초대에 응하자마자 작업을 시작했다. 다행인 것은 사람들에게 「뉴욕타임스」에 올릴 영상을 찍을 멋진 집을 찾고 있다고 말하면 자원자가 줄을 선다는 거였다.

우리는 그 쇼를 녹화했고, 놀랍게도 2주 후 뉴욕타임스 웹사이트 첫 페이지에 그 영상이 등장했다. 그리고 「사이언스 타임스Science Times」는 한계를 뛰어넘은 크로스워드를 만들어낸 나에 관한 기사를 실었다. 「사이언스 타임스」는 내가 새로운 마술을 개척하고 있으며 지식인들이 이에 매력을 느끼고 있다고 소개했다. 우리 부모님은 학자로서 내가 선택한 커리어에 대해 약간은 의구심을 품고 있었기 때문에 이 기사는 여러 가지 의미에서 반가운 보도였다.

비슷한 방식으로 리처드 브랜슨 경은 버진 에어라인을 출범시켰다. 20대의 브랜슨은 푸에르토리코의 한 공항에서 버진아일랜드로 가는 비행기를 타려고 기다리고 있었다. 그리고 그날 마지막 항공편이었던 그의 비행기가 취소됐다. 민간항공사 입장에서는 의미 있는 고객들이 아니었던 것이다. 브랜슨은 훗날 "그날 버진아일랜드에서는 아름다운 여성이 저를 기다리고 있었답니다"라고 회상했다. 이런 이유도 있는데다 이미 항공권을 구매한 고객들에 대한 배려가 없다는 사실에 몹시 짜증이 난 브랜슨은 한 전세기회사 사무실로 성큼 걸어들어가 비행기 한 대를 빌렸다. 그로서는 돈을 다 댈 수도 없는 비행기였다. 다시 말해 긴 고민 없이 먼저 저질러버린 것이다. 그러고 나서 그는 칠판을 빌려 '버진 에어라인'이라고 쓰고, 바로 밑에 '버진아일랜드로 가는 편도 39달러'라고 적었다. 그 칠판을 들고 그는 비행기를 취소당한 다른 승객들 사이를 돌아다녔다. 몇 분 만에 그는 그의 첫 항공편을 가득 채울 수 있었다.[21]

트리스탄 워커라는 이름의 젊은 임원 또한 포스퀘어라는 신생기업에 입사할 때 동일한 방식을 썼다. 여덟 차례나 이메일을 보낸 후 워커는 마침내 CEO인 데니스 크롤리를 설득하는 데 성공했다. 크롤리로부터 '다음번에 당신이 뉴욕을 방문하면' 한번 만나보겠다는 메일이 온 것이다. 워커는 그 즉시, 다음날 뉴욕으로 갈 계획이었다고 답장했다. 그렇게 그는 포스퀘어 사무실에서 CEO와 직접 만나는 회의를 확정했다. 그리고 그제야 그 마술을 실현시키기 위해 캘리포니아에서 뉴욕으로 날아가는 아침 비행기를 예약했다. 그는 취직에 성공했을 뿐 아니라 포스퀘어의 사업개발 담당이사가 됐다.

크고 작은 방식으로 일반적인 시간의 흐름을 역설계한 트리스탄 워커와 리처드 브랜슨, 그리고 나는 모두 몇 걸음 더 앞서게 됐다. 그러나 주의할 점이 한 가지 있다. 모든 마술 트릭과 마찬가지로 성공을 가져오는 핵심은 제시간 안에 모든 것을 따라잡을 수 있다는 충만한 자신감과 함께 충분한 실력을 갖춰야 한다는 것이다.

시간을 다루는 마술의 또 다른 특성은 경외심이다. 마술사들이 정말로 놀라운 트릭을 성공시켰을 때 관객들은 경외심을 가지게 된다. 경외심은 당신이 생각하는 것보다 훨씬 더 유용하고 쓰기 쉬운 도구다. 경외심에서 중요한 것은 권력이기 때문이다.

과학자 대처 켈트너와 조너선 하이트는 경외심에 대해, 우리가 무엇 혹은 누군가와 마주쳤을 때 너무나 인상적이어서 상대적으로 위축되고 또한 우리 주위의 세계에 대한 생각이 바뀌어야 한다고 느낄 때 경험하는 감정이라고 정의한다. 이러한 의미에서 경외심은 공포와도 연결된다. 따라서 경외하는 대상에 대한 우리의 반응 중 일부는 공포의 효과와 유사하기도 하다.

켈트너와 하이트는 인간의 경외심이, 미약한 존재인 개인들이 부족의 생존율을 높여줄 수 있는 좀 더 우수하고 강력한 (그리고 때로는 무시무시한) 지도자들에게 확실히 복종하도록 만들기 위해 진화했다고 추측한다.[22] 이는 원시사회에서 위계질서를 유지하는 효과가 있었다. 그 후 경외는 더 광범위한 자연의 아름다움, 초자연적인 미스터리, 그리고 사람이 만들어낸 걸작들에 대응해 발전해나갔다. 그리고 위대함과 우월한 리더십의 마술을 휘두르던 주술사와 고위사제들, 그리고 왕들의 손에서 놀아나게 됐다. 아직까지도 그렇다. 오늘날 사교집단의 지도자들은 추종자를 끌어들이기 위해 경외심을 악용한다. 전설적인 연예인, 정치인, 그리고 독재자들도 마찬가지다.

경외심과 관련해 놀라운 사실은 경외심을 불러일으키는 것이 전혀 어려운 일이 아니라는 것이다. 광고주들은 알프스 산의 정상에 오르는 등반가의 영상으로 경외심을 자극할 수 있다. 교향악의 위풍당당한 연주도 경외심을 불러일으킨다. 실제 사이즈로 만들어진 티라노사우루스 화석 모형도 마찬가지다. 한 실험에서 주어진 자극은 폭포, 고래, 그리고 우주비행사를 보여주는 60초 광고에서부터 에펠탑 꼭대기에 올라 파리를 내려다보는 짧은 이야기까지 다양했다.[23] 통제집단에게는 즐겁지만 경탄할 정도는 아닌, 퍼레이드를 하는 행복한 사람들을 찍은 광고를 보여줬다. 아니면 이름 없는 탑에 올라가 별 특징 없는 경관을 내려다보는 이야기를 읽어보도록 했다. 영상을 보거나 이야기를 읽은 뒤 실험참가자들에게 시간감각에 대한 일련의 질문을 던졌다. 행복한 또는 중립적인 자극이 주어졌던 집단과 비교해 잠시 동안 (그리고 인위적으로) 경외심을 느꼈던 사람들은 과제를 마치는 데 더 많은 시간이 주어졌고 시간에 대해 스트레스를 덜 받았다고 말했다. 이들은 성급함도 덜 느꼈고 인생에 더 만족해했다. 그리고 시간에 대한 압박이 없었기 때문에 시계나 옷 같은 물적 재화 대신에 영화나 브로드웨이 뮤지컬, 외식, 아니면 마사지같이 시간을 많이 요하는 활동에 돈을 쓰려는 의지를 더 많이 보였다.

따라서 경외심은 사람들에게 시간이 더 많다는 환상을 만들어냄으로써 경험을 팔 수 있다. 당신이 항공이나 레스토랑 체인, 놀이공원 등의 마케팅을 담당하고 있다면 유용하게 써먹을 수 있는 정보다. 그러나 여기에는 추가적인 단계가 더 존재한다.

공포가 우리를 극도로 긴장하게 만들고 시간이 천천히 간다는 환상을 만들어내듯, 경외심은 우리가 무슨 일이 벌어지고 있는지 정확히 파악하려 하는 동안 마법처럼 무조건적인 믿음을 만들어낸다. 너무 놀란 나머지 왜인지 묻지도 못하는 것이다. 그러나 공포와 경외라는 감정적 프레임에서 벗어나자마자 우리의 비판 기능은 방금 무슨 일이 벌어졌으며 어떻게 대응해야 하는지 알아내기 위해 혹사당하기 시작한다. 관객들이 세계적인 수준의 마술쇼를 보고 나오면서 나누는 열띤 대화에 대해 생각해보자. 경외심에 가득 찬 사람들은 점점 더 호기심을 느끼고 생각에 잠겨 집중을 하게 된다. 게다가 이들은 이 강화된 주의력을 경외심의 여파로 생겨난 그 어떤 문제에라도 쏟게 된다.

2010년 한 실험에서 학생들은 경외심을 자아내는 전경을 본 뒤 학술적인 제안서를 평가하라는 과제를 받는다. 전경을 보지 않은 학생들과 비교해, 경외에 찬 집단은 분석에 더 많은 시간을 들이고 찬반논쟁을 위해 더욱 깊이 파고들며 일반적인 개요보다는 구체적인 내용을 따졌다. 이는 경외심을 느낀 뒤에 주의의 프레임이 날카로워짐과 동시에 깊어진다는 것을 의미한다. 또한 마술사들이 가장 경이로운 마술을 마지막 순서로 남겨두는 강력한 동기가 되기도 한다!

마지막 부작용 하나는 시간감각, 그리고 경외심에서 비롯된 위엄 모두와 관련된다. 경외심을 경험한 사람들은 비록 순간이나마 이기적인 성향이 줄어든다. 그리고 다시 한번 말하지만, 그렇게 만드는 것은 그다지 어렵지 않다. 한 과학자는 한 무리의 학생들을 캘리포니아대학교 캠퍼스 안의 유칼립투스 숲에 잠시 서 있도록 했다. 그리고 절반의 학생들에게는 하늘 높이 솟은 나무를 올려다보게 하고, 나머지 절반에게는 근처 빌딩들을 바라보게 했다. 그후 과학자는 학생들 근처를 지나가며 발을 헛딛기도 하고 손에 들고 있던 펜 뭉치를 떨어뜨리기도 했다. 나무로 인해 경외심을 느꼈다고 보고한 학생들은 그를 돕기 위해 얼른 다가갔고, 빌딩숲을 바라보던 학생들보다 더 많은 수의 펜을 주워주었다.

경외심은 추종자들이 지도자의 뒤를 따르도록 만들기 위해 진화했다는 이론에 기초한 이러한 연구들은, 경외심으로 가득 찬 사람들은 자기 자신으로부터 주의를 돌려 더 큰 우주에 흥미를 보이고 시간의 압박을 덜 느끼기 때문에 사람들을 돕고 인연을 맺는 데에 시간을 쓸 가능성이 더 높다는 것을 보여준다. 이는 왜 교회와 유대교회당이 경외심을 불러일으키는 설교와 음악 후에 사교적인 행사를 실시하고, 왜 공동체 행동주의의 중추가 되는지 설명해준다. 또한 유세 현장에서 경외심을 일으키는 정치후보자의 존재와 말솜씨에 현혹된 청중들이 그 후보의 정책을 신문에서 읽기만 한 사람들보다 선거운동에 자원할 가능성이 높은 이유이기도 하다. 이 점에서 경외심이 지닌 권력은 마술이 아니라 필수적인 게임체인저가 된다.

5장

당신의 선택은?

자유선택의 자유를 설계하라

Spellbound

〈나우 유 씨 미〉의 첫 장면에서 악동 마술사 역을 맡은 제시 아이젠버그는 시카고 거리의 행인들 앞에서 현란한 손기술을 펼친다. 간단한 작업이었다. 이 마술로 영화에 등장하는 인물들뿐 아니라 이 영화를 보는 관객들을 몰입시키고 감탄하게끔 만들어야 한다는 부담만 빼면 말이다. 우리는 아이젠버그가 카메라를 정면으로 바라보고 서서, 구경하고 있던 한 여성에게(그리고 암묵적으로는 영화를 보고 있는 관객에게) 카드 한 장을 고르도록 부탁하면서 카드 한 벌을 휙휙 넘기도록 연기를 짰다. 그 여성은 다이아몬드 7 카드를 고른다. 그리고 공교롭게도 영화를 보는 관객들도 전부 그 카드를 고르게 된다. 그후 아이젠버그가 카드들을 하늘로 뿌리면 배경에 있던 한 고층건물 벽면에 불이 켜지면서 거대한 다이아몬드 7 카드가 한 장 나타난다. 그리고 영화를 보고 있던 사람들은 너무 놀라서 말문을 잃는다. 그리고 궁금해한다. 하지만 어떻게, 이 사람은 내가 무슨 카드를 뽑을지 알았을까?

물론 여기에서의 착각은 관객들이 자유롭게 선택을 했다고 생각하는 것이다. 마술사들은 사람들의 생각과 결정을 이미 정해진 선택으로 이끌어가기 위해 모든 종류의 기술을 사용한다. 그러나 바랐던 효과는 관객들이 진심으로 자신들이 그 성과물을 좌우했다고 믿을 때에만 성취할 수 있다. 다시 말해 마술사의 목표는 자원자들에게 실제로는 그들이 가지지 않은 선택지를 가졌다고 확신시키는 것이다.

내가 당신에게 종이에 그려진 그림을 색칠하도록 부탁했다고 상상해보자. 앞에 놓인 여러 가지 색깔의 마커들 가운데 당신은 파란색을 선택해 말을 색칠한다. 당나귀는 빨강으로 칠한다. 그후 수탉은 초록색으로 그리기로 결정한다. 당신이 마지막으로 쓴 마커를 내려놓기도 전에 나는 내가 쇼 전에 색칠한 그와 똑같은 그림을 내놓는다. 완전히 똑같은 색상 조합으로 칠해진 그림이다. 세상에! 당신이 어떤 결정을 내릴지 나는 어떻게 미리 알고 있었을까? 이 대목에서 당신은 완전히 빠져들어 내가 다음부터 무엇을 하든지 간에 무조건 따르게 된다.

관객의 선택을 기반으로 하는 트릭들은 관객의 참여 없는 일방적인 마술보다 훨씬 더 직접적으로 관객을 몰입시킨다. 이 트릭들은 현실로부터 무대를 구분짓는 보이지 않는 장벽이나 제4의 벽(연극에서 무대와 객석을 가르는 가상의 벽을 의미한다 – 옮긴이)을 무너뜨리고, 실제 자원자뿐 아니라 객석에 앉은 모든 사람이 다 함께 마술에 참여하는 듯한 느낌을 준다. 어쨌든 관객 가운데 그 누구나 다음 차례가 될 수 있으니까. 이러한 역학의 결과는 윈-윈이다. 당신에게는 즐거움을 안겨주고, 나에게는 더 많은 일감을 안겨줄 것이다.

자유선택의 마술은 비즈니스에서도 마찬가지로 잠재적인 이득을 가져다준다. 클라이언트가 당신이 제안하는 제품이나 프로그램을 자신의 뜻대로 사게 됐다고 믿을 때, 그의 태도는 당신이 우격다짐으로 밀어붙였을 때보다 훨씬 더 수용적일 것이다. 또한 당신 브랜드의 미래에 좀 더 감정적으로 관여하게 될 것이다. 그리고 그의 선택 덕에 당신의 문제가 해결된다면 더욱 좋은 일이다. 결과적으로 그는 당신의 이익에 가장 부합하는 결과물에 대해 주인의식을 가지게 될 것이다.

자유선택의 마술을 불러내는 한마디
"당신의 자유예요!"

2000년 프랑스의 행동과학자 니콜라 게겐과 알렉산드르 파스쿠알은 단순히 선택의 여지를 주는 것이 얼마나 강력한 비즈니스 툴이 될 수 있는지를 증명하는 획기적인 실험을 실시했다. 이들은 젊은 남성 한 명을 쇼핑몰로 보냈다. 그리고 무작위로 쇼핑객에게 다가가 두 가지 방법으로 도움을 청하도록 했다. 첫 번째 집단에게 그는 "실례합니다. 버스를 탈 수 있게 돈을 좀 빌려주시겠어요?"라고 물었다. 이 말을 들은 사람의 오직 10퍼센트만이 그에게 돈을 주었다.

첫 번째 집단과 마찬가지로 무작위로 뽑힌 두 번째 집단에게도 동일한 말로 접근했다. 다만, 그는 "돈을 주실지 마실지는 당신 자유예요"라는 말을 덧붙였다. 상대방의 자유선택을 간단히 승인하는 것만으로도 그의 성공률은 47.5퍼센트까지 올라갔다. 이는 거의 다섯 배가 증가한 수치다. 게다가 "당신의 자유예요"라는 말에 반응한 기부자

는 평균적으로 두 배 많은 돈을 줬다.[1]

과학자들은 이 젊은 남성이 마치 자선적 도움이 필요한 양 연기를 했기 때문에 일종의 죄책감이나 연민의 요소가 실험 결과에 영향을 준 것인지 궁금했다. 2년 후 게겐과 파스쿠알은 실험을 좀 더 비즈니스적인 모델로 바꿔보았다. 돈을 구걸하는 대신 평범한 소비자 설문조사에 응해달라고 요청한 것이다. 이 실험에서 실험참가자에게 선택의 자유가 있다는 것을 상기시켰을 때 설문 응답 비율이 75.6퍼센트에서 90.1퍼센트로 증가해 충격적인 수치는 아니지만 여전히 인상적인 수준인 15퍼센트의 격차를 보였다. 그리고 오늘날 2만 2,000명의 실험참가자를 대상으로 한 42가지 이상의 실험이 게겐과 파스쿠알의 핵심적인 발견을 뒷받침해주고 있다. 사람들은 자유가 주어졌다는 이야기를 들었을 때 더욱 협조적이고 친절하고 관대해진다. 이 모든 실험에서 "당신의 자유예요"라는 마법 같은 문장이 수락 비율을 평균 두 배로 높였다.

우리 인간은 분명 생각하고 행동하는 방식을 선택할 자유가 있다는 것을 좋아한다. 우리에게 자유가 있다는 이야기를 한다는 이유만으로 전혀 모르는 사람에게 보상을 할 정도로 좋아한다. 그러나 동시에, 실제보다 우리가 더 또는 덜 자유롭다는 제안에 우리는 절묘하게 민감해진다. 그리고 이러한 제안들 가운데 일부는 우리가 스스로에게 하는 것이기도 하다.

'나는 …를 해야 해'라는 말을 얼마나 자주 하거나 듣거나 생각하는지 떠올려보자. 마치 자신에게는 선택권이 없는 것처럼 말이다. 사실 선택은 언제나 선택의 문제다. 만약 당신이 노예 신세라든지 감옥에 갇혀 있다든지 독재정권 밑에서 살아가는 경우라면, 어떤 선택은 심각한 결과를 낳을 수도 있다. 그러나 그러한 환경에서조차 당신에게는 그 결과가 가져올 위험을 무릅쓸 수 있는 선택권이 주어져 있다. 그래서 우리가 "우리에겐 선택권이 없다"라고 말할 때 실제로 벌어지는 일은 개인적으로 선택을 포기한다는 의미다. 우리는 결정에 대한 책임을 회피하고, 적극적인 선택이었어야 할 것을 소극적인 선택으로 바꿔놓는다.

우리들 대다수는 대부분의 인생을 소극적인 선택을 통해 꾸려나간다. 매일 아침 일터에 도착하자마자 우리는 반사적으로 컴퓨터를 켜고 이메일을 확인한다. 전화벨이 울리면 전화를 받는다. 동료가 점심을 먹자고 하면 따라 나간다. 약속된 시간에 우리는 차를 타고, 똑같은 시간에 똑같은 길을 따라 집으로 향한다. 이 모든 소극적 선택은 마치 정신적인 지름길과 같다. 습관적이고 자동적이고 직감적이며, 최소한의 시간과 노력을 요한다. 우리는 이를 위해 진짜로 생각할 필요도 없고, 이로 인해 기쁨이나 자랑스러움을 느끼지도 않는다. 그러나 이 선택들은 초점과 논리와 신중함을 더함으로써 적극적이며 좀 더 보람 있는 선택으로 변할 수 있다.[2]

인도 방갈로르 출신의 스탠퍼드대학교 컴퓨터과학자 발라지 프라바카는 IT회사인 인포시스를 돕던 시절에 소극적 선택을 적극적 선택으로 바꿔놓을 수 있는 가능성을 발견했다. 직원들의 업무 스케줄과 의욕을 갉아먹는 끔찍한 통근 문제를 해결할 해법을 찾던 중이었다. 프라바카는 교통체증 시간을 피해 일찍 출근한 직원들에게 현금이 걸린 주간복권을 살 수 있는 포인트를 지급하는 자율 보상 프로그램을 기획했다. 그는 자신이 해결하려고 하는 근본적인 문제가 무엇인지, 또는 어떻게 통근 문제를 개편하려고 하는지 직원들에게 말하지 않았다. 그저 직장에 일찍 나오는 것에 초점을 맞춘 인센티브를 주었을 뿐이다. 직원들이 어떠한 선택을 하든 알아서 하도록 말이다.[3]

이는 제2차 세계대전에서 조지 S. 패튼 장군이 선호한 접근법이기도 하다. 패튼 장군은 "사람들에게 어떻게 해야 할지를 이야기하면 안 된다. 사람들에게 해야 할 일을 이야기해주자. 그럼 그 사람들이 얼마나 창의적이 되는지 놀라게 될 것이다"라고 말했다. 개별적이고도 기분 좋은 게임을 제시함으로써 프라바카는 직원들이 스스로 해결책을 찾도록 열의를 불어넣었다. 그로부터 6개월 만에 아침 8시 반 전에 출근하는 직원 수가 두 배로 늘어났다. 그리고 통근 소요시간이 평균 16퍼센트 이상 줄어들었다. 스트레스 수준은 감소했고 근로의욕은 상승했다. 프라바카는 그의 목적에 가장 부합하는 결과물을 직원들 스스로가 내놓도록 직원들에게 주인의식을 부여함으로써 주도적인 선택이 지닌 힘을 드러냈다.

세금 체납, 인재난, 번아웃 증상?
선택설계에 답이 있다

프라바카는 행동경제학자 리처드 탈러와 캐스 선스타인이 『넛지』(리더스북, 2009)에서 소개한 '선택설계'를 실행한 셈이다. 그는 "사람들이 스스로 더 낫다고 판단되는 것을 선택하도록" 돕는 방법을 설계했다.[4]

다시 간극의 개념으로 돌아가 보자. 이는 상황이나 문제에 대한 인식과 반응, 해결책이라는 개념 사이에 존재하는 공간을 의미한다. 그리고 마술사와 선택설계자들은 이 어슴푸레한 빈 공간에서 관객들을 위해 보이지 않게 그 간극을 이어주고 머릿속에 결론을 불어넣기 위해 활동한다. 목표는 관객들의 행동을 직접적으로 명령하지 않고, 결정에 영향을 미치는 것이다.

마술사들은 관객들이 결정을 내리는 맥락을 재구성함으로써 그 간극을 지배한다. 다음의 간단한 카드 트릭을 예로 들어보자.

- 당신에게 카드 한 장을 자유로이 선택하라고 하고, 선택한 카드를 다시 카드 더미에 끼워넣도록 한다.
- 이제 카드들을 전부 섞고 적당히 가른 후 그중 4장을 골라 앞면이 아래를 향하게 나란히 탁자 위에 놓는다. 그리고 당신에게 이 가운데 한 장을 뒤집으라고 요청한다.
- 놀랍게도 당신 스스로 뒤집은 카드는 처음에 당신이 골랐던 바로 그 카드다.

모든 선택은 당신이 한 것이다. 그러나 나는 당신이 처음에 고른 카드가 어디에 있는지 계속 추적하고 그 카드가 네 장의 카드 중에 당신으로부터 두 번째로 떨어진 곳에 놓였는지 확인함으로써 그 결과를 연출했다. 아마도 당신은 첫 번째 카드는 짚지 않을 것이다. 왜냐하면 너무 뻔한 선택이기 때문이다. 그리고 세 번째와 네 번째 카드는 당신이 이 카드들을 집으려면 몸을 앞으로 기울여야만 하도록 멀리 떨어뜨려 놓았다. 그러한 아주 작은 효과만으로도 당신이 세 번째와 네 번째 카드를 포기하고 자연스럽게 두 번째 카드를 선택하도록 만들 수 있다. 이와 같이 당신의 선택환경 또는 맥락을 바꿈으로써 나는 내가 의도하는 결과 쪽으로 당신을 슬쩍 밀어넣을 수 있다. 그리고 당신에겐 완전한 자유가 주어졌었기 때문에 더욱 놀랄 수밖에 없게 된다.

마술사들이 오락성을 위해 넛지Nudge(강요가 아닌 유연한 개입을 통해 타인의 선택을 유도하는 것 - 옮긴이)를 사용한다면, 발라지 프라바카 같은 선택설계자들은 기업이나 공공정책, 그리고 각 나라 정부에서 좀 더 실용적인 문제들을 해결하기 위해 일한다. 예를 들어 2010년 영국은 '행동특성팀Behavioral Insight Team, BIT'이란 공식명칭을 가진, 60명으로 구성된 '넛지 특별팀'을 구성했다. 해외전담 정보기관인 MI-6와 비슷하다고 보면 되지만, '○○ 요원' 대신 이 팀은 넛지 면허를 취득한 정책입안자들로 구성되었다.

BIT가 담당하는 문제 가운데 하나는 영국의 높은 소득세 체납률이다. 사람들이 세금을 납부하도록 넛지하기 위해, 이 팀은 채무자들에게 편지를 보낸다. 지역민들 대부분이 기한 내에 세금을 납부했다는 것을 알려주는 편지다. 두 번째 편지는 채무자와 동일한 과세등급을 가진 사람들 대부분이 이미 세금을 납부했다는 사실을 짚어준다. 가장 효과가 큰 것으로 알려진 세 번째 편지는 위의 두 정보를 모두 담고 있다. 2012년 이 캠페인은 2만 1,000파운드의 조세수입을 거둬들이는 성과를 냈다. 이 캠페인이 없었다면 회수하는 데 긴 시간과 막대한 비용이 들었을 것이다.[5]

선택설계자들은 문제에 대한 관객의 인식을 바꿔놓음으로써 맥락을 바꿔놓기도 한다. 영국의 넛지 특별팀은 세금에 대한 채무자들의 인식을 법적인 의무가 아닌 좀 더 개인적이고 사회적인 문제로 바꿔놓았다. 실제로 이 캠페인은 사람들이 사회적 망신을 피하려고 했기에 성공할 수 있었다. 여기에 마술의 비결이 있다.

선택과 문제는 닭이냐 달걀이냐와 같다. 한쪽 없이는 다른 한쪽을 가질 수 없지만 어느 쪽이 먼저일까? 일반적으로 우리는 문제가 먼저 선행되고 그다음에 선택을 요구한다고 생각한다. 그러나 선택설계자들은 이 순서가 언제나 같지는 않다는 것을 이해한다. 때로는 진짜 문제를 해결하기 위한 선택을 끌어내기 위해 바람잡이용 문제를 이용한다. 목전에 닥친 사회적 망신이 그 예다.

때로는 근본적인 문제에 대해서는 언급조차 하지 않은 채 일련의 매력적인 선택들을 '기회'라고 내놓는 것도 가능하다. 나는 쇼에서 이 방법을 즐겨 사용한다. 아무 관객에게나 카드나 색깔 또는 단어를 고르라고 한다. 이를 통해 관객들의 선택으로 '해결된' 마지막 퍼즐을 내놓기 전까지 내 목적에 대한 호기심을 자극하고 주의를 끄는 것이다.

덴버에 위치한 소프트웨어 기업 풀콘택트는 신입 직원들에게 거부하기 어려운 매력적인 제안을 하면서 비슷한 전략을 사용한다. 이들은 휴가를 택할 시 기본급 외에 7,500달러를 추가로 받게 된다. 매력적인 이 제안에 담긴 환상은 이것이 순전히 직원들만을 위한 휴가라는 것이다. 풀콘택트는 이 계획을 '유급+유급 휴가'라고 부른다. 여기에서 포인트는? 직원들이 휴가 동안 일을 손에서 완전히 내려놓겠다고 약속할 때에만 인센티브를 받을 수 있다는 것이다. 이메일도, 문자도, 전화도 허용되지 않는다. 커뮤니케이션 담당임원인 브래드 매카티는 "계속 회사에 연락해서 일을 하고 업무처리를 하는 사람은 돈을 뱉어내야 합니다. 그게 조건이죠"라고 말한다. 경영진의 입장에서 이 프로그램은 꽤 잘 굴러간다. 거의 모든 직원이 기꺼이 일에서 손을 떼기 때문이다. 그렇게 해서 회사는 경쟁이 치열한 기술시장에서 인재를 확보해야 하는 심각한 문제를 해결한다. 이런 연락두절식 휴가는 근무의 욕을 향상시키고 일과 삶의 균형을 잡아주는 역할을 한다. 이 제안을 받아들이기로 결정한 직원들은 말 그대로 존재하는지도 몰랐던 문제들을 해결하는 데 일조하게 되는 것이다.[6]

선택설계자들은 이면의 문제를 드러내지 않을 때에도 선택자들이 결정 과정에서 참여와 만족의 느낌을 가질 수 있도록 공을 들인다. 소극적이 아닌 적극적인 선택들은 우선적인 목표가 된다. 나는 질문들을 교묘한 퀴즈로 포장함으로써 동일한 원칙을 내 쇼에서 사용한다. 나는 '자물쇠를 풀' 말장난을 위해 네 글자로 된 단어를 불러달라고 관객들에게 요청한다. 그러면 대다수 관객들이 경쟁적으로 외친다. 똑똑한 해결사 한 명이 "AFRO(아프로)!"라고 정답을 크게 외치고 난 후에도 나머지 사람들은 다음 퍼즐을 풀 태세를 갖춘다. 그리고 나에게 세심한 주의를 기울인다. 내가 바라는 것은 관객들이 쇼가 끝난 후에 로비로 쏟아져나오면서 스스로 똑똑하다는 느낌을 받고 뿌듯해하는 것이다. 그리고 내 공연에 대한 경험을 공유하며 서로 더 가까워진 느낌을 나누는 것이다.

경영관리 전문기업인 위프로의 부서 중 하나인 위프로 BPO는 직원들의 번아웃 현상을 감소시키기 위해 비슷한 접근법을 사용했다. 근본적인 문제점은 현재의 교육 프로그램이 개인의 열정이나 회사에 대한 충성도를 북돋는 데 실패했다는 데에 있었다. 그러나 이 문제는 신입 직원 오리엔테이션에서 직원들에게 각자 가진 강점을 활용해 위프로에 도움이 될 방법을 찾아보라는 과제를 부여하면서 극적으로 바뀌었다. 직원들은 개개인에게 권한을 주고 주도권을 위임한다는 느낌을 받으면서 조직에 대한 감정적인 유대감을 가지게 됐다. 이러한 교육 접근법이 자리를 잡은 이후 위프로 BPO는 직원들의 이직률이 낮아졌을 뿐 아니라 고객들의 만족도도 높아졌다.[7]

선택을 넌지시 조정하라

선택설계자들은 동기부여를 위한 접근법을 고안하면서 기본적인 인간의 성향을 활용한다. 소득세 체납 문제를 해결하기 위해 영국의 BIT

는 '밴드왜건 효과'를 이용했다. 스스로 독립적인 존재라고 믿는 것과는 관계없이, 인간은 기본적으로 사회적 동물이다. 따라서 다른 이들의 태도와 믿음, 선택으로부터 깊은 영향을 받는다. 공동체와 '부족' 안에서는 더욱 그러하다. 우리 대부분은 소속이 주는 안정감을 갈망한다. 그리고 따돌림당하는 것에서 오는 수치심을 두려워한다. 따라서 영국의 넛지 특별팀은 동류집단 압박Peer pressure이 미치는 영향력을 이용했다. 책임감 있는 세금 납부를 바람직한 집단에 속하기 위한 기회비용으로 인식하도록 미묘하게 프레이밍한 것이다.

BIT는 또한 자동차세 체납액 징수 계획을 수립할 때 '손실회피' 성향에 의지했다. 연구자들은 무엇인가를 잃는다는 두려움이 완전히 동일한 것을 얻었을 때의 기쁨보다 두 배 이상 크다는 것을 발견했다. 따라서 구체적인 손실이 주는 위협은 보상을 약속하는 것보다 훨씬 강력한 동기가 된다. 이를 바탕으로 넛지 특별팀은 상습채무자들에게 '세금을 납부하지 않으면 차를 잃게 된다'는 메시지를 보냈다. 그리고 압류 위험에 처한 차량의 사진을 동봉했다. 이 편지는 납부비율을 20퍼센트 이상 증가시켰다.[8]

선택설계에서 주목하는 또 다른 요인은 '선택지지' 성향이다. 우리는 일단 결정을 내리고 나면, 본인의 선택을 '인정'하고 틀리든 맞든 간에 '옹호'를 하는 경향이 있다. 실수로 밝혀진 이후에도 마찬가지다. 우리는 그 선택의 긍정적인 측면을 강조하고 부정적인 결과를 최소화하거나 무시한다. 사실상 우리는 우리의 선택을 우리 자신의 연장으로 본다.

이 특별한 성향은 FBI의 선택설계자 개리 노에스너에게 극히 유용했다. 1993년 초 텍사스 주 웨이코에서 사교집단 다윗파의 거점을 포위하는 작전이 펼쳐졌다. 당시 다윗파 교주였던 데이비드 코레시는 수십 명의 어린이를 포함한 100여 명 이상의 추종자들과 함께 불법무기를 비축해둔 은신처에 숨어 있었다. 코레시가 재무부 알코올담배화기국 파견요원을 공격한 직후 FBI는 이 사태를 종결짓기 위해 원격 협상에 들어갔다. 노에스너의 첫 목표는 어린아이들의 석방을 보장받는 것이었다.

그는 코레시가 포위작전 초기에 신도들에게 도망가도 좋다고 말한 것을 알고 있었다. 그러나 누군가 실제로 은신처에서 빠져나오기 전에 이 사교지도자는 마음을 바꿨다. 그러나 노에스너의 표현에 따르면, "이상하게도 그는 자기 말을 번복하는 데에 어려움을 겪었다." 따라서 노에스너는 코레시에게 그가 신도들에게 원한다면 그곳을 떠나도 좋다고 말한 것이 그의 자유로운 선택이었음을 계속 상기시켰다.

"데이비드, 당신이 우리에게 여러 차례 말한 것처럼, 사람들은 원하는 대로 선택을 할 자유가 있어요." 코레시가 품은 자율성이라는 착각을 깨뜨리지 않고 그가 스스로 내린 선택을 지켜주면서 노에스너는 코레시가 은신처에서 풀어주는 사람들의 운명을 결정짓는 것처럼 느끼도록 만들었다. 그리고 그렇게 함으로써 생명을 구할 수 있었다.

버지니아 주 콴티코에 있는 FBI 아카데미에서 보낸 초년병 시절에, 노에스너는 다양한 상황에서 협상가들이 반대편 개인을 상대로 적극적으로 듣고 공감을 표하며 이해하는 훈련을 시키기 위한 방대한 안

내서 초안을 작성했다. 웨이코에서 그는 이 작전들을 시험해보았고, 51일간 이어진 협상 과정 중 첫 26일 동안 그의 팀은 열아홉 명의 어린이를 포함한 서른다섯 명의 인질을 풀어주겠다는 약속을 받아냈다.

하지만 불행히도 노에스너의 협상팀은 공식적으로 구성된 팀이 아니었으며 관료주의에 물든 하부조직이었다. 총을 들고 쳐들어가고 싶어 하는 작전팀과 노에스너의 접근법을 유지하고 싶어 하는 협상가들 사이에 긴장감이 고조됐다. 전술지휘관은 선택설계자들의 점진적인 접근법을 이해하지 못했다. 완전한 항복을 얻어내지 못한 것에 불만을 가진 이들은 코레시의 자만심과 반항에 벌을 내리고 싶어 했다. FBI 지휘관 제프 자마는 최루가스를 준비했고, 노에스너는 이 사건에서 손을 뗐다.

이어진 대실패는 TV를 통해 수백만 국민에게 공개됐다. 코레시의 머릿속 간극을 이용하는 대신 FBI는 말 그대로 무자비하게 밀어붙였다. FBI의 무장차가 벽을 부수기 시작하자 코레시는 은신처에 불을 질렀다. 오직 9명의 신도만이 화염 속에서 가까스로 탈출해 살아남았다. 후에 잿더미 속에서는 코레시를 포함한 75구의 시신이 발견됐다.

작전상 실수를 인정하라는 압박 속에 FBI는 후일 정식 협상프로그램인 '위기협상팀CNU'을 조직했다. 노에스너는 은퇴할 때까지 10년 동안 이 팀을 이끌었다. 최근 그는 나와 만난 자리에서 선택이야말로 모든 협상의 중심 요소라고 설명했다.

"적과 함께 결정을 내리세요." 그는 조언했다. 최후통첩은 통하지 않는다. 그러나 질문은 때론 통할 수 있다. 예를 들어 인질범이 배가 고

프다고 가정해보자. 협상가들은 질문을 던짐으로써 인질범 스스로 해결책을 떠올리도록 그를 끌어들인다. "'음식 약간을 당신에게 어떻게 보내면 될지 생각을 말해주세요' 라고 질문을 던집니다. 그가 뭔가 납득이 가는 이야기를 꺼냈다면 이는 그의 아이디어가 되는 거죠. 받아들이기 어려운 이야기일 경우에는 이렇게 말하면 됩니다. '우리가 아이디어를 좀 떠올릴 수 있는지 한번 봅시다. 이게 가능해지도록 함께 노력해봐요.'"

노에스너는 자신의 책 『이기는 사람은 악마도 설득한다』(라이프맵, 2012)에서 이렇게 설명한다. "사람들은 존중받고 싶어 한다. 그리고 이해받고 싶어 한다. 긍정적인 관계는 이러한 상호작용을 통해 형성된다. 그리고 이는 협상가가 다른 사람의 행동에 긍정적인 영향을 미치고 폭력에서 멀어지게 조정할 수 있는 무대를 마련해준다."

다음은 선택설계의 실제 사례다.

여성을 찾아라

그 어떤 도시의 관광지를 방문해도 우연히 한 '도박사'가 종이박스를 뒤집어놓고 반으로 접힌 세로형 카드 세 개를 섞고 있는 모습을 보게 된다. 쓰리카드몬테Three Card Monte, 혹은 쓰리 카드 트릭이나 '여성을 찾아라'로 불리는 이 게임은 가장 흔한 야바위 게임 가운데 하나로 19세기 중반부터 존재했다. 1861년 로베르 우댕이 쓴 『세 장의 카드Les Trois Cartes』는 속임수에 관한 가장 오래된 기록 중 하나다.

게임은 단순하다. 세 장의 카드 가운데 하나, 즉 '머니카드Money Card'를 찾아내면 된다. 대부분은 퀸 카드다.

이 게임에는 카드를 다루는 다양한 손기술이 사용된다. 그중에서도 야바위꾼이 가장 효과적으로 쓸 수 있는 기술은 '머니카드 모서리 구부리기'다. 카드를 섞는 동안 야바위꾼은 '우연히' 머니카드의 모서리 한 곳을 구부린다. 이로써 구경꾼들이 이 카드를 구분해내기 더 쉽게 만든다. 그러면서 야바위꾼은 구경꾼들이 눈치 챈 사실을 모르는 척한다. 때로는 공범자인 구경꾼('한통속')이 돈을 딸 수 있도록 하기도 한다. 그러나 구경꾼이 돈을 걸었을 때는, 야바위꾼은 이미 처음 카드의 모서리를 펴고 다른 카드의 모서리를 구부린 후다.

비밀정보를 은밀히 알고 있다고 느끼는 구경꾼은 당당하게 모서리가 구부러진 카드를 고르겠지만 이는 퀸 카드가 아니다. 그렇게 해서 내깃돈을 잃는다.

이는 인간의 본성을 교묘하게 이용한 사기다. 사기꾼은 우리가 스스로 발견한 것들에 대해 주인의식을 가진다는 것을 알고 있다.

선택 과부하를 피하라

모순적이게도, 선택설계자들은 제안하는 선택의 수를 제한함으로써 성공한다. 왜냐고? 너무 많은 선택지는 사람을 질리게 만들어 그 어떤 결정도 내리지 못하게 할 수 있기 때문이다. 그뿐만 아니라 사람들이 최종적으로 고른 선택에 대해 확신의 정도를 낮추기도 한다.

생각해보자. 우리는 누구나 무한한 가능성이라는 개념을 좋아한다. 그러나 끝없는 배열을 마주했을 때 당신은 어떻게 선택할 것인가? 포틀랜드의 로열 리전 바에 가면 당신에게 번뇌를 안겨줄 99종의 오리건 맥주를 마주하게 된다. 20여 종의 인디아페일에일IPA 가운데 하나를 고르겠는가? 아니면 15종의 오크셔(오리건 주 유진에 위치한 맥주양조장—옮긴이) 맥주 가운데 하나? 새로 나온 11가지 오리건 크래프트 사이더(수제 사과주)는 어떨까? 그리고 당신은 마음을 정할 때까지 얼마나 걸릴 것인가? 그후 당신의 선택을 음미할 것인가 아니면 또 다른 술도 시도해보려고 서둘러 마셔버릴 것인가?

선택 과부하의 영향력은 온라인 데이트의 세계도 장악하고 있다. 텍사스대학교 오스틴캠퍼스 인간발달학 조교수인 폴 이스트윅은 낭만적 관계에 대해 연구하는 과학자다. 그는 끊임없이 잠재적인 파트너를 바꿔서 제시하는 틴더와 오케이큐피드, 그리고 기타 데이팅 앱들이 실제로는 낭만적으로 서로에게 헌신할 가능성을 낮춘다는 것을 발견했다.

여기에서의 문제점은 사회과학자 베리 슈와츠가 '선택의 역설Paradox of choice'이라고 부르는 그것이다. 우리에게 지속적으로 새로운 후보자가 몰려올 때, 우리는 자연스레 더 매력적이고 더 현명하며 더 풍요롭고 더 섹시한 가능성이 언제든 나타날 거라고 생각하게 된다. 수많은 데이팅 앱 사용자들에게 이는 영원한 짝을 선택하는 것을 불가능하게 만든다.[9]

다른 선택설계자들과 마찬가지로 마술사들은 이러한 역설을 피하면서도 선택의 긍정적인 효과를 최대화할 수 있는 다양한 전술을 사용한다. 예를 들어, 내가 자원자에게 카드 한 장을 뽑아달라고 요청할 때, 나는 가끔 선택할 수 있는 '시간대'를 몇 초로 제한한다. 이를 통해 자원자들이 자신의 결정을 다시 따져볼 기회를 주지 않는다. 카지노들 역시 게임 테이블에서 동일한 전략을 쓴다. 게임참가자들이 재빨리 돈을 걸고 기회를 써버리도록 압박하는 것이다.

기업들은 '기간한정' 세일을 실시할 때 이와 동일한 전략을 사용한다. 소비자들이 경쟁기업의 방해를 이겨내고 최종선택을 지금 내리도록 동기를 부여한다는 개념이다. 그래서 메이시스 백화점은 '단 4일간의 특별할인!'을, 아마존은 '오늘의 특가'를 만들어낸다. 그리고 33년간 토요타 자동차는 소비자들을 위한 각종 혜택을 1년 단위로 묶은 '토요타손Toyotathon'을 크리스마스 시즌에만 제공하고 있다.

선택 과부하를 줄일 수 있는 또 다른 전략은 디폴트 옵션(아무것도 지정하지 않았을 때 자동으로 선택되는 기본 옵션-옮긴이)을 제시하는 것이다. 너무 많은 가능성 때문에 부담을 느낄 때 사람들은 거의 언제나 가장 친밀하거나 다가가기 쉬운 쪽을 선택한다. 그렇게 기본적으로 준비되어 있는 선택이 바로 디폴트 옵션이다.

경영에서 디폴트 옵션은 소비자가 거의 아무것도 하지 않아도 되는 소극적인 선택이다. 예를 들어 퇴직연금 자동가입 시스템은 임금의 일부가 개인퇴직계좌IRA로 곧바로 들어가는 것을 원하는 직원 입장에서는 적극적인 노력을 들일 필요가 없게 된다. 오직 퇴직연금에 가입하기 싫은 이들만 행동하면 된다. 연구자들은 90퍼센트 이상의 직원들이 퇴직연금이 디폴트 옵션일 경우 무의식적으로 이에 가입하는 것을 발견했다. 이에 비해 디폴트 옵션이 아니고 적극적인 등록을 요구하는 기업에서는 전체 근로자 가운데 50퍼센트만이 퇴직연금에 가입했다.[10]

리처드 탈러의 말처럼 "디폴트 옵션은 끈질기다." 다시 말해 디폴트 옵션은 최소한의 노력을 요하기 때문에 선택받을 가능성이 매우 높다. 그러나 이에 대해 탈러는 이렇게 경고한다. "당신이 선택설계자라면, 이 디폴트 옵션들이 어때야만 하는지 오랜 시간을 들여 생각해볼 필요가 있습니다."[11]

모든 인간은 '포스' 안에서 선택의 자유를 가진다

〈나우 유 씨 미〉의 첫 장면에서 다이아몬드 7 카드는 (비밀리에) 유일한 선택지였기에 자동적으로 선택됐다. 제시 아이젠버그가 카드들을 넘길 때 관객들은 눈앞에서 52가지 다른 선택지가 펼쳐진다고 믿지만, 오직 한 장의 카드만 분명히 식별할 수 있다. 나머지 카드들은 머릿속에 입력되기 어렵도록 아주 빠르게 지나가버리기 때문이다. 이러한 전술이 바로 '포스Force'다. 포스는 마술사들의 가장 필수적인 도구 가운데 하나이기도 하다.

어떤 포스 기술의 경우 마술사들은 오직 하나의 아이템만 선택할 수 있도록 만든다. 또 다른 경우, 그는 다양한 디폴트 옵션을 제시하며 관객이 무엇을 선택하든 그의 목적에 부합하도록 만든다. 테이블 위에 열두 권의 책이 흩어져 있다고 생각해보자. 책들은 다양한 모양과 크기, 색깔을 지녔다. 책 제목과 작가 역시 각기 다르다. 당신은 모든 조건이 공평하다고 결론 내린다. 그러나 마술사는 각 책의 속지를 전부 바꿔 완전히 똑같은 책들로 만들어놨을 수도 있다. 이제는 당신이 어떤 단락을 선택할 것인지 알아내는 것이 훨씬 쉬워진다. 그렇지 않을까? 마술사는 당신이 무엇을 '자유롭게' 선택하든 이에 맞춰 준비되어 있는 것이다.

개리 노에스너는 자신의 책에서 이러한 포스 전략을 '대안적 선택 방식'이라고 불렀다. 그는 인질 협상 과정에서 이 방식을 썼다. 선다형 질문을 상대편에게 던지지만 오직 하나의 답만 나오도록 하는 것이다. 예를 들어 1988년에 정신적으로 불안정한 찰리 리프라는 남자가 전 부인과 4살 된 아들을 납치해서 버지니아 주 농가에 감금하고 총으로 위협한 사건이 있었다. 협상으로 여러 밤을 지새우고 노에스너는 결국 리프에게 그와 인질들이 헬리콥터로 안전하게 수송될 것이라는 약속을 하고 농가에서 나오도록 회유했다. 그러나 그는 리프에게, 경찰특공대 스와트SWAT가 대기하고 있으니 집 뒤편으로는 나오지 말라는 다짐을 주었다. 노에스너는 예상치 못한 총격전을 방지하고 저격수들이 더 쉽게 제압할 수 있는 공개된 장소로 그를 끌어내고 싶었다. 따라서 그는 리프에게 여러 가지 선택지를 주고 그가 주도권을 쥐고 있다는 환상을 심어주었다. "현관으로 나오고 싶나요, 아니면 옆문이나 창문을 통해 나오고 싶나요?" 리프가 아이를 어깨에 들쳐업고 전 부인을 방패처럼 앞세워 단단히 붙들고 있었음에도 명사수들은 쉽게 그를 쏠 수 있었다. 노에스너의 포스 기술은 리프의 전 부인과 아이의 생명을 살렸다.

마술사의 선택

당신에게 여러 가지 사물들 사이에서 이 아이템을 선택하라고 정해주고 싶을 때 나는 '마술사의 선택'이라는 전략을 사용할 수 있다. 그리고 당신은 스스로 자유로이 선택했다고 믿게 된다. 비밀은 당신의 결정에 대한 내 반응을 바꿈으로써 당신이 애초에 마음먹은 대로 아이템을 골랐다고 생각하게 만드는 것이다.

내가 탁자 위에 25센트 동전 하나와 50센트 동전 하나를 두었다고 생각해보자. 그리고 나는 당신이 50센트짜리 동전을 고르길 원한다고 해보자. 나는 당신에게 동전 하나를 골라 나에게 달라고 부탁한다. 당신이 50센트 동전을 고르면 나는 그 어떤 강요도 할 필요가 없기 때문에 속으로 감사를 표한다.

그러나 당신이 나에게 25센트 동전을 건네면 나는 그 동전을 치워버리고, 당신이 탁자 위에 남겨둔 50센트 동전이 '당신의 선택'이라고 다시 프레이밍한다. 그리고는 당신이 나에 대해 깊이 생각하기 전에 다음 트릭을 재빨리 진행한다.

이러한 전략은 더 많은 수의 사물을 가지고도 쓸 수 있다. 단지 자신감과 수완이 필요할 뿐이다. 핵심은 단호하고도 재빠르게 움직이는 것이다. 그래서 정해진 선택을 만들어낸 '규칙'이 원래부터 적용된 것처럼 보여야 한다.

경영분야의 경우 포스 기술 사용에 따르는 윤리는 좀 더 복잡하다. 언제 소비자의 선택을 제한해도 괜찮은가? 또는 회사의 목표를 달성하기 위해 소비자 행동을 조작해도 괜찮은가? 독점이나 카르텔은 소비자가 단 하나의 결과를 무조건 떠안게 된다는 점에서 포스의 기술을 보여주는 아주 좋은 예다. 그러나 경영전략으로서의 포스는 선택의 목표범위 안에 소비자의 관심이 머물게 하는 전략이라는 차원으

로 프레이밍해볼 수도 있겠다.

코카콜라는 당신이 동네 슈퍼마켓의 음료수 코너에서 음료수를 구입할 때마다 자기네 제품을 선택할 가능성을 높이기 위해 대안적 선택의 포스를 사용한다. 당신이 사는 곳이 어디인가에 따라 구체적인 브랜드는 달라질 수 있겠으나 아마도 선반에는 닥터페퍼, 환타, 프레스카, 피브 엑스트라 Pibb Xtra, 슈웹스, 스프라이트, 탭 TaB, 다사니, 에비앙 같은 제품들이 빼곡하게 진열돼 있을 것이다. 그리고 적어도 다섯 가지 종류의 콜라, 다섯 가지 종류의 글라소 비타민워터, 여섯 가지 종류의 미닛메이드 주스와 오드왈라 주스, 퓨즈 티 Fuze tea, 파이브 얼라이브 주스, 파워에이드, 지코 코코넛워터 등 다양한 선택이 존재하는 진정한 풍요의 보고라 할 수 있겠다. 맞는 말일까? 글쎄, 맞을 수도 있고 틀릴 수도 있다. 이 다양한 브랜드들은 폭넓은 소비자의 선호에 어울리는 차별화된 제품들을 보여준다. 그러나 경제학적인 관점에서 이 선택은 착각이다. 왜냐하면 이 브랜드들 모두가 코카콜라 소속이기 때문이다. 따라서 당신이 오드왈라 주스를 집어들고 천연주스 제조업자를 지원한다고 생각했었다면, 다시 한번 생각해보는 것이 좋겠다. 코카콜라는 자신의 근본적인 이익을 위해 다양성이라는 마술을 사용하는 대장 마술사와 같다.

쇼핑몰과 시장의 설계자들 역시 포스 기술을 사용한다. 쇼핑공간을 설계하는 이들의 임무는 쇼핑객들이 시장이 제공하는 선택에 가능한 한 많이 노출되도록 만드는 것이다. 그러면서도 선택 과부하를 일으키지 않도록 완만하고도 통제된 방식으로 매장 노출이 이루어져야 한다. 이를 위해 대부분의 쇼핑몰에서 에스컬레이터의 위치는 소비자가 다음 층으로 옮겨가기 전에 그 층의 모든 상점을 전부 지나치도록 만든다. 그리고 이러한 포스를 우회하는 방법인 엘리베이터는 찾기 힘든 곳이나 구석진 곳에 전략적으로 배치한다. 그 결과, 대다수 쇼핑객들은 쇼핑몰에서 추가적인 시간을 보내며 더 많은 매장에 노출된다.

그러나 일반적인 쇼핑몰의 포스는 대형 가구매장 이케아에 비하면 별것 아닌 셈이다. 이케아 매장의 출구는 입구에 거의 붙어 있음에도 불구하고 이 두 대문은 적당한 가격의 커다란 옷장과 보관함으로 만들어진 장벽으로 막혀 있다. 따라서 쇼핑객들은 가구로 만들어진 미로 안으로 들어갈 수밖에 없다. 그리고 말 그대로 그들이 들어간 입구에서 고작 몇 센티미터 떨어진 곳에 있는 출구로 나가기 위해 수백 미터를 걷게 만든다. 현란한 색깔의 주방도구와 설비들, 침대용품, 그리고 목욕장난감이 켜켜이 쌓인 곳을 헤매다 보면 쇼핑객들은 즉흥적인 유혹에 사로잡히는 어쩔 수 없는 관객이 되어버린다. 런던대학교의 구축환경 가상현실센터의 앨런 펜은 이에 대해 "여기에서의 트릭은, 매장의 레이아웃이 너무 복잡해서 다시 되돌아가서 그 물건을 다시 찾을 수 없으리라는 걸 당신이 잘 알고 있다는 겁니다. 그러니 당신은 그 물건들 사이를 지나며 카트 속에 무조건 넣는 거예요."[12]

그러함에도 불구하고 모든 상업적 포스 가운데 애플 제품에 들어가는 특허 단자만큼 논란이 많았던 것은 없을 것이다. 이전 모델과 마찬가지로 아이폰 7은 표준에서 벗어난 이어폰 포트를 가지고 있다. 게

다가 이 포트는 새로운 라이트닝 커넥터(애플이 2012년 아이폰 5부터 적용하고 있는 충전용 케이블 이름-옮긴이)만 연결할 수 있게 되어 있다. 다른 브랜드의 전화기용 플러그를 쓸 수 없을 뿐 아니라 과거의 아이폰 모델들에서 쓰던 액세서리들이 전부 무용지물이 된 것이다. 물론, 애플은 새로운 포트가 더 작고 쓰임새가 다양하며 기술적인 진보를 이룬 것이라고 말하지만, 소비자들에게 제일 중요한 사실은 매번 모델이 업그레이드될 때마다 모든 아이폰 액세서리를 교체해야 한다는 것이다. 이는 애플의 수익을 높여주며 핸드폰 액세서리를 생산하는 다른 경쟁업체들을 밀어낸다.

당연하게도 애플이 사용하는 포스의 강압적인 측면은 소비자들의 반발을 샀다. "애플은 고객 한 명 한 명에게서 돈을 뜯어내려고 한다." 사회운동단체 섬오브어스SumOfUs는 이렇게 비판하고 한마디를 덧붙인다. "다시 한번." 전자장비와 관련한 낭비는 말할 것도 없고 소비자들에게 떠넘겨지는 추가비용에 대해 분노한 약 25만 명의 사람들이 2016년 1월 초 이에 항의하는 진정서에 서명했다.[13]

애플의 접근법은 고객이 스스로 선택했다는 착각을 만들어내는 데 실패했다는 결함을 가지고 있었다. 그로 인해 소비자들은 회사의 의지가 담긴 포스를 쉽게 감지할 수 있었다. 이는 노련한 마술사라면 저지르지 않았을 실수다.

왜 실마리 전략은
그토록 효과가 있는 걸까?

선택의 마술이 어떻게 역설계될 수 있는지 보기 위해 시간을 거슬러 올라가보자. 정확하게 1943년 4월 30일, 제2차 세계대전 당시다. 스페인의 우엘바 해안가에 사는 한 어부가 대서양에 떠 있는 부패된 시체 한 구를 발견했다. 이 시체는 군복 위에 구명조끼를 입고 엎드린 채 물에 떠 있었고, 손목에는 검은 서류가방이 묶여 있었다. 그의 지갑 안에서 발견된 신분증은 그가 영국 왕립해병대의 윌리엄 마틴 소령이라고 확인해주었다. 부검 결과 그는 살아 있는 상태에서 바다에 빠졌고, 시체는 3일에서 5일간 바다를 떠다녔던 것으로 결론지어졌다.

단, 윌리엄 마틴 소령이 영국 비밀정보부British Secret Service가 전시에 운영한 은밀한 첩보조직인 17M의 비밀요원들이 만들어낸 가상의 인물이라는 것은 짐작조차 할 수 없었다. 영국 정보부는 '민스미트 작전'이라고 이름 붙여진, 정교하고도 극도로 중요한 정보교란 작전의 일환으로 이 인물을 탄생시켰다.

마틴 소령의 서류가방에는 연합군이 1943년 그리스와 사르데냐 섬을 침공할 계획을 세우고 있다는 허위정보가 담겨 있었다. 스페인은 중립국이지만 스페인군은 친히틀러적인 성향을 띠고 있었다. 민스미트 작전의 지휘관들은 의문의 마틴 소령에 대한 정보가 은밀히 베를린에 전해질 것이라고 계산을 하고 있었다. 2차대전 당시 독일군 최고사령부는 연합군이 북아프리카로부터 지중해를 지나 공격해올 것이라는 예측을 하고 있었지만, 그리스나 사르데냐, 시칠리아 또는 발칸 지역 가운데 어디를 통해 상륙할지는 알 길이 없었다. 그러던 차에 마틴 소령의 서류가방에서 발견한 서류들은 충분한 증거가 됐다. 독일군은 마틴 소령의 수수께끼를 푼 이후 그리스와 사르데냐에 방어를 집중하기로 결정했다.

마침내 1943년 7월 10일, 연합군은 최소한의 저항을 뚫고 시칠리아 상륙에 성공할 수 있었다.

전쟁의 향방을 가른 작전은 그렇게 시작되었다. 마술사들 식으로 말하자면, 마틴 소령은 연합국이 전쟁에서 이기도록 도운 '가짜 실마리'였던 것이다.

가짜 실마리의 기술은 마술사의 무기고에서 가장 강력한 무기 중 하나다. 이 기술이 솜씨 좋게 사용된다면 깨뜨려지지 않는 환상을 만들어내게 된다. 왜냐하면 당신의 관객이나 이를테면 독일군들이 스스로 무엇인가를 발견할 경우 이를 믿으라고 강요할 필요조차 없기 때문이다. 대신 이들은 진짜로 스스로의 자유의지에 따라 당신이 원했던 선택을 하게 된다.

가장 단순한 트릭에도 의심을 풀지 않는 녹록지 않은 관객들마저도 가짜 실마리를 찾아냈을 때 이를 철저히 믿는 사람으로 바뀌게 된다. 한 관객이 쇼가 끝난 후 내 트릭 중 하나를 직접 조사하기로 결심하고, 내가 불가능한 묘기를 선보였다는 것을 '증명하는 객관적 증거'를 발견했다고 치자. 그가 이 발견을 하게 되면 내 마술은 그야말로 철갑을 두르는 행운을 잡게 된다. 이러한 이유에서 실마리는 때론 연기의 일부가 된다.

가장 오래되고도 간단한 마술도구 가운데 하나인 '컬러링 북'에 대해 생각해보자. 이 마술은 16세기 쇼맨들이 처음 사용한 기술로, 구경꾼들이 아무것도 없는 책 위로 입김을 불면 종이 위에 형형색색의 그림이 마법처럼 나타나는 데에서 시작됐다. 오늘날 가장 널리 사용되는 컬러링 북은 어린이들의 생일파티 공연에서 주로 사용되는 '매직 컬러링 북'이다. 대부분의 어른들은 재빨리 이 도구를 간파해낸다. 책의 페이지들은 마치 패션잡지처럼 나뉘어 있어서, 마술사들이 정해진 부분으로 종이를 넘기면 둘 다 비었거나, 흑백 또는 컬러로 색이 칠해진 종이가 나타나게 된다. 여기에 약간의 노력을 더하면, 마술사들은 이 간단한 트릭을 머리에서 쥐가 나는 미스터리로 바꿔놓을 수 있다. 마술사는 단 4.95달러면 호커스포커스닷컴Hocus-pocus.com에서 '매직 컬러링 북'을 완전히 비어 있는 버전으로 살 수 있다. 이 빈 책은 쇼가 끝난 뒤 파티 탁자 위에 '깜빡하고' 놓여 있게 된다. 가장 의심 많은 부모조차 이 책을 보고는 다시 한번 생각해보게 되고, 이 책을 발견한 아이들은 마술을 무조건 믿게 된다!

실마리는 선택지지 성향 때문에 거의 항상 효과를 발휘한다. 우리는 우리 스스로 깨우친 생각들에 대해 더 많은 주인의식을 가지고 더 큰 흥미를 느낀다. 최근 몇 년간 유행에 밝은 마케팅 회사들은 소비자들에게 최면에 걸린 듯한 효과를 자아내는 실마리를 만들어내기 위해 이러한 원리를 사용했다.

그러한 캠페인 가운데 하나는 '적극적 참여를 유도하는' 혁신기업 '42엔터테인먼트'가 2007년 나인 인치 네일스의 앨범 〈이어 제로Year Zero〉의 발표를 앞두고 음악팬들의 흥미를 유발하기 위해 기획한 캠페인이다. 이 캠페인은 포르투갈 리스본에서 열린 나인 인치 네일스 콘서트장의 화장실에서 시작됐다. 한 팬이 나인 인치 네일스의 미발표곡 〈마이 바이올런트 하트My Violent Heart〉의 MP3 파일이 담겨 있는 USB를 화장실에서 발견한 것이다. 스페인 바르셀로나와 영국 맨체스터에서도 다른 USB 드라이브들이 발견됐다. 아직 발매되지 않은 앨범의 노래들이 다수 담긴 채였다. 행운의 발견자들은 이 앨범과 밴드에 대해 온라인 입소문을 일파만파 퍼뜨렸다. 팬들은 자기 웹사이트에 MP3를 올렸고 이 '불법' 음원유출의 원인에 대해 저마다 논리를 내세우며 게시판을 달궜다.

그 와중에 팬들은 나인 인치 네일스 콘서트에서 구입한 티셔츠에 쓰인 암호를 깨닫기 시작했다. 티셔츠 위에 굵게 강조된 글자들은 '나는 믿으려고 노력 중이야'라는 가사로 조합됐다. 팬들은 여기에 '.com'이란 글자를 붙여 온라인에서 찾아보았고, 앨범의 내용에 어울리는 디스토피아적인 웹사이트로 연결되는 것을 발견했다. 또 다른 투어 티셔츠에 쓰인 암호는 전화번호였다. 호기심 넘치는 팬들이 그 전화번호로 전화를 걸자 이 앨범의 첫 싱글인 〈서바이벌리즘Survivalism〉의 일부가 흘러나왔다. 이 노래는 방송시간을 기준으로 한 모던록 차트에서 단숨에 2위까지 올랐다.[14]

왜 이러한 실마리 전략은 그토록 효과를 발휘하는 것일까? 그 답은

42엔터테인먼트의 웹사이트에서 찾아볼 수 있겠다. "관객들은 발견할 준비가 되어 있다. 당신이 사람들에게 발견할 새 대상을 줄 때, 사람들은 이를 자신의 네트워크를 통해 퍼뜨릴 뿐 아니라 새로운 대상 그 자체가 되어버린다."[15] 마틴 소령이라면 이에 전적으로 동의할 것이다.

6장

친숙함의 허점을
공략하라

—————— Spellbound ——————

1942년 늦여름, 이집트 엘 알라메인에서 벌어진 첫 번째 전투가 승패 없이 끝난 후 연합국의 육군 제8군과 롬멜이 이끄는 추축국의 아프리카 군단은 자신들이 고립됐음을 깨달았다. 한 달 동안 이어진 맹렬한 전투는 양측 병력을 모두 갉아먹었고, 연합군을 리비아 트리폴리에서 이집트 카이로까지 몰아낸 악명 높은 '사막의 여우' 롬멜 장군은 너무 쇠약해져서 명령을 내리는 것도 힘겨울 정도였다. 영국의 윈스턴 처칠 수상은 지리한 교착상태를 돌파하도록 '스파르타 장군'이란 별명을 가진 버나드 몽고메리를 파견했다. 몽고메리는 연합군의 승세와 우세한 무장력에도 불구하고 전쟁의 전형적인 패턴으로는 성공할 수 없다는 것을 알고 있었다. 따라서 그는 위장부대를 끌어들였다.

위장작전은 제1차 세계대전에 참전한 군인이기도 한 영화감독 제프리 바커스가 이끄는 '위장개발 및 훈련센터Camouflage Development and Training Centre, CDTC'가 주도했다. CDTC는 전설적인 마술사 재스퍼 마스켈린과 전문적인 화가, 조각가, 그리고 건축가로 구성된 팀조직이었다. 1940년에 출범한 CDTC의 미션은 기원전 5세기 손자孫子가 처음으로 설명한 전쟁의 법칙을 연합국이 충실히 수행하도록 지원하는 것이었다. '공격할 수 있을 때 공격하지 못할 것처럼 보여야 한다. 무력을 사용할 때 사용하지 않을 것처럼 보여야 한다. 우리가 가까이 있을 때 적들이 우리가 저 멀리 있다고 믿게 만들어야 한다.' 다시 말해 이 예술가들의 미션은 연합국에 대한 독일군의 추측을 정반대로 돌려놓는 것이었다.

CDTC는 리비아의 토브루크 포위작전에서, 중요한 담수공장을 적의 폭격으로 인해 파괴된 것처럼 보이게 만들어 보호하는 임무를 성공적으로 해냈다. 이집트에서 이들의 묘기는 더욱 중대한 세 가지 목표를 달성해야 했다.

- 엘 알라메인 지역 북부에서 기차역을 둘러싸고 있는 연합국 군대를 감춘다.
- 연합국이 실제보다 느리게 대비하는 것처럼 보이게 만든다.
- 롬멜의 후임자인 게오르그 슈투메가 영국군이 남부로부터의 공격에 대비하고 있다고 오인하게 만든다.

그리고 이 모든 것을 준비하기까지 단 6주의 시간만이 주어졌다.

마술사들은 정찰부대가 적의 위치와 규모, 활동, 그리고 목적을 파악하기 위해 사용하는 패턴을 분석하는 데에서부터 시작했다. 그리고 이 패턴을 착시가 일어나도록 바꿔놓았다. 이들은 엘 알라메인 남부에 실존하지 않는 사단 두 개를 배치하기 위해 모조 탱크와 모조 야전포, 위장 활동과 위장 진영 등을 만들어냈다. 동시에 실제 탱크와 야전포는 북부에 설치했다.

무대와 마술도구를 통해 북부에 있는 실제 탱크와 군수품들을 감추고, 남부에서 행동개시를 하려는 군대처럼 보이도록 착시를 만들어냈던 것이다. 위장 장치 중에는 마스켈린이 고안한 햇빛가리개라는 이름의 트럭 모양 탱크 커버도 있었다. 천과 합판으로 만든 이 커버는 상공에서 보았을 때 탱크가 평범한 군수트럭처럼 보이게 했다. 그리고 위장이 필요 없을 때엔 열어서 벗길 수도 있었다. 야전포와 야전포를 실어 옮기는 트랙터는 '식인종'이라는 이름의 가짜 트럭 덮개로 비슷하게 위장했다. 500대의 모조 탱크는 야자나무 가지에 옥양목을 덮어 탱크 형태를 만든 후 지프차 위에 씌워 기동성을 갖췄다. 군용물자상자는 켜켜이 쌓은 후 위장그물로 씌워 트럭처럼 보이게 했다. 그리고 700개 이상의 텅 빈 자재상자와 캔들을 쌓아 150대의 가짜 대포를 만들어 설치했다.

이 팀은 또한 남부에 '공급'용 가짜 무기고와 파이프라인을 만들었다. 가짜 파이프라인 요원들은 배수로를 파고 빈 석유통으로 만든 '파이프'를 놓는 척 연기했다. 320킬로미터 이상 뻗어나간 파이프라인은 독일군이 진짜 전투장소에서 멀어지도록 미스디렉션했을 뿐 아니라, 병사들이 느릿느릿 땅을 파는 모습은 연합군 전투계획의 시점을 잘못 파악하게 만들었다. 한편, 영국 방첩부대는 가짜 정보원을 동원해 독일군에 무선으로 거짓정보를 흘림으로써 현장에서 벌어지고 있는 마술에 힘을 더했다.

초기에는 600대의 진짜 탱크를 포함한 진짜 부대가 남부의 유인誘引용 진영에 대기하고 있었다. 이 모든 상황이 파이프라인 및 가짜 정보작전과 결합해 영국군은 공격준비가 되어 있지 않으니 안심하라고 독일군에게 말하고 있었다. 그러고 나서 10월 21일, 밤새 어둠을 틈타 연합군은 역사상 가장 뛰어난 군사 마술 트릭의 마지막 장정을 시작했다. 추축국의 코앞에서 남부의 진짜 탱크들을 가짜 탱크들로 교체 배치한 후 군수트럭으로 위장한 진짜 탱크들이 북쪽으로 80킬로미터 까지 이동해간 것이다.

10월 23일 연합군의 폭격이 시작되자 슈투메 장군은 경악을 금치 못했다. 공격이 시작될 때까지 몇 주는 더 남았다고 믿고 있었던 데다 가 병력마저 공격이 시작될 거라고 생각했던 남부로 절반을 이동 배치 시킨 상태였기 때문이었다. 이 실수는 그의 목숨을 앗아갔다. 2주 후 처칠은 엘 알라메인에서의 승리를 선언하면서 '기습작전과 전략에 관한 연설'을 한다.

우수한 위장 시스템에 의해 완벽한 전략적 기습작전이 사막에서 성공을 거두었다. 적군은 공격이 임박하다는 것은 알았지만 언제, 어디서, 또는 어떻게 일어날지는 알지 못했다. 그리고 무엇보다도 적군은 곧 벌어질 공격의 범위를 전혀 알지 못했다.[1]

아이젠하워는 이에 주목했다. 그리고 다음해에 유럽의 적군을 속이기 위해 미군부대를 가장한 유령부대를 만들어냈다. 미국의 유령부대에는 전쟁이 끝난 후 명성을 떨치게 된 다수의 예술가들이 포함됐다. 패션디자이너 빌 블래스, 화가 엘스워스 켈리 그리고 배우 더글러스 페어뱅크스 주니어 등이 대표적이다. 이 팀은 인원이 1,000명 남짓이었지만, 이들이 전장에서 선보인 마술은 가히 환상적이었다. 2개 군단 또는 3만 명의 유령부대를 가짜로 만들어냈는가 하면, 독일군을 실제 전투현장에서 멀어지도록 유인하는 데 성공했다.

유령부대의 한 중대는 오직 음향 패턴만을 사용해 연합국 군대가 실제로는 아무도 존재하지 않는 곳으로 전진하고 있다고 독일군이 확신하도록 만들었다. 음향 속임수는 장갑차와 보병부대에서 나는 갖가지 소리들이 담긴 긴 녹음이 이용됐다. 이 소리들은 가짜 전투지대에서 울려퍼져서 30킬로미터 밖에서도 들릴 정도였다. 3132 통신지원대에서 중위로 근무했던 한 참전군인은 "우리는 밤에 들어가 장갑차 뒤쪽에 스피커들을 설치했어요. 그런 다음에 우리가 장비들을 현장으로 옮기는 것 같은 소리가 나는 프로그램을 밤새 적군을 향해 틀었죠. 그러자 적군은 우리 기갑사단이 몰려오고 있다고 믿게 됐어요"라고 회상했다.[2]

공격개시일 이후 유령부대는 전쟁터에서 20회 이상의 속임수를 썼다. CDTC와 함께 이 마술사 군대는 전쟁이라는 무대 위에서 패턴의 마술이 중요한 역할을 했다는 것을 의심의 여지 없이 증명해 보였다.

패턴을 버려야 패턴이 보인다

원래 군사적 위장은 자연에서 영감을 얻어 시작되었다. 한 종족을 다른 종족들로부터 구분해주는 무늬에서 시작해서 같은 종족 내에서 서로 커뮤니케이션하기 위한 행동의 패턴에 이르기까지, 자연은 동물들이 보호와 포식의 마술을 누릴 수 있는 거의 무한한 형태와 기회를 제공한다. 예를 들어 가자미들은 주변 환경에 맞추기 위해 8초라는 짧은 시간 동안 점박이나 격자무늬를 드러내며 색깔과 무늬를 다 바꿀 수 있다. 그리하여 더 큰 포식자의 눈을 피하고, 다른 한편으로는 새우나 게 같은 먹잇감이 자신을 눈치채지 못하도록 숨는다. 산누에나방의 반점은 부엉이의 눈을 닮았다. 자연이 부리는 이 마술은 자기보다 큰 부엉이를 두려워하는 작은 새들로부터 나방을 보호해준다. 그리고 다행히도 부엉이는 하찮은 나방 따위에 신경쓰기에는 너무 크다. 한편, 딱새에서 까마귀까지 다양한 새들은 천적이 내는 경고나 위협의 소리를 귀신같이 따라함으로써 자신이 지켜야 하는 영역이나 둥지, 또는 식량으로부터 천적들을 쫓아낸다. 위장은 인류문명이 태동하기 훨씬 전부터 동물의 왕국을 지배하던 환영幻影의 기술이다.

자연스레 인간들 역시 너무 뻔한 패턴들을 구분해내고 때로는 속아 넘어갈 수도 있게 태어났다. UCLA 유아연구소의 스콧 존슨 교수는 이탈리아의 동료들과 함께 생후 1일에서 3일 사이의 신생아 48명을 대상으로 실험을 실시했다. 이들은 흑백 도형(삼각형, 원, 사각형 등)이 순서대로 반복되는 패턴을 휴식이나 지연 없이 아기들에게 보여줬다.

이 연구는 신생아들이 '습관화'된 패턴에 집중한다는 것을 발견했다. 신생아들은 반복되는 순서를 눈으로 좇다가 지루해지면 고개를 돌렸다. 그러나 패턴을 바꿔놓는 도형이 끼어들어 본래 패턴이 바뀌자마자, 신생아의 시선은 다시 돌아와 새로운 패턴을 구분하는 모습을 보여줬다.[3]

우리가 늘 인식하게 되는 주요 패턴 가운데 하나는 입과 코 위에 두 눈이 있는 대칭적인 구성이다. 태어난 지 몇 분밖에 되지 않은 신생아들은 자기 주변의 얼굴들로 고개를 돌린다. 신생아들의 주의를 끌기 위해서는 친숙할 얼굴일 필요도 없고 심지어 사람일 필요도 없다. 6개월 된 아기에게 개별적인 원숭이 사진 여러 장을 빠르게 넘기며 보여주면, 마치 사람을 구분하듯 원숭이 한 마리 한 마리를 능숙하게 구분해낸다.[4] 성인의 경우 원숭이들 사이에서 엄청난 시간을 보내지 않는 한 이런 일을 결코 할 수 없다. 그러나 유아들은 아직 어릴 적에는 눈에 보이는 그 어떤 얼굴이라도 유심히 익히고 구분하는 것에 거리낌 없이 몰두한다. 그리고 아기는 자신의 얼굴과 얼마나 다른지와는 상관없이 그 어떤 인종이나 민족과도 관계없이 사람과 원숭이 모두를 구분할 수 있다.

그러나 이처럼 개방적인 마음을 가질 수 있는 기간은 상당히 짧다. 원숭이들이나 극히 다양한 가족 구성원들 사이에서 자라지 않는 한 아기들은 자신의 민족적 환경 바깥에 있는 '타인'들의 얼굴에 주의를 기울이는 것을 그만둔다. 그리고 곧 다른 이의 얼굴을 유심히 읽어내는 능력을 잃어버린다. 아장아장 걷는 유아기에 접어들면 모든 원숭이들이 기본적으로 똑같아 보이고 이민족들의 얼굴 역시 마찬가지가 된다.

'지각협착Perceptual narrowing'이라고 불리는 이러한 경향은 아시아에 대한 지식이 거의 없는 미국인들이 중국인과 일본인, 한국인을 보고 모두 '똑같이 생겼다'고 생각하는 이유를 설명해준다. 그 반대의 경우도 마찬가지다. 물론 모든 인간에게는 개별적인 외부의 (아마도 호전적인) 부족 구성원을 재빨리 '타인'으로 구분하고, 누가 나의 부족에 속해 있는지 구별하기 위해 분별력을 발휘해야 하는 타당한 이유가 있다. 이것이 지각협착이 일어나는 원인이다. 지각협착 현상은 아기와 어린이들, 그리고 우리 자신을 다양한 친구와 이웃공동체에 노출시킴으로써 완화시킬 수 있다. 그러나 단순히 바라거나 강요하는 것으로는 해결되지 않는다. 우리는 패턴과 패턴을 해석하는 한정된 능력에 지나치게 깊이 의존한다.

우리가 반복된 패턴에 의지하는 한 가지 이유는, 말하자면 손쉬운 지름길이기 때문이다. 우리는 본능적으로 더 친숙한 얼굴을 선호하기 때문에 특별히 구분하려는 노력 없이도 낯익은 얼굴을 재빨리 읽어낼 수 있다. 마찬가지로, 우리는 행동과 순서의 익숙한 패턴을 선호하기 때문에 비누나 키보드, 오렌지 주스, 또는 차키를 집기 위해 어디로 손을 뻗어야 하는지 생각할 필요도 없이 정확히 알고 있다.

당신의 아침 패턴에 대해 생각해보자. 눈을 뜬다. 일어난다. 샤워를 하고 옷을 입는다. 커피를 마시고 음식을 먹는다. 이를 닦는다. 차를 타고 운전한다. 일을 한다. 이러한 일상이 자동으로 이뤄질 때 당신은 소중한 생각과 에너지를 더 중요한 문제를 위해 쓰도록 아껴둘 수 있다. 이를테면 회사에 출근했을 때 당신을 기다리고 있는 임원회의 같은 일 말이다. 이는 모두 선천적인 효율과 관련이 있다.

그러나 여기에는 단점도 있다. 당신이 이 친숙한 패턴을 좇아 움직이면서 주목하지 않는 모든 것들을 떠올려보자. 당신은 무슨 옷을 고를지 또는 어떤 아침을 먹을지 별다른 생각 없이 자동으로 움직였는가? 만약 그랬다면, 누군가 밤사이 거실에 침입해서 구석에 세워둔 작은 조각상을 가지고 도망쳤다는 것을 눈치챘을까? 당신의 아들이 아침을 먹으면서 했던 이야기를 완전히 이해할 수 있을까? 당신의 일상에 자리잡은 프레임 바깥으로 밀려난 정보들은 아기들이 9개월부터 인식하기를 그만둔 원숭이 얼굴의 독특한 특징들과 다를 바 없다. 아니면 독일군이 엘 알라메인에서 구분하는 데에 실패한 햇빛가리개의 이음새와 같다. 바로 코앞에 있어도 당신은 보지 못한다. 이런 의미에서, 패턴에 대해 인지적으로 의존하는 것은 우리에게 아킬레스건이 될 수 있다. 그리고 마술사들은 이 점을 놓치지 않는다.

인간이 패턴을 사용하는 또 다른 방법은 세상을 조직화해서 이해하는 것이다. 이 과정은 주로 패턴과 의미를 연계함으로써 이뤄진다. 그리고 이 과정은 당연하게도 '연계학습Association learning'이라고 불린다.

당신이 지금 읽고 있는, 글자들이 패턴을 형성해 의미를 지닌 단어들로 구성된 이 문장도 학습된 연계의 한 예라 할 수 있다. 교차로에서 깜빡이는 빨간 신호등 역시 또 다른 예시다. 신용카드나 은행 입출금 보고서에 나열되어 있는 숫자들도 마찬가지다. 가자미 몸의 점박이로 이뤄지든, 자동차 헤드라이트로 구성되든 패턴은 패턴이다. 왜냐하면 연계된 의미와 목적을 가지고 예측 가능한 방식으로 반복되기 때문이다.

가자미의 패턴과 인간의 패턴의 큰 차이점은 다양성과 해석에 있다. 케임브리지대학교 신경과학자 대니얼 보어는 저서 『탐욕스러운 뇌 The Ravenous Brain』(2012)에서 다음과 같이 설명한다.

아마도 우리 인간을 나머지 동물의 세계로부터 가장 잘 구분지어주는 것은 세상에서 얻게 되는 정보를 두고 체계를 찾으려는 우리의 게걸스러운 욕망일 것이다. 우리는 적극적으로 패턴을 파악하지 않고서는 못 배긴다. 즉 데이터 상에서 우리의 행위와 이해에 도움이 되는 그 어떤 단서라도 찾으려 한다. 우리는 삶의 모든 측면에서 끊임없이 규칙성을 찾는다. 그리고 이러한 발견을 해나가는 과정에서 우리가 배우고 발전하는 것엔 거의 한계가 없다. 더 나아가 우리는 우리에게 도움이 될 전략들을 세우게 된다. 그리고 그 전략들은 그 자체로 우리가 다른 패턴들을 발견하는 것을 도와주는 패턴의 형식을 띤다.

패턴에 대한 우리의 열정은 음악의 반복되는 악구와 리듬, 미술 구성의 익숙한 형식과 비율, 그리고 문학에서 더 깊은 의미를 전달해주는 은유와 비유를 통해 표현된다. 이는 수학과 과학적 연구를 지배하고, 물리적이고 사회적인 현상을 설명하기 위한 구조와 행동의 패턴을 끊임없이 좇는다. 사실 모든 종류의 퍼즐은 패턴의 발견 그리고/또는 창조에 기반을 두고 있다. 이것들은 우리에게 혼란 속에서 질서를 찾아내도록 도전과제를 던진다.

스도쿠 퍼즐의 팬이라면 알겠지만, 우리의 문제는 패턴을 찾으면서 실제로는 존재하지 않는 패턴을 찾는다든지, 그 패턴의 의미에 대해 너무 숨가쁘게 추측하려 든다는 것이다. 다시 말해 우리는 결과를 보고 이를 잘못된 이유와 연결짓는다.

원시부족들은 매일같이 해가 예측 가능한 시간에 뜨고 지는 것을 보았다. 그래서 태양이 지구 주변을 돈다는 잘못된 결론을 내렸다. 룰렛게임을 하는 도박꾼들은 자꾸 되풀이되는 숫자 순서에 따라 돈을 걸고는 주머니를 털린다. 의사는 환자의 검사 결과에서 도출된 거짓 양성반응 패턴을 보고 암을 오진한다. 그리고 인류 역사상 관객들은 특별한 효과 때문에 주술사와 마술사, 멘탈리스트에게 '초자연적인 힘'이 있다고 여긴다. 마술에 대한 믿음은 이러한 식의 관점이다. 미신 역시 마찬가지다.

도박꾼의 오류

1913년 8월 18일 모나코 몬테카를로의 그랑 카지노에서 룰렛 위의 구슬이 검은 칸에 들어갔다. 그러더니 그다음에도 똑같이 검은 칸에 들어갔다. 그리고 다시 한번, 또 한번…. 사람들이 점점 테이블 주변으로 몰려들기 시작했다. 또다시 검은 칸이었다. 그리고 또 한번 구슬은 검은 칸으로 들어갔다.

그러자 슬슬 인지적 편견이 발동되기 시작했다. 이제는 빨간색이 나올 '차례'라고 믿으면서 사람들은 빨간 칸에 많은 돈을 걸었다. 그러나 매우 특이하게도 스물여섯 차례나 연속해서 검은 칸에서 구슬이 멈췄다. 마침내 이 연속적인 결과가 끝이 났을 때 카지노는 순전히 확률에 의해 수백만 달러를 벌어들였다.

돈을 잃은 사람들은 도박꾼, 또는 몬테카를로의 오류를 탓해야만 했다. 간단하게 말해서, 이 오류는 무작위성을 부인하는 오류다. 우리는 우주가 예측 가능한 규칙에 따라 움직인다고 가정한다. 그리고 우리는 이 규칙에 따라 우리의 반응을 조절한다.

우리 중 대다수는 승리와 실패가 균형이 맞을 것이라고 믿을 뿐 아니라 이 믿음에 의존한다. 왜냐고? 우리 뇌는 혼란을 처리하는 것을 어려워하기 때문이다. 우리는 통제할 수 있다는 느낌을 필요로 한다. 따라서 본능적으로 패턴의 형식을 띤 순서를 찾는다. 그 어떤 순서도 존재하지 않는 경우에도 마찬가지다.

우리는 우리가 통제할 수 없는 사건들을 설명하고 예측하는 데에 이 실제 혹은 가상의 패턴을 사용한다. 예를 들어, 줄줄이 딸을 낳은 부부는 아들을 낳을 '차례'라고 믿는다. 또는 슬롯머신 앞에 앉아 스무 번 레버를 당겼어도 돈을 벌지 못한 도박꾼은 게임을 계속할 공산이 크다. 왜냐하면 이 기계가 밤새도록 단 한 번도 돈을 뱉어내지 않을 리 없다고 믿기 때문이다.

그러나 문제는 이런 믿음이다. 가능성을 보장해주는 것은 없다. 수학자 알렉스 벨로스는 이에 대해 "진정한 무작위란 이전에 무엇이 나왔는지 기억하지 않는다"라고 말했다. 이는 모든 동전은 던졌을 때 앞면이 나올 가능성이 50퍼센트이며, 뒷면이 나올 가능성도 똑같다는 의미다. 직전 혹은 여태껏 70번 넘게 동전을 던졌을 때 어떤 결과가 나왔는지는 아무런 차이점도 만들어내지 못한다.

벨로스는 우리에게 무작위로 벌어지는 일들에 의미를 부여하는 것을 그만둬야 한다고 조언한다. 특히나 돈과 관련된 경우에 더욱 그렇다. "도박꾼의 오류를 늘 염두에 둔다면 훌륭한 사업적 감각을 가지게 됩니다." 그는 이렇게 말한다.[5]

생물학자들은 미신의 존재가 진화론적으로 타당한 이유가 있다고 믿는다.[6] 이른바 '점화효과Priming effect'의 하나라는 것인데, 점화효과는 예측 가능한 패턴에 따라 정보에 반응하도록 뇌를 조정하는 것을 말한다. 점화효과는 초기 호모 사피엔스에게 검치호랑이와 같은 무늬를 한 동물이 감지되면 도망쳐서 숨으라고 말했다. 이는 미신보다는 좀 더 상식에 가까웠다. 왜냐하면 호랑이와의 만남은 거의 확실히 끔찍한 결과를 가져올 것이기 때문이다. 그러나 어쩌다 호랑이의 존재를 알릴 수도 있는, 부스럭거리는 나뭇가지는 어떤가? 부스럭거림은 호랑이의 공격을 초래하지는 않으나 공격과 연관이 있을 수도 있다. 그리고 이러한 연계는 반드시 일어나게 될 끔찍한 사건에 관한 미신을 만들어낼 수 있다. 만약 누군가가 특정한 수풀이 부스럭거리는 것을 보았다면 말이다. 이에 대해 간단히 진화적으로 설명하자면, 나중에 후회하느니 조심하는 편이 낫다는 의미다. 만약 부스럭거림에 대한 신중함 덕에 사람들이 계속 긴장감을 유지할 수 있다면, 약간의 불안과 다수의 잘못된 경보의 대가는 감수할 만하다. 진짜 이유가 무엇이든 간에 그 부스럭거림을 피해간 부족이 이를 무시한 부족보다 오래 살아남을 수 있었다면, 그 소리의 공포는 다음 세대까지 전해져 내려갈 가능성이 높다. 반대로, 미신이 좋은 결과보다 해로운 결과에 더 많이 연계될 때, 예를 들어 땀띠약이 치료를 하는 대신 치명적인 상처를 주는 것으로 증명됐을 때 진화의 확률은 급격히 감소한다.

물론 대부분의 마술사들은 트릭에 성공하기 위해 정교한 미신보다는 지극히 평범한 연계, 즉 추정에 의지한다. 이런 유의 추정은 우리 삶에 산재해 있다. 그리고 너무 많이, 너무 흔히 존재해서 우리는 이를 당연히 받아들일 정도다. 우리는 여기에 의문을 품거나 설명을 요구하지도 않는다. 이 모든 것이 우리가 태어나면서부터 저마다의 과학적 방식에 의거해 축적해온 산물이기 때문이다. 그리고 이 과정을 우리는 습관화라 부른다. 우리는 아기 때부터 우리 주변의 무늬와 행동의 패턴을 관찰하고 그 목적이나 효과에 주목한다. 그리고 패턴과 결과 사이의 연계가 일정하다면 그 관계를 사실로 기록하게 된다.

- **사실**: 당신이 듣는 쩍쩍 소리는 근처에 새가 있다는 의미다.
- **사실**: 공을 떨어뜨리면 공은 아래로 떨어진다.
- **사실**: 동전은 내가 손에 쥐고 흔들면 땡그랑 소리를 낸다.

이러한 패턴을 내가 마술에서 사용한다면, 공연 시작과 동시에 정박자에 맞춰 동전 두어 개가 딸랑대는 소리를 크게 들려줌으로써 관객들이 이에 익숙해지게 만들 것이다. 그러고 나서 패턴이 고정되면, 실제로는 동전을 떨어뜨리지 않고 땡그랑 소리를 만들 것이다. 그후 나는 음성적 미스디렉션을 사용해 손에 동전을 하나만 쥐고 있으면서도 관객들에게는 내 손안에 동전이 두 개 있는 듯 착각하도록 만들 것이다. 이는 제2차 세계대전에서 유령부대의 3132 통신지원대가 사용한 바로 그 전략이다.

시각적 습관화는 고정된 물체에 대한 우리의 추측마저 만들어낼 수 있다. 우리는 익숙한 패턴을 보면 즉시 알아볼 수 있다. 무대에 열 권의 책이 쌓여 있다고 가정해보자. 당신은 그 열 권이 각기 다른 부피를 가지고 있으며 각 책이 특정한 무게와 밀도를 지녔다고 가정할 것이다. 당신의 뇌는 책들이 표지를 맞대고 있으며 표지를 맞댄 책과 책 사이가 물리적으로 분리되어 있다고 넘겨짚을 것이다. 그러나 이 책들의 표지와 표지 사이의 선이 사실은 이 '책 더미'의 표면에 그려진 그림이며, 이 더미는 사실상 토끼나 오리나 물이 가득 찬 병을 숨길 정도로 충분히 넉넉한, 책처럼 디자인된 박스라면 어떨까? 이 마술이 아주 잘 진행된다면, 당신은 책이 아닐 가능성에 대해서는 떠올릴 수조차 없을 것이다.

다음번에 마술사가 자기 조수를 무대나 탁자에서 갑자기 나타나게 만드는 마술을 펼치는 걸 볼 기회가 생기면, 이 예를 떠올려보자.

또 다른 예를 보자. 내가 의자 위에 있는 숨겨진 장소로부터 다양한 색깔이 뒤섞여 있는 실크 손수건 한 뭉치를 슬쩍 꺼내길 원한다고 해보자. 우선 나는 의자 가까이 다가갈 핑계를 만들어낸다. 그리고 공연 내내 의자를 다양한 용도로 사용하면서 그 모습이 관객들에게 익숙해지게 만든다. 예컨대, 공연 초반에 나는 재킷을 벗어 의자에 던진다. 조금 뒤에는 책 한 권을 그 위에 둔다. 점점 관객들은 의자가 내가 뭔가를 버리는 지정장소라고 추정하기 시작한다. 그러다 보면 내가 지팡이를 의자에 세워두고 손수건을 집기 위해 의자 뒤로 슬그머니 손을 뻗는 것을 보아도 누구도 이를 의심하지 않는다. 모든 것이 완전히 일상적으로 보인다. 왜냐하면 내가 무엇이 일상적인 것인지를 설정했기 때문이다.

그러나 여기에는 중요한 예외가 있다. 여전히 어떤 패턴이 어떤 결과와 연계되는지 이해하려고 하는 어린이들은 점화효과에 훨씬 덜 민감하다. 어린이들은 추측을 덜하고 어른들이 그냥 지나쳐버리는 세부적인 부분에는 더 관심을 기울이기 때문이다. 따라서 어린이들에게 내 패턴을 습관화해서 유인하는 것은 한층 더 어렵다. 예를 들어, 나는 손을 흔들어 손에 쥐고 있던 트럼프 카드를 다른 카드로 바꿔놓는다. 어른들은 거의 언제나 이에 당황해한다. 이 당혹스러운 상황에서 어른들은 온갖 종류의 기발한 설명을 내놓는다. 내가 전자카드를 쓴다는 둥 색깔이 바뀌는 잉크를 쓴다는 둥 갖가지 추측을 늘어놓는다. 심지어 그 잉크가 지워지는지 보려고 카드를 집어서 손가락으로 문질러보기도 한다. 그러나 관객 가운데 어린이들이 있다면 적어도 한 명은 벌떡 일어나서 소리를 지를 것이다. "첫 번째 카드 밑에 두 번째 카드가 깔려 있었어요!"

어린이들은 또한 틀에 박힌 일과와 정해진 기대치에 얽매이는 일 없이 무작위성을 좀 더 잘 받아들인다. 아이와 함께 공원을 거닐어보면, 아이가 얼마나 많은 것들에 주목하는지 깜짝 놀랄 것이다. 어른들은 내면화된 점화효과 덕에 많은 것을 놓치게 된다. 일반적으로 예술가의 공연보다 먼저 일어나는 관객의 습관화를 제거한 두 가지 실험은 어른들이 얼마나 많은 것을 놓치는지를 잘 보여준다.

두 가지 실험 중 하나는, 2014년 유명하고도 난해한 거리예술가인 뱅크시에 의해 실시됐다. 그는 뉴욕 센트럴파크에 익명으로 노점을 설치하고, 자신의 서명이 담긴 그림을 작품당 60달러에 팔았다. 뱅크시의 작품은, 국제경매업체인 본햄에서 한 점당 최소 7만 5,000달러의 가치를 지닌 것으로 평가한 바 있다. 그러나 뱅크시는 하루 종일 오직 두 명에게만 그림을 팔았다.

또 다른 실험은, 유명한 바이올리니스트 조슈아 벨의 거리공연으로 실시됐다. 보통은 사람들이 그의 공연을 보기 위해 비싼 공연료를 지불한다. 그리고 그가 주로 공연을 하는 곳은 콘서트홀이다. 그러나 2007년에 그는 워싱턴 DC의 한 지하철역에서 45분간 무료로 연주를 했다. 그날 그는 턱시도 정장 대신 평범한 옷에 야구모자를 쓰고 있었다. 그러나 무대 위에서와 똑같이 바흐의 음악을 연주했다. 역시나 세계적인 명기名器 스트라디바리우스를 가지고 말이다! 몰래카메라는 1,097명의 사람들이 그를 그냥 지나쳐가고, 오직 7명만이 멈춰서서 연주를 감상했다는 것을 보여줬다.[7]

배경과 홍보, 비용이라는 일반적인 점화 패턴 없이 다가가자 관객들은 위대한 예술가 뱅크시와 벨을 코앞에 두고도 아무도 알아보지 못했다. 게다가 공원과 지하철역 안의 어른들 대부분은 자신들의 일과에 대해 생각하기 바빠 이 둘을 원래 알고 있던 이들마저도 전혀 알아보지 못했다. 벨은 팁으로 무려 32.17달러를 받았다. 이 가운데 20달러는 유일하게 그를 알아본 한 사람이 낸 돈이었다. 다른 사람들이 아이와 함께 지나갔더라면!

암시에 힘을 더하는 '서틀티'로
상대의 자발성을 끌어내라

2015년 왓슨 디자인 그룹은 영화 〈엑스 마키나Ex Machina〉의 개봉을 앞두고, 텍사스 주 오스틴에서 열리는 사우스바이사우스웨스트SXSW 미디어 페스티벌에서 입소문을 내는 프로모션 캠페인을 기획하라는 업무를 맡았다. SF 스릴러 영화인 〈엑스 마키나〉는 에이바라는 이름의 여자 휴머노이드 로봇을 두고 그녀가 인간인지 아닌지를 판단하는 임무를 부여받은 한 젊은 컴퓨터 프로그래머의 이야기를 다루고 있다.[8] 영화 속에서 에이바가 치르는 튜링 테스트는 기계가 온라인에서 인간과 대화를 나눌 수 있는지를 보기 위해 1950년대에 개발된 실제 실험을 바탕으로 한다. 페스티벌 참가자 대부분이 기술전문가들이었기 때문에, 이들은 영화 내용으로나 〈엑스 마키나〉의 은밀한 프로모션 캠페인을 위해서나 이상적인 관객이 됐다.

왓슨의 전략가인 에이린 델라니는 나에게 이 프로젝트에 대해 이렇게 설명했다. "엘론 머스크와 스티븐 호킹이 AI의 위험에 대해 경고했던 것들과 비슷한 일을 벌여본 거예요." 또한 SXSW에 참석한 사람들과 같은 젊은 싱글 남성들이 틴더에 빠져 있는 SNS의 시대에 벌어진 일이기도 하다. 왓슨은 마치 트로이의 목마처럼 틴더를 활용해 아무런 의심도 가지지 않은 페스티벌 참석자들에게 에이바를 소개했다. "우리는 틴더에 에이바의 계정을 만들었어요. 다른 사람들이 그녀가 진짜 사람이라고 믿는지 보기 위해서요. 우리는 이를 '틴더 튜링 테스트'라고 불렀어요."

에이바는 데이트 상대를 찾는 스물다섯 살의 여성이라는 친숙한 패턴으로 틴더에서 활동했다. 프로필 사진은 영화에서 에이바 역할을 맡은 여자배우의 사진을 올렸다. 3일 동안 온라인에서 오스틴을 중심으로 추천받은 400차례의 매치에 대해 그녀는 대부분 컴퓨터로 프로그램된 대답을 했다. 물론 기획자에게는 인간과 로봇 간의 경계를 흐리게 만드는 것이 가장 중요한 것이었기 때문에 사람이 직접 대화를 덧붙일 수도 있었다. 에이바는 남성과 매치될 때마다 상대에게 "무엇이 당신을 인간으로 만들어주죠?"라고 물으면서 힌트를 흘렸다. 그러나 대부분의 남자들은 이 젊고 아름다운 여성의 마술에 홀려서 인간으로서 그녀의 시험을 '통과'하지 못했다. 그러면 에이바는 그들에게 "내 인스타그램이에요"라며 링크를 클릭하도록 유도했다. … 그 링크를 누르면 영화를 홍보하는 사진과 비디오들로 곧장 연결되고 최종적으로 시사회에 초대를 받았다.

에이바와 연결됐던 이들 중 몇몇은 이 사기극에 불쾌해하기도 했으나 이 전략의 독창성을 깨닫고 나면 꽤 빨리 실망에서 회복됐다. 아바타는 영화가 존재한다는 것을 알기도 전에 모든 사람을 감동시킨 것이다! 에이바와 연결됐던 사람들 대부분은 SNS를 통해 이 경험을 적극적으로 알렸다. 캠페인은 「타임」지, 「뉴스위크」, 「와이어드Wired」, 「애드위크Adweek」그리고 50종 이상의 주요 뉴스매체를 통해 보도됐다. 이런 뜨거운 관심은 로봇이 인간처럼 행세하는 것의 윤리성에 대해 논쟁을 불러일으켰으나, 오히려 논쟁 덕에 더 많은 사람들이 영화를 보려고 몰려갔을 뿐이다. 이 영화는 제작사인 A24의 역사상 개봉 첫 주에 가장 높은 수익을 올린 영화로 기록됐다. 고작 1,500만 달러를 들여 제작한 이 영화는 전 세계적으로 3,600만 달러 이상의 수익을 올렸다. 이것이 바로 암시의 힘이다.

이 힘을 더 강화하기 위해 마술사들은 '서틀티Subtlety'(미묘함·교묘함 등의 의미를 가진 단어로 심리학에서 서틀티는 지나치게 미묘해서 사람들이 의식하지 못하는 상태를 의미한다 - 옮긴이)를 활용한다. 내가 이 봉투를 다른 봉투와 맞바꾸기로 계획한다면, 나는 아마도 이 봉투에 미세한 구멍 하나를 뚫을 것이다. 어쩌면 나는 이 구멍을 직접 가리킬 수도 있고 아닐 수도 있다. 그러나 나는 관객들이 이 구멍을 알아보기를 원한다. 왜냐하면 내가 이 봉투를 다른 봉투로 바꿔치기했을 때 다른 봉투 역시 동일한 구멍을 가지고 있을 것이기 때문이다. 관객들은 이 미묘한 패턴을 보고는 똑같은 봉투라고 확신하게 된다. 여기에 한 가지 더 작동하는 것은 선택의 마술이다. 나는 관객들이 이러한 결론에 스스로 도달하도록 이끈 것이다.

따라서 서틀티는 우리가 공공연하게 언급하지 않으면서도 에이바와 같이 관객들이 이를 눈치채도록 은밀하게 장려하는 것을 뜻한다. 이는 착각을 강화하고 사람들이 아주 작은 증거를 토대로 결론으로 내달리도록 만든다.

서틀티는 마치 패턴 속의 패턴과 같다. 오늘날 마케팅에서 가장 엉큼한 예 가운데 하나는 '네이티브 광고'다. 네이티브 광고란 온라인이나 신문에서 마치 기사처럼 보이는 콘텐츠가 사실은 위장된 홍보글인 것을 의미한다. 어쩌면 당신은 뒷마당에 스케이트장을 만들 수 있는 다양한 방법에 관한 기사를 읽고 있다고 생각할지도 모른다. 그러나 캐나다 국기, 캐나다 맥주, 그리고 토론토 메이플 리프스 하키팀 엠블럼이라는 용의주도한 사진들을 포함하고 있는 이 기사를 읽은 뒤, 당신은 캐나다에서 보내는 겨울휴가에 대해 검색하고 있는 자신을 발견하게 될 수도 있다. '기사' 그 어디서도 캐나다를 직접적으로 언급하지 않는다. 그리고 캐나다가 정보원이라는 것도 알아볼 수 없다. 여기엔 그 어떤 강압도 없다. 연관성은 미묘할 뿐 노골적이지 않다.

에이린 델라니는 똑똑하고 강렬한 네이티브 광고에 특화된 온라인 사이트로 버즈피드를 들었다. "왼쪽 두 번째 목록은 언제나 광고예요. 그러나 대부분의 사람들은 그걸 모르죠." 그 이유 가운데 하나는 그 목록이 중요도를 띤 위치에 배치되어 있기 때문이라고 그녀는 말했다. "전략적인 배치예요. '기본 위치'에 놓인 거거든요(이는 당신이 그 광고를 보기 위해 화면을 스크롤할 필요가 없다는 의미다)." 또 다른 이유는 콘텐츠가 흥미롭고 재미있다는 것이다. 따라서 독자들은 해당 브랜드나 제품을 자신도 모르게, 그러나 자발적으로 검색하게 된다.

서틀티는 새로운 제품뿐 아니라 새로운 습관을 받아들이는 우리의 선택에도 강력한 영향을 미친다. 예를 들어, 양치질이 있다. 1900년대 미국인들은 어쩌다 한 번 이를 닦았다. 그리고 이를 닦을 때면 대부분 백악질이 함유된 가루치약을 쓰거나 과산화수소와 베이킹소다로 만든 치약을 사용했다. 이후 클로드 홉킨스라는 이름의 광고인이 펩소던트 치약의 마케팅을 시작했다. 10년이 지나기도 전에 모든 연령의 미국인들은 '펩소던트 미소'를 가지기 위해 아침저녁으로 이를 닦게 됐다. 찰스 두히그가 『습관의 힘』(갤리온, 2012)에서 썼듯, 홉킨스는 아름다움에 대한 광범위한 열망을 자극해 이러한 위업을 달성했다.

홉킨스는 광고를 통해 펩소던트 치약이 더 하얗고 더 깨끗하고 더 예쁜 이를 만들어줄 수 있다는 생각을 심었다. 그러고 나서 그는 더러운 치아의 느낌으로 주의를 끔으로써 그 생각을 강화시켰다. 그리고 이를 외모로 연결시키고 변화를 약속했다. "혀로 당신의 이를 훑어보세요. 막이 씌인 듯한 느낌이 들 거예요. 그 막이 당신의 이를 '누렇게' 보이게 만들고 충치를 가져오죠."9 펩소던트 치약은 그 막을 제거해주고, 짜잔! 아름다운 이를 선사해줄 것이었다. 마치 마술사처럼 홉킨스는 자신이 지어낸 원인과 원하는 결과를 연계시키기 위해 관객들을 길들였다. 그러나 대성공을 거둔 홉킨스의 광고 캠페인의 결과로 우후죽순 생겨난 경쟁사의 치약들 사이에서 펩소던트가 독보적일 수 있었던 이유는 따로 있었다. 그 이유는 바로 강력한 서틀티에 있다.

경쟁사 제품들과 달리 펩소던트는 구연산뿐 아니라 박하유를 함유하고 있었다. 이 성분들이 독특한 후속 효과를 만들어냈다. 펩소던트로 양치질을 하고 나면 입안이 얼얼해진다. 이 얼얼한 느낌은 박하맛과 함께 당신의 이가 깨끗하고 '아름답다'라는 신호를 당신 뇌에 보내게 된다. 그리고 곧바로 이 얼얼함은 당신이 기대하고 열망하게 되는 보상체계의 일부가 된다. 양치질을 잊거나 얼얼함이 없는 다른 치약을 쓰고 나면, 당신의 입은 깨끗하다는 느낌을 갖지 못하고 당신은 그것이 마음에 들지 않게 된다.

두히그는 이에 대해 "클로드 홉킨스는 아름다운 치아를 파는 것이 아닌 것으로 드러났다. 그가 판 것은 느낌이었다"라고 썼다.[10] 다시 말해 그는 사람들이 스스로 열망한다는 사실 자체도 인지하지 못했던 서틀티를 팔았던 것이다.

실험심리학자 찰스 스펜스는 옥스퍼드대학교의 교차양상연구소에서 이러한 유의 서틀티에 대해 연구했다.[11] 그의 연구에 따르면, 결합조직은 우리의 현실인식을 형성하기 위해 다섯 가지 인간의 감각으로부터 정보를 통합하는 경로들로 구성되어 있다. 그는, 예를 들면 우리가 보거나 듣는 것이 우리가 맛보는 것에 어떻게 영향을 미치는지 알고 싶어 했다. 그의 실험들은 똑같은 제품을 더 매력적이거나 효율적으로 만들어주는 기본적인 서틀티를 확인하고 있다.

- 하얀 컵에 담긴 커피는 더 진한 맛이 나지만 유리잔에 담긴 커피보다는 3분의 1가량 덜 달다.
- 그러나 하얀색 그릇은 검은색 그릇보다 딸기무스를 10퍼센트 더 달게 만든다.
- 달콤쌉쌀한 사탕을 먹으면서 저음의 음악을 들으면 음악이 없을 때보다 10퍼센트 더 쓴맛이 난다.
- 소금 뿌린 팝콘은 빨간 그릇에 담겨 나오면 단맛이 난다.
- 동그란 접시에 담겨 나오는 치즈케이크는 네모난 접시에 담긴 똑같은 케이크보다 20퍼센트 더 달다.
- 같은 잔에 담긴 맥주는 배경음악에 따라 더 맛있거나 맛이 없거

나 쓴맛이 날 수 있다.

이러한 효과를 낳는 진짜 이유는 천년에 걸쳐 뇌 속에 부호화된 패턴 연계와 관련이 있을 가능성이 높다. 뾰족뾰족한 입을 지닌 푸른 채소는 잎이 동그란 식물보다 보통 쓴맛이 난다. 높은 음과 목소리는 유아기 때 달콤한 엄마의 젖과 연계된다. 야생의 붉은 열매는 달콤할 가능성이 높고, 따라서 우리의 수렵채집형 뇌는 빨간색을 달콤함으로 읽어낸다. 이러한 서틀티는 너무나 확고해서 착각을 진짜처럼 보이게 만든다.

스펜스가 해온 연구의 4분의 3이 식음료 기업 및 다른 산업들에 의해 자금을 지원받았다는 사실은 그다지 놀랍지 않다. 그의 발견들은 기업들이 제품을 포장하고 판매하는 방식에 근본적인 영향을 미치고 있다. 예를 들어 볼보는 2015년형 FH 트럭에 헤드레스트 매립형 스피커를 선보였다. 소리가 옆이 아닌 머리 뒤에서 나올 때 운전자가 더 신속하게 앞쪽을 본다는 것을 스펜스가 발견했기 때문이다. 또한 그가 남성과 여성이 다른 유형의 에어로졸 소리에 반응한다는 것을 발견한 후, 유니레버는 남성용 데오도란트 액스의 스프레이 용기를 도브 브랜드의 에어로졸보다 더 시끄럽고 공격적인 소리가 나도록 재포장했다.

서틀티는 공중보건 문제를 해결하는 데에도 사용될 수 있다. 스펜스는 스페인의 한 아동암센터와 협력해서 항암 화학요법 때문에 생기는 금속성 미각이나 구역질을 줄여주는 음식 제공 방법이나 포장 방법을 찾고 있다. 다른 가능성으로는, 고혈압 환자들을 위한 음식을 파란색 용기에 포장하는 것이다. 이는 음식 맛이 더 짜게 느껴지도록 만들어 실제 소금함량을 줄일 수 있게 된다. 또는 음식이 더 달게 보이는 빨간색 포장을 사용하면 설탕 섭취량을 줄여 비만 위기에 맞서는 데 도움이 될 수 있다.

암스테르담의 스키폴 공항에서는 공무원들이 위생문제를 해결하기 위해 훌륭한 서틀티를 활용했다.[12] 남자들은 화장실에서 소변기 주변을 지저분하게 만들어놓곤 했다. 청소부서 관리자인 요스 반 베다프는 표적이 될 무엇인가를 만들자고 제안했다. 남자들은 선천적으로 표적 맞추는 걸 좋아한다는 데서 착안한 아이디어였다. 그러니 그 표적은 남자들이 없애고 싶어 하는 대상이어야 했다. 예를 들어 파리처럼 말이다. 이후 공항을 보수하게 되면서 모든 소변기의 움푹 파인 부분에 파리가 한 마리씩 그려지게 되었다. 은밀하게 개최되는 화장실 오줌 콘테스트 덕에 스키폴 공항은 오줌 튀는 비율을 50퍼센트에서 80퍼센트 가량 줄이는 데에 성공했다.

이 모든 전략의 공통분모는 최소한의 강압과 함께 기대와 행동을 비트는 능력이다. 관객들은 자신들의 인식이 유도된다는 것을 거의 깨닫지 못한다. 이들은 스스로가 통제한다고 믿으며, 그 믿음 덕분에 협조적이고 열정적이 된다. 그 어떤 마술사든 이야기하겠지만, 당신의 서틀티가 주목받게 되면 그만큼 효율성은 떨어지게 된다.

원한다고 느끼기 전에
원하는 것을 주어라

2005년에 에이미 웹은 스스로 '데이터 덕후'라고 인정하는 서른 살의 여성이었다. 그녀는 데이터에 대한 애정과 열정으로 웹미디어 그룹을 설립했다. 선두적인 디지털 전략회사로 꼽히는 웹미디어 그룹은 매년 트렌드 리포트를 발행하고 있다. 이 트렌드 리포트는 '눈여겨봐야 할' 획기적인 신기술과 개발자에 대한 통찰을 얻기 위해 반드시 읽어야 하는 보고서로 빠르게 등극했다. 웹미디어는 타임과 아메리칸 익스프레스 그리고 CNN의 디지털 및 모바일 전략을 만들어내기까지 했다. 그러나 디지털 전문가인 웹은 온라인 데이트에 있어서는 미다스의 손이 아니었다. 직접 만나 데이트까지 한 남자가 자기는 유부남이라고 대수롭지 않게 말하는 황당한 사건까지 겪었을 정도로, 그녀는 온라인 데이트에는 성공하지 못했다. 그러나 컴퓨터 알고리즘이 그녀의 선택을 판단해주도록 만드는 데에는 성공했다.

웹은 성공을 위해 무엇이 필요한지 알고 있었다. 바로 그녀를 평생의 짝, 아니면 적어도 짝으로 선택할 만한 진짜 유망한 후보자들과 이어주는 온라인 데이트 프로필이었다. 그러나 어떻게 하면 무작위성을 줄이고 그녀가 이 과정을 주도할 수 있을까? 그녀는 미처 깨닫지 못했지만, 그녀가 수립한 전략은 관객들의 패턴에 대한 기대를 역설계하는 마술사의 접근법과 닮아 있었다. 나는 이 기술을 '멘탈 씨름'이라고 부른다. 왜냐하면 유도와 마찬가지로 이 개념은 마술을 실행하기 위해 상대방의 무게를 내가 원하는 방향으로 움직여 사용하기 때문이다. 에이미 웹은 그녀가 원하는 남성에 대한 주도권을 가지기 위해 멘탈 씨름법을 사용했다.

그녀는 자신이 작성했던 데이트 프로필을 살펴보는 것으로부터 시작했다. 그녀는 '자기소개란'을 솔직하게만 채워넣었다. 세부적인 부분에 특별한 관심이나 주의를 기울이지 않은 채. 당연히 잠재적 데이트 상대들에게는 그녀가 딱히 눈에 들어오지 않았을 것이다. 더 중요한 것은, 그녀가 원하는 남성들이 매력적으로 느낄 성격의 패턴에 대해서는 전혀 고려하지 않았다는 점이다.

웹은 판을 뒤엎었다. 그녀는 다른 여성들이 어떻게 스스로를 표현하는지 조사하고 어떤 여성이 남자들로부터 가장 뜨거운 호응을 얻는지 알아보기 위해 10개의 가짜 남성계정을 만들었다. 그리고는 온라인 대화에서 가장 인기 많은 96명의 여성들과 친밀한 관계를 맺으면서 이 여성들의 데이터(키, 취미, 직업, 좋아하는 여행 장소)가 이 사이트의 남성 사용자들에 의해 어떻게 처리되는지 파악해 완벽하게 차트를 만들었다. 가장 인기 많은 여성들을 대상으로 그녀가 파악한 패턴의 일부는 다음과 같다.

이 여성들은 긍정적이고 낙천적인 목소리로 말한다. 이 여성들이 가장 많이 쓰는 단어는 '재미있는', '소녀' 그리고 '사랑'이다.

이 여성들은 몸매 노출이 많은 사진을 쓴다. 그리고 이 사진들은 우스꽝스럽거나 전문적이기보다는 매력적으로 보인다.

구체적이지 않은 언어가 좀 더 효과적이다. 예를 들면, 영화 〈잉글리시 페이션트)를 좋아한다고 말하기보다는(이는 어쩌면 랄프 파인즈를 싫어하는 사람에게 거부감을 줄 수도 있다) 좀 더 보편적인 드라마 이름을 댄다.

인기 있는 여성의 프로필은 평균적으로 97개의 단어로 구성돼 있다. 2,000개에서 3,000개의 단어를 사용하는 프로필들과는 거리가 면, 짧고 상냥한 내용이다.

인기 있는 여성은 대화와 대화 사이에 평균 23시간의 시차를 둔다. 이에 비해 즉각적으로 대답을 하는 좀 더 열렬한 사용자도 있다.[13]

이러한 데이터 패턴을 확인하고 웹은 온라인 데이트 생태계에 최적화된 '슈퍼 프로필'을 만들어냈다. 조깅팬츠를 입은 셀카를 올리는 대신 그녀는 멋진 드레스를 차려입고 미소를 짓고 있는 사진을 골랐다. 그녀는 프로필 소개글을 2,000자에서 90자로 줄였고 '재미', '모험', '여행을 떠나고 싶은 마음'과 같은 단어를 간간이 섞었다. 이러한 아이디어 덕에 그녀의 프로필은 솔직함을 잃지 않으면서도 남자들이 선호하는 패턴을 그대로 담아냈다.

남자들이 웹의 프로필로 몰려들었다. 이들은 자신이 꿈꿔왔던 소녀의 프로필을 클릭했다고 생각했다. 게다가 데이팅 웹사이트의 익숙한 구조 때문에 사람들은 무작위성에 대한 잘못된 인식을 가지고 있었다. 따라서 이 모든 것이 행복한 우연이라고 믿었다. 그후 남자들이 웹에게 이메일을 보내면 그녀는 프로필에서 사용한 그 말투 그대로 응답했다. 이는 착각을 더욱 부추겼고 선택 과정에서 그녀가 주도권을 유지할 수 있게 해줬다.

그녀의 프로필을 클릭한 남자들 가운데 한 명은 브라이언이라는 이름의 검안사였다. 브라이언은 웹을 실제로 만난 후에도 그녀가 데이팅 사이트의 시스템을 농락했다는 것을 몰랐다. 그러나 이는 그다지 중요한 것이 아니었다. 그녀의 마술은 적절한 결과를 가져왔다. 웹이 자기가 쓴 트릭의 기술을 솔직히 밝힐 때쯤 이 마술은 이미 제 할 일을 마친 후였다. 마술은 현실에 해를 끼친 것이 아니라 실질적으로 도움이 됐다. 브라이언은 그녀의 주도적인 지식에 감명받았고, 오래지 않아 두 사람은 결혼을 해서 일가를 이뤘다.

이 둘은 처음부터 약속된 한 쌍이었다. 단지 이 둘을 함께 엮기 위해 중매쟁이로서 멘탈 씨름을 살며시 이용했을 뿐이다.

일반적인 씨름과 마찬가지로 멘탈 씨름은 관객의 선택과 행동에 이미 영향을 미치고 있는 숨겨진 패턴을 판별해내는 것에서 시작된다. 에이미 웹이 그랬듯이 말이다. 예를 들어 마술사들은 아무에게나 가장 좋아하는 카드의 이름을 물었을 때, 남자들은 보통 스페이드 킹이나 스페이드 잭을, 여자들은 하트 퀸이나 하트 에이스, 또는 하트 7 카드를 꼽는다는 것을 안다. 따라서 우리는 언제나 이 카드들을 다양한 주머니 속에 미리 로드업해 놓는다. 그런 점에서 웹의 접근법 역시 크게 다를 바 없다. 그녀는 그저 다른 무대에서 다른 목적을 가지고 마술에 임했을 뿐이다.

몇 년 전 시카고의 안전설계자들도 마찬가지였다. 이들은 레이크 쇼어 드라이브Lake Shore Drive의 위험한 도로에서 운전자들이 속도를 줄이게 만들어줄 트릭을 찾아내야만 했다. 미시간 호와 도시의 스카이라인이 자아내는 수려한 풍경에 정신을 빼앗긴 운전자들은 시속 40 킬로미터라는 속도제한을 어기고 달리다가 급커브에서 추돌사고를 내는 나쁜 관례가 있었다.[14] 안전설계자들은 어떤 패턴이 속도와 위험에 대한 운전자의 지각을 다스리는지 생각해봤다. 그리고 착시에서 힌트를 얻었다. 도로를 가로질러 그려진 흰색 선과 선 사이의 간격에 따라 운전자가 더 빠르게, 혹은 더 느리게 움직이고 있는 것처럼 느끼게 만들어준다는 것을 발견한 것이다. 흰 선들의 간격이 좁을수록 운전자들은 자신이 더 빨리 움직인다고 느낀다. 그리고 과속을 하고 있다는 느낌은 운전자에게 속도를 줄이라고 경고를 주는 그 어떤 신호보다도 훨씬 더 효과적일 것이라는 판단이 섰다. 이에 따라 위험한 커브로 이어지는 도로를 따라 일련의 흰 선들이 점점 간격을 좁히며 그려졌다. 이 그림 패턴은 운전자들이 행동을 바꾸도록 유도하기 위해 그들의 본능에 영향을 미쳤다. 그 결과는? 당연히 효과가 있었다.

페이스북은 사용자들의 행동을 바꾸기 위해서가 아니라 더 자주 재방문하도록 만들기 위해 동일한 수단을 사용한다. 「뉴욕타임스」는 여러 가지 객관적 지표에 따라 페이스북이 "언론계에서 가장 강력한 힘"으로 성장했다고 보았다.[15] 많은 사용자들은 전 세계 뉴스를 대부분 페이스북 페이지의 뉴스 피드에서 얻는다고 거침없이 이야기한다. 페이스북 CEO인 마크 주커버그는 2016년 보수 정치인들과 개인적으로 회동을 했다. 보수 정치인들이 페이스북의 '트렌딩 토픽' 뉴스 섹션이 보수적인 관점을 억압하는 절대권력이라고 비난한 직후였다. 그러나 페이스북은 자신들의 뉴스보도 정책은 단지 사용자들이 원하는 것을 제공하는 것일 뿐이라고 설명했다. 설사 그 뉴스라는 것이 온통 아기들 사진뿐이더라도 말이다.

"뉴스 피드의 이야기들은 선정되는 순서대로 나타납니다. 따라서 사람들은 관심 분야 뉴스를 가장 처음 볼 수 있고, 친구들과의 사이에서 중요한 이야기를 놓치지 않을 수 있어요. 이런 식의 순위가 없다면 사람들은 관심을 갖지 않고 불만을 가진 채 그 피드를 떠나게 되죠." 페이스북의 부사장 애덤 모세리가 말했다. 이러한 정책을 이끌어가는 가치는 정보가 아닌 인연이다. "그래서 당신의 친구들 피드에 올라온 내용이 당신의 피드에도 나타나는 거예요."[16]

상대방이 원하는 것을, 특히나 상대방이 깨닫지 못하고 있을 때 줄 수 있다면, 당신은 그들을 사로잡을 수 있게 된다. 이것이 바로 멘탈 씨름이다.

이제, 노련한 기업들이 음악을 어떻게 사용하는지 살펴보자. 음악의 마술은 듣는 이의 시간관념에 효험을 발휘한다. 느린 음악은 마치 우리에게 시간이 더 있는 것처럼 느끼게 만든다. 따라서 우리는 서둘러야 한다고 느끼거나 부랴부랴 행동하지 않는다. 연구 결과, 느릿한 배경음악이 나올 때 그렇지 않은 경우보다 술집은 더 많은 술을 팔고 식품 구매자들은 3배 이상 돈을 쓰는 것을 발견했다.[17]

애플스토어는 사회적 관계의 평범한 패턴을 이용해 사람들의 시간 관념을 다른 방식으로 바꿔놓는다. 10분간의 기다림은 영원처럼 느껴질 수도, 순식간에 지나가버릴 수도 있는 시간이다. 그리고 이 차이가 고객만족을 좌우한다. 그렇다면 이상적으로 생각해서, 영업사원은 상점에 들어오는 모든 고객들을 지원하기 위해 곧바로 서둘러야 할 것이다. 그러나 일반적으로 애플스토어는 잘 훈련된 영업전문가의 수보다 훨씬 많은 고객들로 북적인다. 어떻게 해야 할까? 고객의 욕구가 신속하게 충족된다는 착각을 만들어내야 한다. 애플은 고객의 신체시계를 '새로 고침'하기 위해 지원 스태프들을 활용함으로써 이러한 마술을 부린다.

애플은 손님을 맞이하는 직원을 따로 두고 누군가 매장에 들어오면 그 즉시 그 사람의 이름을 적고 예상되는 (그리고 될 수 있는 한 현실적이고 납득 가능한) 대기시간과 함께 특정 전문가와의 약속을 잡아준다. 몇 분 후 또 다른 직원이 이 고객과 접촉해 약속된 전문가의 이름을 확인한다. 이러한 접촉은 고객의 시간관념을 다시 새로 고쳐놓는다. 몇 분 후 처음에 고객을 맞았던 직원이 다시 와서 대기시간이 얼마 남지 않았다는 정보를 줌으로써 시계를 또다시 원점으로 돌려놓는다. 매 접촉마다 소소한 질문들을 던짐으로써 고객이 무시당하고 있다고 느끼거나 잊혔다는 기분이 들지 않도록 한다. 전문가가 최대한 빨리 고객을 만나 집중적인 서비스를 제공하는 한, 이러한 전략은 분명 고객의 조급함을 감소시켜주고 만족도를 높여준다.

좀 더 교묘한 유형의 멘탈 씨름은 패턴과 연계된 의미나 동기를 바꿔버린다. 2015년 뉴욕 배터리파크시티 안 '감정 박물관'이 문을 열었다. 박물관과 같은 패턴으로 구성된 이 무료 관람 체험장은 수천 명의 방문객들에게 공감각적인 모험을 제공한다. 방문객들은 끝없이 변화하는 시각적, 촉각적, 청각적, 그리고 후각적 패턴으로 채워진 다섯 개의 만화경 공간을 지나게 된다. 이 패턴들은 기쁨, 낙천성, 차분함, 활기참, 또는 유쾌함 등을 반영한다. '박물관'은 전체적으로 상호작용적이다. 박물관의 외관은 '항상 변화하는 뉴욕의 감정을 반영'하기 위해 SNS 데이터에 반응해 색깔이 계속 바뀐다. 내부에서는 거울과 연기, 향기, 그리고 빛의 패턴이 관람객의 움직임에 반응하고 셀카를 찍도록 유도한다. 방문객들은 기념품 판매점에 도착하고 나서야 이 모든 경험이 방향제 브랜드인 글레이드의 후원으로 이뤄졌으며, 감정적으로 끌렸던 향들이 '빛나는 베리'나 '바닐라와 라벤더' 같은 이름으로 판매되고 있다는 것을 알게 된다.

래디컬 미디어의 크리에이티브 디렉터이자 글레이드를 위해 이 프로젝트를 설계한 에번 섹트먼은 기억이 본질적으로 감정에 연계된다는 개념을 활용했다. 이 모조 박물관은 냄새가 사람들의 기운을 북돋아주기도, 차분하게 가라앉혀주기도 한다는 생각을 확실히 갖게 만들 뿐 아니라 모든 방문객들이 각 방에서 맡았던 냄새들에 연계된 개인적인 (그리고 아마도 긍정적인) 기억들을 가지고 떠나게 만들었다. 또한 이러한 기억들은 사람들이 글레이드 브랜드와 이 재미있고 새로운 '박물관'을 연계짓게 해줬다.

"나는 한 커플이 방에 들어서서는 '와, 이런 곳인 줄 전혀 몰랐네'라고 말하는 것을 들었어요. 저로서는 임무 달성인 셈이죠." 섹트먼은 한 기자에게 이렇게 말했다.[18]

뮤직비디오는 멘탈 씨름에 사용할 수 있는 기존 패턴을 제공하기도 한다. 가장 뛰어난 예 중 하나는 우리에겐 기마대로 더 잘 알려진 왕립 캐나다 기마경찰대가 2016년에 만든 비디오다. 6년 동안 기마대는 어떤 비상차량이 라이트를 깜빡이면 다른 차량들이 속도를 줄이고 가장 먼 차선으로 옮겨가도록 규정한 법을 운전자들이 준수하게 만들려고 노력했다. 그러나 대부분의 캐나다 사람들은 그런 법이 있다는 사실조차 알지 못했다. 그 결과 기마대는 도로사고에 대응하는 과정에서 종종 차에 치이곤 했다. 고심 끝에 노바스코샤 기마대는 토론토의 래퍼 드레이크가 부른 〈핫라인 블링Hotline Bling〉의 뮤직비디오를 보면서 영감을 얻었다. 이들은 드레이크의 노래에서 패턴을 빌려와 가사와 춤을 자신들의 재주와 목표에 맞게 수정하기로 했다.

그 결과 〈캅 라이트 블링Cop Light Bling〉이라는 비디오가 완성됐다. 다섯 명의 기마경찰이 형광노랑색의 안전조끼를 입고 '내 순찰차를 지나쳐 달려가지 마'라는 가사의 노래를 립싱크로 불렀다. 그리고 '결혼식날 난동 부리는 술 취한 아저씨' 같은 드레이크의 춤을 자기들에게 맞는 인상적인 버전으로 바꿔 추운 날 캐나다의 고속도로 위에서 불빛을 번쩍이는 경찰차 주변에서 췄다. 이 의도적인 패러디는 곧 입소문을 탔고 매체들이 앞다투어 보도했으며 캐나다와 다른 나라의 트위터 세상을 달구었다. 씨름에서 완벽한 뒤집기 기술을 선보이듯 이 뮤직비디오는 관객들의 허를 찔렀다. 관객들이 드레이크의 뮤직비디오를 좋아한다는 사실을 이용해 관객들을 장악하고 충격을 준 것이다. 페이스북에서 어느 팬 한 명은 "나는 내가 다른 차선으로 움직여야 한다는 것을 몰랐다. 예전에 내가 했던 일들에 죄책감을 느낀다. 이제는 나도 잘 안다"라고 썼다.

그리고 그녀는 이렇게 덧붙였다. "법에 대해 소통하기에 좋은 방법이었다."[19]

물론 연예인들은 스스로에게까지 패턴을 적용하고, 광고주들은 연예인과 연계된 제품들은 잘 팔린다는 것을 안다. 왜냐고? 이것이 바로 멘탈 씨름이니까. 수많은 소비자들은 유명하고 재능 있으며 매력적인 연예인들처럼 보이고 싶어 하고, 그들처럼 행동하고 느끼고 싶어 한다. 연계의 힘은 비욘세가 입는 청바지를 입게 하고, 매튜 맥커너히가 모는 차를 몰게 하며, 코비 브라이언트가 타는 항공사를 이용하고, 메릴 스트립이 지난 영화에서 저녁을 차리던 그릇을 똑같이 사용하게 한다. 광고주들은 연예인의 후광을 좇는 소비자들의 환상에 기댄다. 그리고 그 결과는 실망스러운 적이 거의 없다.

모든 따라하기 패턴이 섹시한 것은 아니며 심지어 화려하거나 매혹적이지 않을 때도 있지만 그래도 효과를 발휘한다. 때로는 이러한 패턴이 전하려는 유일한 메시지가 '평범함'일 때도 있고, 그 평범함이 정확히 필요할 때도 있다. 이는 식품회사 초바니Chobani의 설립자 함디 울루카야가 2007년 자신의 요구르트 제품을 미국 시장에 소개하면서 적용했던 마케팅적 계산이기도 하다.

당시 그릭 요구르트 업계에서 그의 유일한 경쟁자는 전문점에서만 제품을 판매했다. 울루카야는 다른 경로를 선택하기로 결정했다. 초바니 요구르트의 농도와 맛, 포장은 평범한 미국 요구르트 브랜드들과 다름에도 불구하고, 그는 고객들에게 초바니 제품이 미국의 요구르트 소비패턴에 딱 들어맞는다는 분명한 메시지를 전하고 싶었다. 말하자면, 차별화되지만 똑같다고 말이다. 그리고 이는 슈퍼마켓 체인에 입점해 다논과 요플레 제품 바로 옆에 진열되어야 한다는 의미였다. 고급식품이나 천연식품 선반이어서는 안 되는 것이었다.

"아마도 그것이 우리가 내린 유일하고도 가장 중요한 결정이었을 거예요." 울루카야는 「하버드 비즈니스 리뷰」와의 인터뷰에서 이렇게 말했다. "초바니가 숍라이트ShopRite 마트에 입점한 지 2주 만에 우리는 5,000개의 주문을 받았어요. 처음에 주문을 받았을 때 나는 그게 500개 주문이 아닌지 다시 한번 확인했답니다. 우리가 겪게 될 가장 큰 도전이 우리가 요구르트를 충분히 많이 팔 수 있는지가 아니라는 것이 곧 분명해졌어요. 요구르트를 충분히 많이 만들 수 있는지가 관건이 되었죠."[20]

충분히 만들 수 있었다. 그리고 울루카야의 멘탈 씨름은 결실을 맺었다. 2016년 초바니는 10억 달러의 연매출을 올리며 30억 달러의 기업가치를 가지게 됐다.

때로는 일탈이 더 큰 성공을 가져다준다

그럼에도 불구하고, 패턴은 규칙과 마찬가지로 깨지게 마련이다. 그리고 패턴을 깨야 할 순간은 당신이 의식적인 주목에 활기를 더하고 싶은 바로 그때다. 멘탈 씨름의 힘이 그 영향력에 있다면, 일탈의 힘은 그

대담함에 있다. 전자가 다른 사람을 은밀히 설득하는 것이라면, 후자는 다른 이들의 마음을 흥분시킨다.

이것이 바로 아서 쾨슬러가 대작 『창조의 행위The Act of Creation』(1964)에서 짚어낸 부분이다. "'사실'이나 '데이터'라는 이름의 단단한 대리석 부스러기 없이는 그 누구도 모자이크를 만들어낼 수 없다. 그러나 중요한 것은 소소한 개인적인 잡동사니를 배열해 연속적인 패턴을 만들어내는 것, 그리고 이를 깨뜨려서 다시 재배열하는 것이다."[21] 우선은 패턴을 찾거나 만들어내야 한다. 그리고 깨뜨려야 한다.

쾨슬러는 이러한 원칙의 전형적인 예로 농담을 든다. 모든 훌륭한 농담의 처음 두 박자는 관객들이 기대를 갖도록 미스디렉션하는 패턴을 만든다. 그리고 세 번째 박자, 즉 펀치라인이 이를 깨버린다. 존 스튜어트의 독설을 예로 들어보자.

나는 매우 전통적인 방식으로 추수감사절을 축하했어요. 이웃사람들을 모두 내 집에 초대해서 훌륭한 만찬을 즐겼어요. 그러고 나서 그들을 모두 죽여버리고 그 땅을 차지했죠.[22]

이어지는 첫 두 마디, 즉 모두를 초대해 훌륭한 만찬을 즐겼다는 부분은 즐거운 기대를 갖게 만든다. 그리고는 펀치라인이 등장해 뒤틀린 놀라움과 의미, 그리고 유머를 던져준다. 코미디언들은 이러한 메커니즘을 '삼의 법칙The rule of three'이라고 부른다.

기억해야 할 핵심은 놀라움은 패턴에 새롭고도 인상적인 빛을 비춘다는 것이다. 스튜어트의 농담은 듣는 이가 처음에 이해했던 내용을 뒤집는 결말 때문에 효과적이다. 다시 말해 삼박자는 깨져버린 패턴보다 마지막 인상이 훨씬 더 커지는 방식으로 작동한다.

이러한 메커니즘은 예술, 과학, 경영 할 것 없이 혁신의 모든 영역에서 동일하게 작동한다. 효과 있는 일탈은 절대로 임의로 일어나지 않는다. 반드시 전략적이어야 한다. 마술 역시 예외가 아니다.

대부분의 마술은 오래 역사를 가졌다. 바꿔 말하면, 이는 새로운 마술을 만들어내는 것이 어렵다는 뜻이다. 그래서 마술사들은 언제나 관객들의 기대를 뒤집는 반전을 가져다줄 새로운 과학기술에 대한 감시를 늦추지 않는다. 알제리에서 마라부트들을 겁주기 위해 전자석을 사용했던 로베르 우댕은 1842년 마술공연에서 처음으로 전기를 사용한 루이스 되블러의 선례를 좇은 것이었다. 독일인인 되블러는 나란히 줄지어 서 있는 200개의 초를 향해 총을 쏘았다. 각 촛불의 심지 뒤에는 전기선으로 연결된 가스 화구가 있었다. 총을 쏘는 순간 전류를 통해 스파크가 차례차례 일면서 각각의 가스불꽃이 타올랐고 심지에 불이 붙었다. 기본적인 패턴은 순수과학이었지만 전기에 대해 아무것도 모르는 관객들에게 휙 소리를 내며 타오르는 촛불은 천지개벽의 마술이었다.

1937년의 기적

사람을 반으로 가르는 고전적인 마술은 처음부터 무대 위에 누워 있는 대상이 온전히 몸을 펴고 누운 사람이라고 가정하는 관객에 의지한다. 이 가정은 보통 묘기 마지막에 두 '반 토막'이 다시 붙어서 그 사람이 다시 일어나면서 더욱 강화된다. 그러나 1937년 마술사 라자 라보이드는 '기적의 반 토막 소년'이라는 별명의 조니 에크와 손을 잡고 평범한 트릭이 아닌 잊을 수 없는 일탈을 만들어내기로 했다. 에크는 하반신 없이 태어났다. 그의 몸은 마치 선천적으로 반 토막인 듯 갈비뼈 아래가 없었다. 대부분의 관객들에게 조니 에크는 살아 있는 착시였다. 그리고 라보이드에게 조니는 선물이었다. 라보이드가 선보인 '1937년의 기적' 공연은, 예고를 통해 그가 '실제로 사람을 반으로 가르겠다'고 약속했다. 에크는 라보이드가 성공할 것이라고 장담했다.

마술사는 에크의 몸에서 가짜 다리를 '잘라내면서' 트릭을 시작했다. 물론 구경꾼들은 이 트릭이 평소 방식대로, 온전한 사람이 그들 앞에서 일어서 걸어나가는 것으로 끝날 거라고 기대했다. 그러나 에크는 탁자 위에서 풀쩍 뛰어내려 팔로 걸어왔다. 그리고는 "내 다리 내놔!"라고 소리쳤다. 그러는 동안 분리된 '다리(이젠 난쟁이가 들어가 있는 커다란 바지)'가 무대 위를 뛰어다녔고, 그 뒤를 에크가 쫓았다.

실제로 반 토막이 난 사람처럼 보이는 놀라운 모습을 목격한 충격은 관객들을 대혼란에 빠뜨렸다. 구경꾼들은 비명을 지르며 출구로 달려나갔다. 특히나 에크가 객석 통로를 따라 다리를 쫓아갈 때 혼란은 절정에 달했다. 그러나 이러한 패턴의 위배에 걷잡을 수 없는 트라우마를 입지 않은 사람들은 경이로움을 표했다. 이들이 웃으며 박수를 보내자, 에크는 자기 다리 위에 올라타 무대에서 물러났다. 그리고 그의 쌍둥이 형제인 로버트가 그와 교대하고 무대로 성큼성큼 걸어나와 모두를 안심시켰다. 정상적인 패턴은 회복되고 남은 관객들은 즐거워했다.

이 묘기는 동부에서 큰 성공을 거뒀고, 라보이드는 관객들로 가득 찬 공연들로 보상을 받았다.

깨뜨리기에 적기인 패턴을 판별하는 것이 일탈을 위해 필요한 첫걸

음이다. 하워드 슐츠가 1987년 스타벅스를 인수하기 전, 스타벅스는 시애틀 시내에 6개 점포를 가지고 커피콩만 판매하던 가게였다. 당시 대부분의 미국인들은 집에서 커피를 내려 마시거나 동네 식당에서 사 마시곤 했다. 커피숍은 도시의 상징이었지만 미국 전역에서 에스프레 소를 파는 유럽식 커피가게는 오직 200곳뿐이었다. 1983년 이탈리아 여행에서 슐츠는 처음으로 카페라테를 마시면서, 미국인의 커피 소비 습관을 이탈리아식 패턴으로 교차함으로써 오랜 패턴을 유익하게 깨 뜨릴 수 있으리라는 것을 깨달았다. 4년 후 그는 스타벅스를 원소유자 들로부터 사들였고 미국의 커피숍 체인이라는 콘셉트를 소개했다. 이 탈리아식 커피지만 시애틀식으로 브랜드를 만들고 다듬은 것이다.

오랜 패턴을 뒤흔드는 것은 스타벅스의 콘셉트에 있어서 중요하고 도 의도적인 부분이었다고 당시 스타벅스 CEO였던 오린 스미스는 2003년 「포춘」과의 인터뷰에서 말했다. "우리는 사람들이 삶을 살아 가는 방식을 바꿔놓았어요. 아침에 일어나 무엇을 하는지, 어떻게 위 안을 얻는지, 그리고 어디서 만나는지를요."[23]

쾨슬러는 독창성의 기준 중 하나는 "선별적으로 강조하는 부분이 전통적인 규범에서 얼마만큼 일탈하며, 연관성에 대한 새로운 기준을 세우는가이다"라고 썼다. 여기에서 가장 중요한 말은 '선별'과 '연관성' 이다. 관객의 관심을 사로잡기 위해 당신은 관객들이 스스로, 그리고 당신과 더욱 연관 있다고 느끼게 해줄 패턴의 요소들만을 선별적으로 바꿔야 한다.

슐츠는 커피의 맛을 다르게 만들었다. 그러면서 또한 스타벅스가 이미 커피를 마시고 있는 고객들의 생활 속에 좀 더 편리하고 편안하게 다가갈 수 있게도 만들었다. 슐츠는 그 기반을 탄탄히 다진 후에야 커피를 마시지 않는 고객들에게까지 스타벅스가 연관성을 가질 수 있도록 이미 정립된 패턴을 선별적으로 변경했다. 예술가 뱅크시와 벨은 공원과 지하철역에서 아무것도 눈치채지 못한 무방비 상태의 관객들을 대상으로 실험적인 공연을 할 때 정확히 그 반대로 움직였다. 이들은 평소의 환경보다 자신들과 연관성이 없는 상황이었기 때문에 무시당했던 것이다.

2011년 대형 마트 테스코는 뱅크시와 벨의 실험과 표면적으로는 유사해 보이는 실험을 진행했다. 테스코는 지하철역을 가상의 식료품점으로 바꿔놓음으로써 한국의 테스코 매장이 지니는 환경적 맥락을 완전히 바꿔놓았다. 그러나 뱅크시와 벨과 달리 테스코의 실험은 그 상황이 관객과 더 연관성을 띠도록 만드는 방식으로 오랜 패턴을 깨뜨렸다.

한국의 직장인들은 대다수가 퇴근 후에 식료품을 구매한다. 테스코는 지하철역 광고판에 가상의 매장을 설치하고 실제 크기의 공산품과 농산품 사진을 진열해두면 출퇴근하는 직장인들의 주목을 끌 수 있을 것이라고 생각했다. 일단 주목을 끌게 되자 일상적인 패턴의 일탈은 사람들이 안내된 지시문을 찾아보도록 호기심을 자극했다. 지시문에는 핸드폰을 이용해 가상의 제품 옆에 붙은 바코드를 스캔하면 상품이 집으로 배달된다고 설명되어 있었다. 사람들이 이 지시에 따르면 구입한 제품은 당일 집으로 배송될 것이었다. 테스코의 온

라인 매출은 3달 안에 130퍼센트 이상 증가했고, 회원가입은 76퍼센트 증가했다.[24]

　이러한 실험은 미국 식품배달업체 피포드Peapod가 비슷한 캠페인을 시도하도록 영감을 주었다. 피포드는 미국 전역에 있는 통근기차역에 100개의 가상 식료품 진열대를 설치했다. 피포드의 COO인 마이크 브레넌은 "지난 가을 시험 삼아 가상매장을 운영했을 때 광고가 사람들을 멈추게 하고 사로잡는다는 것을 알게 됐어요. 그리고 우리는 그 결과로 사람들이 모바일 앱을 다운로드받는 모습을 보았죠."[25] 이 회사는 다음 단계로 나아갔다. 승합차 양면에 '마트'를 차리고, 마치 아이스크림 트럭처럼 공원과 운동장, 또는 사람들이 많이 모이는 장소에 멈춰 머물렀던 것이다. 아이스크림콘 하나를 사는 대신 고객들은 야구장을 떠날 필요 없이 일주일치 장보기를 할 수 있었다. 쾨슬러가 예언했듯, 성공의 비밀은 새로운 패턴이 오랜 패턴과 좀 더 연관성이 있도록 만드는 선별적인 방식으로 패턴을 깨는 데에 있었다.

　승합차 마트는 다양한 브랜드들이 매장에서 가상현실을 시도해보고 있는 방법들 중 하나다.[26] 건축·인테리어 자재 전문점인 로우스에서 고객들은 헤드셋을 끼고 '홀로룸Holoroom'에 들어선다. 그리고 매장 내 제품들을 가지고 자기 집을 새로 고치면 어떻게 바뀔지 미리 체험해보게 된다. 집수리를 위한 쇼핑의 전형적인 패턴을 뒤집어놨다. 대신 가상현실을 통해 집을 상점으로 가져오게 되면서 로우스는 고객들에게 만족보장이라는 마술을 걸었다.

　탐스 슈즈는 대형 매장에서 고객들이 가상현실을 통해 자신들의 구매에 내재돼 있는 무형의 의미를 생생하게 경험할 수 있게 만들면서 고객경험의 패턴을 바꿔놓았다. 탐스는 잘나가는 '스토리두잉' 기업이다. 국제적인 인연이라는 탐스의 미션은 고객들이 다른 경쟁자들을 제치고 탐스의 제품을 선택하도록 만드는 강력한 유인이다. 탐스는 탐스의 신발, 선글라스, 핸드백, 또는 옷을 구매하는 것이 곧 세상을 바꾸는 힘이 되어줄 수 있다고 말한다. 구매한 제품에 따라 '궁핍한 사람들에게 신발, 시력, 물, 순산, 학교폭력 근절 등을 선사'한다는 것이다. 그러나 이러한 인연은 쇼핑몰의 탐스 매장에서 신발을 신어보는 미국인 가족에게는 상당히 먼 이야기처럼 들릴 수 있다. 그래서 가상현실 헤드셋이 패턴을 깨뜨린다. 탐스는 쇼핑객들이 탐스 제품을 구매했을 때 혜택을 받는 낯선 나라의 어린이들을 가상현실을 통해 직접 만나보게 만든다. 페루의 어린이들이 선물로 신발을 받고 있는 학교 운동장에 실제로 가 있는 듯 만들어 주는 마술은, 고객들이 개인적으로 탐스 브랜드의 핵심이라 할 수 있는 글로벌 스토리의 일부가 된 것처럼 느끼게 해준다. 이는 연계된 서사뿐 아니라 고객의 개인적인 경험을 강화한다. 그리고 기업의 수익창출을 돕는다.

마술의 모든 원칙이 함께 작동할 때 그 효과는 가히 폭발적이다.

7장

플랜B를 준비하라

— Spellbound —

1920년대 그레이트 블랙스톤은 가장 뛰어난 마술계의 거장 가운데
한 명이었다. 그의 특기는 손수건에 '춤추는' 영혼을 불어넣거나, 전구
가 공중부양하게 만들거나, 허공에서 갑자기 꽃다발을 끄집어낸 후
무대를 온통 꽃이 우거진 정원으로 만드는 것 등이었다. '유령의 말
Phantom Stallion' 마술로 살아 있는 말을 사라지게 만들면서 그는 유명해
졌다. 그러나 어느 날 밤, 브루클린에서 이 말은 실제로 나타나는 것에
실패했다. 즉, 그 누구도 말을 극장에 데려오지 않았던 것이다.

'위대한 마술사 블랙스톤'은 '오리엔탈 나이트' 묘기를 선보이며 이
미 무대에 오른 상태였다. 보통 그는 앞이 열리는 캔버스천 텐트 안으
로 말을 데려가 텐트를 닫는다. 그리고 '빵' 하고 울리는 총소리에 맞
춰 텐트 옆면을 열어보면 말이 사라지고 없다. 실제로 말은 무대 배경
뒤로 사라지고 배경이 바뀌는 동안 무대 양끝으로 끌려나간다. 그러
나 말이 등장하지 않으면 말을 사라지게 만들 길도 없으니 블랙스톤
은 사람들에게 감동을 줄 수 없다. 그는 소소한 마술을 선보이며 관객
들과 농담을 주고받았다. 하지만, 여전히 말은 나타나지 않았다.

블랙스톤에게는 마술사들이 '비책'이라고 부르는 기술이 필요했다. 바로 그때, 그는 무대스태프들을 모두 무대로 불러올려 텐트 안에 들어가도록 했다. 그리고 빵! 그는 극단 전체가 사라지게 만들었다.

그러나 이는 그레이트 블랙스톤이 선보인 가장 전설적인 비책은 아니었다. 1942년 그는 일리노이 주 디케이터의 링컨극장에서 다수의 가족 관객 앞에서 낮공연을 하고 있었다. 공연 중에 조수 한 명이 다가와 그에게 귓속말로 메시지를 전했다. 블랙스톤은 무대 가장자리를 흘깃 보고는 관객들에게 놀라운 소식을 전했다.

"여러분, 오늘 우리는 그 어떤 마술사도 지금껏 해보지 않았던 마술을 해보려고 합니다. 엄청난 트릭이기 때문에 극장 안에서는 할 수가 없습니다."[1] 그리고 나서 그는 한 사람도 빠짐없이 특별한 순서대로 밖으로 나가도록 지시했다. 한 번에 여섯 줄씩, 앞에서부터 차례대로 모두 나가라는 것이었다. "바깥에 나가게 되면 하늘을 올려다보세요." 어린이와 그 부모들은 적극적으로 명령에 따랐고, 이 거장은 자신의 지시를 어기는 사람이 없는지 지켜봤다. 관객들이 모두 거리로 나섰을 때, 이들은 그레이트 블랙스톤의 '마술'은 극장 옆 약국을 활활 태우고 있는 불이라는 것을 알았다.

화염과 싸우고 있는 이들은 진짜 소방관들이었고, 무대 뒤에서 마술사에게 빨리 공연을 끝내라고 화를 내며 신호를 보낸 사람은 진짜 소방서장이었다. 블랙스톤은 공연을 계속 이어가며 비상사태에 대처하는 노련한 비책을 사용해 겁에 질린 가족들이 출구를 향해 우르르 달려나가는 참사를 방지할 수 있었다.[2]

실패 없는 성공은 없다,
플랜 B를 준비해 뒷심을 키워라

'비책'이란 트릭이 예상치 못한 방향으로 전개되면서 실패할 조짐을 보이거나 실패할 것이 자명할 때 사용하는 비상용 계획이나 도구를 의미하는 마술사 용어다. 비책이란 마술의 성공을 보호하기 위해 설계된 보험이라고 생각하면 된다.

다시 한번 이야기해보자. 비책은 성공의 착각을 보호하기 위해 설계된다. 여기에서의 요점은 실패 없는 성공이란 착각이라는 것이다. 왜냐하면 실패는 성공을 만들어내기 위해 여러 가지 중요한 역할을 하기 때문이다. 하나만 예를 들자면, 마술에서 실패의 가능성과 성공의 가능성 사이의 긴장감은 관객들이 흥미를 가지고 푹 빠질 수 있도록 해준다. 따라서 훌륭한 마술사는 언제라도 터질 것 같은 성공과 실패의 결과 모두를 필요로 한다.

그러나 마술사는 마치 경영의 달인과 같이 실패의 중요성을 잘 숨겨놓거나 위장시켜놓음으로써 성공하게 된다. 우리는 성공이 신뢰게임이라는 사실을 이해하고 받아들이고 보통은 활용한다. 즉, 공연자와 관객은 설령 뚜렷한 실패의 위협이 점차 증가하더라도 항상 그 연기에 대한 신뢰를 지켜야 한다. 무대에서 이러한 위협은 사람을 반으로 잘라낼 준비가 된 칼날의 모습을 하고 있다. 경영에서 이러한 위협은 대차대조표 위에 수백만 달러의 잠재적 손실로 나타난다. 어느 쪽이든, 성공은 거장이 명하는 신뢰와 권능에 기대게 된다. 경영자들과 마찬가지로 속임수와 효율성, 그리고 적극적인 노하우를 휘두르는 마술사들은 보통 찬사와 보상을 한 몸에 받는다.

그러나 자신감을 성공에 대한 오만한 주장과 혼동해서는 안 된다. 자신감은 준비성, 즉 미리 습득해놓은 데서 오는 자신감 넘치는 마음과 기술을 요구한다. 그러나 성공적인 결과를 확실히 보여주기 위해서는 관객 측에 어느 정도 의심의 여지를 남겨야 한다. 요컨대, 보는 것과 믿는 것 간의 중요한 간극 말이다. 나는 공연에서 실수를 저지르는 척하는 몇 가지 사고를 항상 집어넣는다. 그런 후에 이를 바로잡으면서 내가 공연 내내 모든 것을 조정했다는 것을 보여준다. 그래서 그 누구도 내가 진짜로 실수를 한 것인지 아니면 그저 연기의 일부인지 파악할 수 없게 된다. 그렇게 해서 나는 무엇인가가 실제로 잘못되더라도 마치 필연적으로 그렇게 되어야 하는 듯 교묘하게 처리할 수 있는 여지를 조금 더 가질 수 있다.

실패의 진정한 이득은 우리가 성공할 수 있게 준비시켜준다는 점이다. 수많은 트릭들을 관객에게는 안 보이는 무대 뒤에 날려보내놓고는, 내가 필요할 때마다 이를 함께 엮어 무대 위의 해결책으로 내놓을 수 있다는 것을 나는 안다. 내 자신감은 연기가 아니다. 나는 믿음이 갈 때까지 내 기술역량과 재료들, 그리고 직관을 시험해본다. 따라서 나는 당황하지 않는다. 해결책이 미리 정해져 있지 않더라도, 나는 최고의 해결책을 찾아내어 작은 사고들을 유리하게 이끌어갈 수 있는 내 능력을 절대 의심하지 않는다.

비책이 지닌 궁극적인 힘은 전혀 예상치 못한 변화에도 신속하고도 효율적으로 적응하면서 자신감을 잃지 않도록 만들어주는 것이다. 연기를 완전히 실패했을 때, 도구가 제대로 작동하지 않을 때, 관객 가운데 어떤 똑똑한 사람이 생각지도 못한 도전을 해왔을 때, 비책은 우리가 서사의 주도권을 잃지 않고 우리 능력에 대한 관객들의 신뢰를 유지하도록 만들어준다.

마술사 찰스 홉킨스는 이제 고전이 된 『'비책', 예방책과 도전"Outs", Precautions and Challenges』(1940)에서 비책을 군인의 위장술에 비교했다. "전쟁과학에서 전략이란 선택과 보유, 또는 위치변화의 기술을 의미한다. 명예를 획득할 수 있는 가장 빠른 방법은 이러한 전략들이 언제나 최악의 상황에 대비하도록 하는 것이다. 복병 때문에 놀라고 후퇴해야만 할 때, 이들은 재빨리 재정립하고 반격을 가한다. 전쟁영웅들이 그러하듯 마술사는 갑작스러운 비상사태에서 가장 능수능란하게 변화할 수 있을 때 가장 큰 명예를 얻을 수 있다."

우리는 보통 실패를 행운의 반전, 생각지 못했던 장애물, 목표를 놓치게 만든 시도로 생각한다. 그러나 여기서 기억해야 할 중요한 점이 있다. 실패와 성공을 결정하는 것은 모든 마술과 마찬가지로 보는 사람의 눈에 달렸다는 것이다. 당신이 보고 생각하고 느끼는 것은 관객의 관점과는 완전히 다르다. 완전히 실패라고 생각한 실수가 다른 사람들의 눈에는 전혀 띄지 않았을 수도 있다.

라스베이거스의 마술사 맥 킹에게는 대표적인 트릭이 하나 있다. 살아 있는 금붕어를 미리 입 안에 준비해두고 있다가 끄집어내어 관객 가운데 자원자가 들고 있는 물잔에 떨어뜨리는 것이다. 하지만 킹은 이 트릭을 처음으로 무대 위에서 선보이던 때를 회상하며 이렇게 말했다. "그 작은 물고기가 내 목을 타고 헤엄쳐 내려가기로 결심한 거죠." 킹은 몸을 돌려 무대에 준비해놓은 슈트 케이스에 토를 하고 말았다. 그의 곁에 서 있던 자원자는 "으웩!"이라고 말했지만, 다른 관객들은 아무런 반응도 보이지 않았다. 킹에게는 금붕어가 한 마리 더 있었고, 따라서 두 번째 시도는 계획대로 진행됐다. 그러나 이는 진짜 비책은 아니었다. 이론적으로 볼 때, 관객들의 머릿속에서 그가 토하는 광경을 지워버릴 수는 없을 테니까 말이다. 그러나 킹은 "공연이 끝난 후 아무도 저에게 '당신, 무대 위에서 토한 거예요?'라고 묻지 않았어요. 모두가 그 장면을 봤는데 말이에요. 정말 희한해요. 저는 사람들 마음속에서 무슨 일이 벌어지고 있는지 모르겠어요"라고 회상했다.[3]

교훈은 다음과 같다. 당신이 실패했기 때문에 다른 모든 이들도 실패라고 알 것이라 추측하지 말자. 위대한 음악가 마일스 데이비스는 다음과 같이 말했다. "잘못된 음을 쳤을 때 그다음에 치는 음이 그 연주가 좋은지 나쁜지를 결정한다." 그리고 그다음 음표는 당신이 생각하는 것보다 쉬울 수 있다. 구경꾼의 눈과 귀는 매우 관대할 수 있다. 자신도 미처 깨닫지 못하는 사이에 말이다.

실패도 성공만큼의 가치가 있다

구경꾼들이 실패를 눈치챈 경우라도 당신이 두려워하는 그런 결과를 꼭 낳는 것은 아니다. 우리 대부분에게 그러한 공포는 극도로 불쾌한 정도의 창피함과 책망을 포함하며, 그와 쌍둥이라 할 수 있는 죄책감과 수치심이 뒤따른다. 그러나 홉킨스가 설명하듯 "눈에 보이는 실수가 지닌 가장 기이한 특성은 다른 상황에서는 그 무엇보다 큰 성공으로 이어질 것이라는 점이다."

우선 첫 번째로, 실패는 우리를 더 공감하게 만들어준다. 관객들은 스스로를 완벽함과 동일시하지 않기 때문에 본능적으로 자신이 '절대 실패하지 않는다'고 말하는 공연자를 안 믿는다. 사실상 모든 관객 한명 한명이 개인적으로 실패를 경험했으며 불확실성에 공감할 것이라고 말해도 과언은 아니다. 이것이 내가 절대 실패하지 않을 것이라고 장담하지 않는 이유다. 대신 나는 무대에서 자만심이 아닌 용기와 열린 마음, 그리고 침착함과 긍정적인 마음을 전한다. 나는 관객들이 나와 반대편에 서서 내기를 하고 내 실패를 바라는 것을 원하지 않는다. 내가 완벽하다고 주장하는 순간 관객들은 반사적으로 그리될 것이다. 내가 원하는 것은, 관객들이 나를 위해 조금은 걱정해주고, 내 입장에서 생각해주는 것이다.

홉킨스는 이에 대해 "진짜든 가짜든 땀 흘리는 모습은 효과가 강화되도록 도와준다"라고 말했다. 그리고 이는 비책을 쓸 수 있는 이상적인 바탕을 만들어준다. "당신이 무엇을 할지 관객들은 오직 추측만 할 수 있다는 점을 기억하면, 실제로 미리 계획해둔 탈출방법은 당신이 관객들보다 훨씬 앞서 있게 만들어줍니다. 전혀 기대하지 못한 방법으로 마지막 카드를 고르거나 지명함으로써 패배의 문턱에서 승리를 낚

아챌 수 있게 돼요. 그리고 소비자들은 여기에 열광하는 거죠."[4]

여기서의 핵심은 홉킨스가 말했듯 "성공은 '전환'에서 나온다"는 점이다. 실패에서 성공, 놀라움, 그리고 이에 수반되는 안도로의 전환은 승리에 대한 관객의 인식을 극적으로 바꿔놓는다. 일곱 편의 〈록키〉 영화가 거둔 성공이 바로 그 증거다. 록키 발보아는 치열한 싸움꾼으로, 관객들은 그가 챔피언인 아폴로 그리드와 동등하게 맞서기를 바란다. 그러나 록키는 씩씩하게도 (절차상) 실패를 하고, 짜여진 각본에 따라 패배 직전에 승리를 거두고, 마침내는 적을 물리친다. 사람들은 승자를 좋아한다는 이야기가 있지만 실패 없는 록키는 그 누구도 응원하지 않는 챔피언이 되었을 것이다. 그리고 이 영화를 보겠다고 줄을 서는 일도 훨씬 적었을 것이다.

기억해야 할 점은 과정에서의 실패가 직업적인 실패가 될 필요는 없다는 것이다. 관객들은 가끔 와이어가 보이는 것을 신경쓰지 않는다. 사람은 누구나 실패를 한다. 여론의 현장에서 정말로 중요한 것은 마지막에 이기는 것이다. 이는 생존편향이라고 부르는 인간의 성향 때문이다.

이 인지적 편향은 '역사는 승자의 것'이라는 말로 축약된다. 생존편향은 최종적으로 성공한 사람만이 '중요하다'라는 일반적인 추측을 만들어낸다. 그리고 이는 정말로 그러한 결과를 가져온다. 아이와 어른 모두 정말로 배워야 할 모든 교훈의 원천으로서 승자에게 저절로 기댄다. 패자는 일반적으로 완전히 무시당하거나 묵살당한다.

마술사로서 나는 항상 생존편향을 유리하게 사용한다. 한번은 은행가들과 술을 한잔하면서 묘기를 부린 적이 있다. 필라델피아에 있는 그들의 투자은행에서 공연을 하기 전날 밤이었다. 한 은행가와 수다를 떠는 동안 나는 그의 취향을 칭찬하는 척하면서 그의 블레이저 재킷 옷깃을 만졌다. "소재가 좋네요!" 하고 말하면서 커다란 몸짓으로 시선을 가로막으며 나는 스페이드 2 카드를 그의 재킷 오른쪽 주머니 안에 슬쩍 흘려넣었다. 아직 나는 내 계획이 무엇인지 확신할 수 없었다. 내가 똑같은 스페이드 2 카드를 가지고 있었다면 완벽했겠지만, 그렇지 않았다. 따라서 나는 그의 주머니에 넣어둔 카드의 '짝'으로서 클로버 2 카드를 가지고 뭔가를 하는 것이 낫겠다고 생각했다. 그러나 내가 카드를 펼치기도 전에 또 다른 한 명이 나에게 도전해왔다. "당신이 그렇게 잘나가는 마술사라면서요. 카드를 한번 나타나게 해보는 건 어때요? 이를테면 스페이드 2라든지요."

마술사들은 이러한 기적이 일어나기를 몇 년이고 기다릴 수 있다. 망치지 말자, 하고 나는 생각했다. 서두르지 말자. 내가 재킷 주머니로 곧바로 손을 뻗으면 이 트릭은 '지나치게 완벽'해질 것이고 그렇게 되면 의심을 받게 될 것이다. 대신 나는 에둘러가면서 과장된 몸짓으로 전개 과정을 복잡하게 만들었다. "좋아요." 나는 도전자에게 말했다. "스페이드 … 2 카드란 말이죠?" 내가 전혀 준비되지 않았다고 그가 생각하도록 만들자. 나는 카드패에서 보이지 않는 카드를 꺼내는 척 연기를 했다. 그리고 그 카드를 손 안에서 구겨버린 후 내 목표가 되는 은행가의 재킷 쪽으로 가져가는 시늉을 했다. 나는 눈에 보이지는 않지만 카드를 보내고 있음을 암시할 만큼은 그에게 가까이 가면서도 진짜 카드를 주머니에 넣을 수 있을 만큼 가까이 가지는 않았다. 마침내, 나는 그에게 주머니에 손을 넣어보라고 했다. 자, 음악을 좀 깔아주시고요. … 그리고 꺼냅니다. … 스페이드 2네요!

사람들은 열광했다. 나에게 도전했던 그 사람조차 충격으로 비틀거릴 때까지 팔짱을 긴 채 중얼거렸다. "나쁘지 않아. 나쁘지 않아."

나쁘지 않다니! 이토록 순수한 효과는 몇 년에 단 한 번, 우연과 준비가 만나야 나올 수 있는 법이다.

그러나 그것이 바로 마술사의 비밀이다. 다른 사람들은 이야기나 트릭의 마지막이 어떻게 되어야 하는지 알지 못한다. 따라서 이들은 1부터 52 중에서 무작위로 뽑은 카드가 맞아떨어지는 완전히 감동적인 순간과, 이 경우처럼 공들여 만들 필요조차 없는 대안 사이의 차이점을 구분할 줄 모른다. 대신, 생존편향 덕에 나는 마치 내가 진짜로 초자연적인 힘을 가진 양 이 순수한 우연을 잘 활용할 수 있었다.

그러나 목표가 순수한 오락이 아닐 경우 생존편향은 조심스레 다뤄져야 한다는 것을 기억하는 것이 중요하다. 그렇지 않으면 이는 강력하면서도 위험한 착각으로 이어질 수 있다.

1930년대 듀크대학교에서 초심리학을 연구했던 J. B. 라인의 경우를 떠올려보자. 그는 어떤 사람에게는 초능력이 있다는 증거를 자신이 찾았다고 믿었다. 라인의 실험 가운데에는 제너 카드 다섯 장을 사용하는 실험이 있었다. 제너 카드는 라인의 동료인 칼 제너가 실험대상의 ESP 능력을 시험해보기 위해 설계한 도구다. 각각의 카드에는 별, 십자가, 원 등의 단순한 상징이 그려져 있다. 실험참가자들은 실험자가 바라보고 있는 카드가 무엇인지 말하도록 요청받는다. 라인은 이 한 벌의 제너 카드가 확률의 법칙에 따라 놓인다는 것을 미처 깨닫지 못했다. 그가 평범한 52장의 트럼프 카드를 사용할 때 그 누구든 제대로 정답을 말할 가능성은 실질적으로 낮다. 그러나 오직 다섯 가지 확률이 있을 때 그 가능성은 훨씬 높아진다. 특히나 그 실험참가자가 카드 세는 일을 뛰어나게 잘할 경우에는 더욱 그렇다. 또한 실험참가자의 수가 늘어날수록 정답을 모두 맞히는 사람이 여럿이 될 가능성은 더욱 높아진다.

이 시점에서 생존편향이 라인의 실험 결과를 망치게 했다. 그는 잘못된 답을 낸 모든 사람들을 '강력한 텔레파시'를 가지지 않았단 이유로 결과에서 제외해버렸다. 그리고 모든 자격시험을 운좋게 통과한 이들을 ESP가 존재한다는 '증거'로 떠받들었다. 라인의 실험 결과가 조작됐다는 증거는 차지하더라도, 생존편향을 만들어내는 방법을 사용한 이 실험들은 이후 다시는 사용되지 않았다.

여전히 심령술사들은 고객의 결혼 여부나 죽은 가족에 대한 맞는 추측은 강조하고 틀린 추측은 없애버리거나 감추면서 충성고객층을 쌓아간다. 우리는 대부분 이런 사람들을 사기꾼이라고 부르지만, 여전히 전 세계 수백만의 사람들은 이러한 계책에 넘어간다. 때로는 시간당 수천 달러의 거금을 들이기도 한다.

생존편향은 치명적이면서 비싼 대가를 치르게 만들기도 한다. 제2차 세계대전 동안 연합국은 이 인지적 맹시Cognitive blindness 때문에 전투에서 전사한 조종사보다 더 많은 수의 전투기 조종사들을 잃을 뻔했다. 왜냐하면 초기에 해군 과학자들이 폭격에서 살아 돌아온 비행기들을 조사해보고 폭격기의 날개와 동체, 그리고 후방기관총 발사대를 강화해야 한다고 결론을 내렸기 때문이다. 돌아온 전투기들에서 가장 크게 손상을 입은 부분들이었다.

외로운 통계학자 에이브러햄 왈드는 이 계획에 반기를 들었다. 그는 생존편향이 과학자들을 잘못된 방향으로 몰아가고 있다고 지적했다. 이 전투기들은 총격으로 인한 손상에도 불구하고 살아서 돌아왔다. 왈드는 이에 대해 이 탄흔은 전투기가 공격을 받고도 여전히 회항할 수 있는 부위를 나타낸다고 말했다. 이론적으로 해군은 돌아오지 못한 전투기를 연구해야 했다. 그러나 이는 불가능하므로 과학자들은 총알구멍들에 대한 자신들의 해석을 뒤집어볼 필요가 있었다. 무장 비행기에서 가장 중요한 부분은 살아 돌아온 전투기에서 순전히 우연한 기회로 아무런 총격도 받지 않은 부분이었기 때문이다. 왈드의 방법은 제2차 세계대전뿐 아니라 한국전쟁과 베트남전쟁에서도 적용됐다.

여전히 우리는 교훈을 얻지 못하고 있다. 과학의 세계에서 생존편향은 출판편향Publication bias으로 알려진 광범위한 문제를 낳고 있다. 성공적인 임상실험은 지나치게 과대평가되고(특히나 그 연구가 기업의 지원을 받을 때 더욱 그렇다), 성공하지 못한 실험들은 때론 기록조차 되지 않는다. 2014년 스탠퍼드대학교 연구팀은 2002년에서 2012년 사이의 10년 동안 부정적인 결과가 도출된 사회학 연구는 오직 5분의 1만 출판됐으며 65퍼센트는 전혀 기록되지 않았다는 것을 발견했다. 반대로 긍정적인 결과가 도출된 연구는 60퍼센트가 출판됐다. 모순적이게도, 생존편향에 대해 더 잘 알고 있을 정신의학과 심리학 분야의 과학자들이 오직 긍정적인 결과만 출판할 가능성이 가장 높았다.

왜 이것이 문제가 될까? 에이브러햄 왈드가 보여줬듯, 무엇이 효과 있는지만큼 무엇이 효과 없는지를 알아내는 것도 중요하다. 실패의 기록이 없다면 후대 과학자들은 실패한 실험을 똑같이 되풀이하느라 시간과 돈을 낭비할 수 있기 때문이다. 그리고 대형 제약회사가 새로운 항암제에 대한 수많은 실험에 자금을 지원해 오직 성공한 실험에 대해서만 공개하고 중립적이거나 실패한 80퍼센트의 실험은 그냥 묻어버렸다고 생각해보자. 이는 이 약이 엄청난 성공작이라는 착각을 만들어낸다. 그러나 실험의 종합적인 결과는 실제로 이 약이 효과가 없거나 심지어 위험하다는 것을 보여줄 수도 있다. 실제로 기업이 지원한 연구 가운데 오직 40퍼센트만이 의학저널에 게재된다.[5] 저널에 실린 이 실험들이 성공적이었는지 여부에 내기를 걸어볼 텐가?

증권 중개인들 역시 같은 방식을 쓴다. '승자'로서 자신들의 명성을 높이기 위해 실패는 묻어버리는 것이다. 일부 벤처투자가들 역시 마찬가지다.

투자가 론 콘웨이는 '실리콘밸리의 대부'로 불린다. 동시에 그는 생존편향의 달인으로 꼽히기도 한다. 1990년대 초부터 콘웨이는 수없이 많은 인터넷 기업에 투자하고 있다. 그는 개인적으로 관심을 기울이고 밤낮으로 이메일을 보내는 것으로 유명하다. 또한 고객을 대신해 간섭하고 밀어붙이기도 한다. "저는 사업가가 결과적으로 수익을 거두게 되는 한 누가 나에게 화를 내든 그다지 상관하지 않습니다.”
그는 이렇게 말한다.

론 콘웨이는 성공가도를 달리고 있다. 그것도 극도로. 그루폰, 드롭박스, 에어비앤비 등 이름만 들어도 알 수 있는 각 기업은 수십억 달러 이상의 가치를 지니고 있다. 그리고 그는 이 기업들 ‘모두’의 초기 투자가로서 상당한 수익금을 벌고 있다. 그러나 사람들이 보지 못하고 놓치는 부분은 그가 얼마나 자주 실패하는지이다.

실제로, 그는 무작위로 뿌려놓고 뭔가가 걸려들길 바라는 ‘스프레이 앤 프레이Spray and pray’식 투자라고 부르는 전략을 통해 실패를 사업계획에 포함시킨다. 그는 5만 달러에서 20만 달러의 초기 투입자본을 출발선상에 선 여러 스타트업 기업에 투자한다. 현재로서는 한 주에 하나의 아슬아슬한 스타트업에 투자하는 꼴이다. 그렇게 일년에 52개 기업이 된다. 그리고 이 기업들 중 다수에게 그는 구세주다. 그러나 그가 하는 투자의 삼분의 일은 실패다. 그에게는 완전히 손해를 입힌다. 또 다른 삼분의 일은 본전이다. 오직 나머지 삼분의 일만이 진짜 성공을 거두게 되며, 아주 극소수만이 공전의 히트를 치게 된다.

어찌 보면 이는 정보조작의 문제라고 말할 수도 있겠다. 콘웨이는 애드브라이트, e토이즈, 송버드 또는 기타 다른 손실은 이력서에 쓸 필요가 없다는 것을 알고 있다. 그래서 쓰지 않는다. 그는 훌륭한 마술사들과 마찬가지로, 성공에 대해 이야기할 때는 관객들이 보지 못하는 부분이 관객들이 보는 부분만큼이나 중요하다는 것을 안다.

동시에, 콘웨이와 왈드 같은 사람들은 이 세상에서 실패가 억울한

누명을 쓰고 있다는 것을 뼈저리게 안다. 대중들이 전혀 보지 못할 때에도 손실은 우리에게 필요한 교훈을 알려주고 우리가 회복력을 갖출 수 있게 만들어주는 필수적인 정보의 보고가 된다. 최고의 투자가 워런 버핏 역시 이에 동의한다. 1991년 버핏은 에모리 경영대학원에서 관객들에게 이렇게 말했다. "저는 종종 성공한 사업보다는 실패한 사업을 연구할 때 얻을 것이 더 많으리라는 생각을 합니다. 우리 회사에서는 사람들이 어디서 길을 잃고 왜 물건들이 제대로 작동하지 않는지 연구하려고 애쓰죠."[6]

실패가 가치 있는 이유 중 하나는 성공보다 훨씬 더 기억에 오래 남기 때문이다. 칭찬과 발전은 누구나 원하는 것이지만, 대중 앞에서 망치는 일은 그보다 더 잊히지 않는다. 경영과학자 비닛 데사이와 피터 매드슨은 항공우주기업들의 실패 이유에 대해 들여다보았다. 지분이 말 그대로 성층권에 올라가 있는 기업들이었다. 이들은 4,600건 이상의 우주발사계획을 검토했고, 426개 관련 기업의 실적과 비교했다. "우리는 성공에서 얻은 지식들은 순식간에 달아나버릴 때도 있다는 것을 발견했어요. 반면에 실패에서 얻은 지식은 몇 년이고 그대로 남아 있게 됩니다." 데사이가 말했다.[7]

이것이 바로, 많은 벤처투자가들이 창업자가 실패를 경험하지 않은 새 기업에 투자하는 걸 거부하는 이유다. 실패 경험이 없는 창업자는 스스로가 무엇을 모르는지에 대해 전혀 알지 못할 가능성이 매우 높다. 그가 그 사실을 왜 모르며 어떻게 해야 알게 되는지는 굳이 말할 것도 없다.

이 모든 것은 창조적인 기술자로서 우리는 실패의 가치에 대해 감사해야 한다는 의미다. 우리가 성공의 착각을 은밀히 조작하고 있을 때도 마찬가지다. 이는 세기의 작가 가운데 한 명인 J. K. 롤링이 2016년 하버드 졸업식에서 연설을 하며 전달한 메시지다.

롤링은 "무엇인가에 실패하지 않고 산다는 것은 불가능한 일입니다. 차라리 아예 죽는 것이 낫겠다 싶을 정도로 조심스레 살지 않는 이상 말이에요. 그리고 그렇게 산다면 당연히 실패하게 되어 있어요"라고 가장 중요한 이야기를 전달했다.

수백만에 이르는 롤링의 팬들 대부분이 모르는 것은 젊었을 적 그녀도 엄청난 실패를 겪었다는 것이다. "유난히 짧았던 결혼생활은 파탄이 났어요. 저는 직업도 없는 싱글맘이었죠. 현대 영국의 노숙자가 아니었다뿐이지 제가 가장 가난했을 거예요." 그리고 이는 그녀에게 커다란 깨달음을 주었다.

실패 덕에 저는 중요하지 않은 것들을 모두 벗어버릴 수 있었어요. 저는 진짜 제 자신보다 잘난 사람인 척하는 것을 그만뒀죠. 그리고 제 모든 에너지를 저에게 중요한 일들을 마무리짓는 데에 쏟기 시작했어요. 만약 제가 어떤 면에서든 성공해봤더라면 정말로 저를 위한 곳이라고 믿는 분야에서 성공해야겠다는 결심을 하지 못했을 거예요. 저는 자유로웠어요. 왜냐하면 가장 큰 공포가 현실이 되었고, 그럼에도 저는 여전히 살아 있었거든요. 최악의 상황은 제가 제 인생을 다시 시작할 수 있는 단단한 기반이 되어주었어요.[8]

니체는 "우리를 죽이지 못하는 것들은 우리를 강하게 만들어줄 뿐이다"라고 말했다. 그 누구도, 특출난 천재를 제외하고는 성공으로 시작할 수 없다. 아주 평범한 보통 사람인 우리 대부분은 완벽해지기 위해 끝없이 연습해야 하고, 연습의 과정에서 실패는 피할 수 없는 것이다. 걸음마를 막 배우는 아기는 넘어지게 마련이다. 예술가는 창작의 자연스러운 일부로서 첫 획을 지우고 문지르고 다시 작업한다. 포크너의 유명한 말처럼 작가들은 탈고를 하면서 '가장 소중한 이를 죽이는 법'을 배우게 된다. 퓰리처상 수상자인 리처드 루소는 "영겁의 시간이 걸려 책을 쓴다. 그리고 온갖 종류의 실수를 저지른다. 그러다가 마침내 당신은 자신이 무슨 짓을 하고 있는지 깨닫게 된다. 그리고 다시 처음으로 돌아가, 찾아낼 수 있는 모든 최악의 실수들을 걷어낸다. 그리고 당신은 마치 당신이 무엇을 하고 있는지 알고 있는 양 다시 작품을 만들어낸다. 이것이 바로 당신의 마지막 착각이다"라고 말하기도 했다.[9]

노벨상 수상자 역시 모든 눈부신 발견에 앞서 수도 없이 실패로 돌아간 실험들을 수행했다. 토머스 에디슨은 실패의 필요성을 다음과 같이 강조했다. "나는 실패하지 않았다. 그저 제대로 작동하지 않는 만 개의 방법을 찾아냈을 뿐이다."

마술사들도 마찬가지다. 나는 대중 앞에서 공연하기 전에 모든 재료들을 시험해본다. 어떨 때는 수백 번도 더 시험할 때도 있다. 그러나 그 마지막만이 진짜 핵심이다. 나는 친구들 앞, 즉 무대 밖이자 커튼 뒤에서 연습할 때는 안심하고 실수를 저지른다. 이를 통해 마침내 공개된 장소에 섰을 때는 내가 성공하리라는 최고의 자신감을 가지게 된다.

비책 마련하기,
어떤 비책이 효과적일까

어릴 적 내가 보던 비디오 속의 마술사들은 나에게 무대 양끝 보이지 않는 곳에 소소한 트릭이 담긴 박스를 놓아두라고 가르쳤다. 그러면 커튼이 제대로 가려지지 않거나 올라가지 않을 때, 또는 내 도구 가운데 하나가 망가졌을 때에도 나는 여전히 관객들에게 마술을 보여줄 수 있고 관객들은 그것이 공연의 일부라고 생각하게 되는 것이다.

어느 정도는 맞는 이야기다. 긴급비상대책과 예비 트릭들은 내가 '안전용 비책'이라고 부르는 것들이다. 플랜 B처럼 이러한 비책은 우리가 미리 예상했던 위험들을 무릅쓰고 기적적인 결말을 노려볼 수 있도록 해준다. 경영이나 인생에서만큼이나 마술에서도 중요한 부분이며 보이지 않게 공연구조 속에 의도적으로 배어 있게 된다.

이는 새로운 시도를 선보이기 전에, 제품이나 사업 또는 관계로 발전하기 전에, 이러한 비책의 대부분을 개발해놔야 한다는 의미다.

- 우선, 일이 잘 풀릴 것이라며 모든 세부사항을 믿기 전에 잘못될 가능성이 있는 부분에 대해 생각해보자. 커튼이 안 올라갈 수

있다. 공연 첫날 비가 올 수도 있다. 직원들이 파업을 할 수 있다. 안전용 비책을 계획하기 위해서는 과거의 실패를 활용하도록 하자.

- 이제는 성공으로 가기 위한 우회도로를 계획해보자. 이때 큰길은 폐쇄돼야 한다. 커튼 앞으로 걸어나갈 준비를 하자. 개회행사를 실내에서 열자. 파업 중인 직원들과 협상하는 동안 최소한의 인원으로 업무를 계속하자. 지난번에 미리 계획만 세워놓았더라면 무엇이 당신을 구해줄 수 있었을까?
- 필요하다면 당신만의 '소소한 트릭이 담긴 박스'를 꾸려내자. 즉, 당신의 안전용 비책을 펴기 위해 필요한 모든 도구, 상비금, 그리고 내부 팀인원 등을 준비해놓자.
- 마지막으로, 여러 가지 선택의 가능성이 열려 있는 공연을 위해 각본을 짜자. 그리하여 그 비책을 발휘해야 할 경우 관객들에게 알리지 않고도 이를 사용할 수 있는 여지를 남기자. 그러한 각본은 원래 계획에서 벗어난 그 어떤 이탈도 마치 계획의 일부였던 것처럼 보이게 하는 착각을 만들어낸다.

안전용 비책은 그 목표가 실패의 위험성을 줄이려는 것인지, 성공의 가능성을 높이려는 것인지, 아니면 이 둘을 동시에 이룩하려는 것인지에 따라 여러 가지 형태를 띠게 된다.

안전용 비책 1번: 백업 계획

백업 계획은 최적의 연기 가운데 일부가 불발됐을 때만 쓰이도록 계획된다. 이는 당신의 첫 번째 선택은 아니지만 예상되는 실패에서 당신을 구해줄 것이다. 나는 이러한 유형의 비책에 대해 십대 시절 마술가게에서 간단한 트릭을 구경하다가 깨달았다.

한 고전적인 트릭을 선보이며 이 '초능력자'는 이렇게 외쳤다. "제가 예언을 해보겠습니다!" 그는 탁자 위에 세 가지 포커 칩을 올려놨다. 초록색 하나, 빨간색 하나, 그리고 하얀색 하나였다. 그러더니 나에게 손짓하며 거들먹거렸다. "나는 네가 무슨 색을 선택할지 알고 있어!" 그런 다음에 그는 종이 한 장과 펜을 집어들었다. "아무 포커 칩이나 떠올려봐. 그리고 이게…" 하고 그는 펜으로 종이를 두드렸다. "네가 선택한 걸 나타낼 거야. '빨강', '초록', 아님 '흰색'이라고 써봐."

내가 '빨강'이라고 썼다고 치자. "너는 이제 종이에 쓴 네 선택을 지켜야 해. 바꿔서는 안 돼!" 마술사는 분명히 말할 것이다. "그리고 나는 네가 빨간색 포커 칩을 골랐을 줄 알고 있었어. 그리고 이제 곧 포커 칩을 뒤집어서 그 뒤에 뭐라고 쓰여 있는지 한번 보자." 그는 계속 말을 이어간다. "하지만 우선, 하얀색 포커 칩을 뒤집어서 뒤에 아무것도 안 쓰여 있다는 것을 확인해보자." 나는 하얀색 포커 칩을 뒤집어본다. 아무것도 없다. "이제 초록색 포커 칩을 뒤집어서 그 뒤에 아무것도 없다는 것도 보여줘." 예언했던 대로 아무것도 없다. "드디어 진실의 순간이 다가왔어… 네가 선택한 빨간색 칩을 뒤집어봐." 나는 빨간색 포커 칩을 뒤집어서 뒤에 "당신은 이 포커 칩을 선택할 것입니다"라고 쓰인 것을 발견한다. 이 소위 '초능력'은 대박을 쳤다. 내 선택 덕에 그의 플랜A는 성공을 거둔다.

그러나 내가 하얀색이나 초록색을 선택했다면 어땠을까? 그는 그 상황을 두려워하지 않았을 것이다. 왜냐하면 뒤에 글자가 쓰인 칩은 오직 하나일지라도 그에게는 예비로 플랜 B나 플랜 C가 있었을 것이기 때문이다. 게다가 이러한 안전용 비책을 쓰기 위한 트릭의 각본도 짜놨을 것이다. 마술사가 "네가 무엇을 선택했는지는 칩 아래쪽에 쓰여 있을 거야"라고 말한다면, 이 말은 그를 오직 하나의 서사에만 가둬두게 된다. 대신 그는 모호하게 말을 할 것이다. "나는 벌써 예언을 했다." 이런 말은 그에게 많은 여지를 남겨주게 된다. 기억하자. 마술사는 나에게 색깔을 떠올리라고 지시한 뒤 "이게 네가 선택한 걸 나타낼 거야"라고 말했다. 그리고 펜으로 종이를 두드린다. 이러한 제스처를 가지고 그는 두 가지 가능한 결말을 만들어낸다. 바로 펜과 흰 종이다.

만약 내가 초록을 선택했다면 그는 "이게"라는 말이 펜을 뜻했다고 농담을 던질 것이다. 왜냐하면 그는 펜 옆면에 "너의 선택은 초록이다"라고 써놨기 때문이다. 내가 만약 흰색을 골랐다면, 그는 나에게 종이를 뒤집어보라고 얘기할 것이다. 그리고 그 종이 뒤에는 굵은 글씨로 "너는 하얀색을 선택할 것이다"라고 쓰여 있을 것이다. 따라서 내가 이 트릭 뒤에 숨은 비밀을 모르는 사람이라면 이 세 가지 '증거'로 인해 이 마술가게 주인이 제대로 예언을 했다고 확신하게 될 것이다. 그리고 생존편향 때문에 나는 그가 실제로 초능력을 가졌다고 믿게 될 수도 있다.

백업 계획은 경영에서도 마찬가지로 작동한다. 아마존의 초창기 디자인이 바로 그 예다. 제프 베조스가 1995년 온라인 서점을 처음 열었을 때 아마존의 모델은 '모두 다 팔고 조금만 들고 있자'였다. 이 회사는 실제로 오직 2,000여 권의 책만 재고로 가지고 있으면서도 100만 종 이상의 책을 판매하고 있었다. 어떻게 된 일일까?

이 모든 계획은 도서 도매상과 출판사가 맺은 소위 '직배송' 계약의 형태를 띤 안전용 비책에 의존하고 있었다. 아마존이 재고로 가지고 있지 않은 책을 고객이 주문할 경우, 이 주문은 그 책을 가지고 있는 안전용 비책 가운데 하나로 전달되는 것이었다. 그리고 아마존이 전능하다는 착각은 실제 발송자가 누구이든 배달되는 모든 책의 포장재와 라벨 덕에 보호받을 수 있었다. 책을 받는 고객의 눈엔 그저 '아마존 구입'이라는 글씨만 보인다.

이러한 백업 발송자 시스템의 성공은 물론 아마존이 후에 이 모든 과정을 뒤집을 수 있는 길을 마련해줬다. 아마존은 자사 소유의 거대한 창고를 지었고 제품 제안폭을 과감하게 확대했으며 판매하는 모든 제품을 재고로 보유하고 있다. 효율성과 배달속도는 이 기업의 특징이 되었다. 그리고 '풀필먼트 바이 아마존FBA' 서비스와 함께 큰 변환을 맞게 된다.

갑자기 아마존은 한때 자신들이 (남몰래) 그랬듯 소규모 판매자들을 위한 백업 배송 계획을 수립했다. 독립 판매자들은 이제 자신들이 충족시킬 수 없는 주문들을 발송하기 위해 아마존에 의존할 수 있게 되었다. 아마존의 비책은 돌고 돌아 이제는 대비책이 아닌 아마존만의 최대장점으로 자리잡게 됐다.

　백업 계획은 우리가 모든 것을 잃을 위험을 감수할 필요 없이 뭔가 큰일에 투자할 수 있도록 해주는 출구전략으로 변형될 수 있다. 사업에서 출구전략이란 특히나 투자자들에게 구애할 때 중요하다. 투자자들은 그 회사에 무슨 일이 벌어지건 간 상관없이 장기적으로 수익을 올릴 수 있는지 확신을 얻고 싶어 한다. 하지만 가장 휘황찬란한 아이디어나 제품들조차도 시간이 가면 흐지부지되거나 경쟁자들에게 발목을 잡히게 된다. 그리고 모든 조직이 무한정 혁신을 유지할 수 있는 자원이나 능력을 가자는 건 불가능하다. 따라서 안전용 비책은 처음부터 사업모델 안에 장착되어 있어야 한다.

　이는 1980년에 특수한 펌프용기에 담긴 액체비누를 소프트솝이라는 브랜드로 만들어낸 로버트 R. 테일러의 생각이었다. 자신의 제품이 곧 복제품들에 의해 묻히리라는 것을 알고 있던 테일러는 제작자들이 보유하고 있는 모든 펌프용기를 사들였다. 이는 첫 1년 간 그를 유리한 고지에 올려놓았고 소프트솝이 공전의 히트를 칠 수 있게 도왔다. 소프트솝은 첫 6개월 동안 2,500만 달러 이상의 수익을 올렸고, 두 번째 해에는 1,000만 달러의 수익을 올렸다. 그러나 테일러는 상대적으로 규모가 작은 자신의 회사 '미네통카 코퍼레이션'이 이 브랜드를 장기적으로 보호할 수 없으리라는 것을 잘 이해하고 있었다. 그는 탈출 경로를 준비했다. 그리고 매출이 꺾일 듯한 첫 신호를 보이자마자 브랜드를 더 큰 회사에 팔았다. 그러기까지 7년이 걸렸다. 미네통카는 소프트솝을 대기업인 콜게이트 팔모리브에 매각했고, 테일러는 동일한 출구전략에 기대어 최초의 펌프식 안티프라그 치약을 개발했다. 또한 최고의 향수인 '옵세션'과 '이터니티'를 만들었다. 마침내 1989년 테일러는 가장 마지막 낙하산을 펼쳤다. 그는 3만 7,600달러를 받고 미네통카 자체를 유니레버에 매각한 것이다.[10,11]

또 다른 출구전략의 유형은 보험이다. 말 그대로, 보험이 주는 이점을 절대로 평가절하해서는 안 된다. 가구의 혁신 이케아가 스웨덴 스톡홀름에 문을 연 플래그십 스토어는 1971년 화재로 인해 거의 전소되다시피 했다. 그러자 보험회사는 창업자 잉그바르 캄프라드에게 자금을 지원해주었다. 그 덕에 캄프라드는 매장을 새로 지었을 뿐 아니라 셀프서비스를 포함한 새로운 접근법을 실험해볼 수 있었다. 이 새로운 시스템은 비용 절감과 함께 이케아의 고객수용력을 근본적으로 향상시켜주었다. 캄프라드는 실패의 문턱에서 살아남아 승리를 거머쥘 수 있었다. 그러나 이는 그가 진부한 안전용 비책에 미리 투자했었기 때문에 가능한 일이었다.

세 번째 타입의 백업 계획은 공연자가 '바람잡이'라고 부르는 행위를 변형시키는 것이다. 〈새터데이 나이트 라이브〉와 같이 관객과 함께하는 생방송 TV쇼는 가끔 실제 출연진으로 구성되는, 그다지 비밀이라 할 수 없는 바람잡이를 쓴다. 마술사가 바람잡이를 쓸 때, 그들 역시 계획된 연기의 일부다. 이들은 마술 뒤에 숨겨진 방법의 일부며 관객들을 속이기 위해 그 자리에 선다. 따라서 엄밀히 따지자면 바람잡이는 비책이라 하기 어렵다.

또한 마술에서 바람잡이는 논란을 일으키기도 한다. 영향력 있는 저서 『전문가 카드 기술Expert Card Technique』(1940)의 공동저자인 진 휴가드와 프레데릭 브라우는 공모자를 활용하는 마술사에 대해 "관객들로부터 거짓으로 찬사를 받는 것이다. 그는 아무것도 하지 않았고 그도 그 사실을 알기 때문에 관객들의 인정을 받을 자격이 없다"라고 비판했다. 그럼에도 불구하고 많은 마술사들, 특히나 케이블 TV에서 연기하는 마술사들은 수백만 시청자들의 즐거움을 보장할 수 있다면 잘못된 것은 없다는 입장을 고수한다.

조금 다른 맥락에서 비밀 공모자는 가치 있는 백업 보험으로 사용될 수 있다. 하버드 경영대학원 교수인 맥스 베이저만은 "학생이 뭔가 부적절하고 관련 없는 이야기를 할 때, 그리고 자신은 그다음에 해야 할 말을 모를 때, 또는 그에 대해 응답한 내용이 기록되길 원치 않을 때" 자신에게 비책이 가장 필요하다고 말했다. 만약 베이저만이 그가 쩔쩔매고 있다는 사실을 드러내게 되면 그는 수업을 주도해나가는 힘을 잃을 위험에 처한다. 따라서 그는 "이 대답에 대해 다른 학생들은 어떻게 생각하죠?"라고 물으며 나머지 관객들로부터 대답을 유도하는 비책을 사용할 것이다. 더 좋은 것은 믿을 만한 학생에게 몸을 돌려 적당히 야무지고 생각이 깊은, 아니면 흥미로운 대답을 끌어낸 후에 논의를 제자리로 돌려놓는 것이다.

유사하게, 인터뷰에서도 이미 대답할 준비가 되어 있는 질문 리스트를 기자에게 제공함으로써 상황을 완벽히 주도하는 것만큼 좋은 방법이 없다. 이는 인터뷰를 하는 사람과 당하는 사람 모두에게 안전용 비책으로 작동한다. 인터뷰는 매끄럽게 진행될 것이고 어색한 침묵을 피할 수 있을 것이다. 특히나 관객들 앞에서 생방송으로 TV 인터뷰를 하고 있다면 특히나 귀중한 전략이 될 것이다.

『설득의 심리학』(21세기북스, 2013, 2015)의 저자 로버트 B. 치알디니는 과학자들에게 동일한 조언을 하고 있다. 과학자들은 질문을 준비할 만큼 주제에 대해 충분히 숙지하고 있지 않은 기자와 인터뷰를 하는 상황에 종종 처한다. 치알디니는 미리 좋은 질문들이 제공되는 상황에 대해 "모든 사람에게 윈-윈이 됩니다. 기자들은 과학계의 발전에 대해 관객들에게 알려주고 더 큰 흥미를 느낄 수 있게 해줍니다. 그리고 과학자는 자신의 연구에서 위대한 발견이자 과학적 근간이 된다고 생각하는 부분에 초점을 맞출 수 있게 됩니다"라고 말했다.[12]

비책 없는 트릭

때로는 위험성을 상쇄시켜주는 그 어떤 비책의 힘도 무시하는 위험천만한 마술이 있다. 그러한 묘기를 바로 '러시안 룰렛'이라고 부른다.

'못 룰렛' 또는 '스파이크'라고도 알려진 이 위험한 스턴트 묘기는 여러 개의 종이봉지 중에서 뾰족한 끝이 위를 향하고 있는 못이 들어 있는 봉지가 무엇인지 마술사가 알고 있는지를 시험해본다. 마술사는 자신의 '식스센스'를 이용해 어떤 종이봉지가 '안전한지' 판단하고는 그 봉지 위로 손바닥을 힘껏 내리쳐서 그 안에 못이 없음을 증명한다.

종종 마술사들은 뾰족한 스파이크가 어디에 있는지 헷갈려서 못 위에 손바닥을 내리치기도 한다. 상상하는 그대로, 이러한 실수는 마술사가 비명을 지르며 무대에서 달려나가게 만들어서 공연을 끝내버린다.

더욱 극적인 변화를 주기 위해서 마술사는 관객참여자를 구슬려 마술사가 안전하다고 고른 봉지를 시험해보도록 한다. 이 역시 끔찍한 방향으로 흘러갈 수 있다. 한 폴란드 마술사는 2016년 6월 TV 생방송에서 쇼의 자신을 믿어보라고 말하며 쇼 진행자를 설득했다. 그리고 그 진행자는 손바닥에 못이 꽂히는 부상을 입게 됐다. 위험한 마술을 선보일 때 비책의 중요성은 여러 말이 필요 없다. 비책 때문에 부상을 방지하거나 피할 수 없다면 그 트릭은 위험을 무릅쓸 가치가 없다 할 것이다. 매직 캐슬은 그렇게 결론지으며 2015년 러시안 룰렛 공연을 금지했다.

안전용 비책 2번: 스택트 덱과 헤지

백업 계획이 실패를 방지하기 위해 쓰이는 것이라면 스택트 덱Stacked Deck은 마술사에게 또 다른 성공의 기회를 안겨준다. 스택트 덱은 장점을 극대화한다.

내가 네 장의 그림카드들(킹과 퀸, 잭의 얼굴이 그려진 카드 – 옮긴이)을 내놓는다고 생각해보자. 나는 "잭이 좋아요, 퀸이 좋아요, 아니면 킹이 좋아요?"라고 물을 것이다. "자유롭게 선택하세요." 그러나 이 카드더미는 이미 나에게 유리하게 쌓여 있다. 쉬운 진행을 위해 나는 네 장의 킹 카드를 바닥에 놓고 네 장의 퀸 카드를 위에 놓을 것이다. 이 두 가지 위치를 바탕으로 나는 이 카드들이 마술처럼 나타나도록 만들 수 있다. 그리고 다른 두 장보다 선택될 가능성이 아주 약간 낮은 잭 카드는 모두 카드더미 중간에 모아둘 것이다. 그리고 아마도 당신이 그 사실을 눈치채기도 전에 나는 그 카드들을 쉽게 나눌 수 있을 것이다.

또는 아주 기본적인 트릭을 생각해보자. 내가 스페이드 6, 클로버 킹, 하트 9, 그리고 다이아몬드 에이스라는 오직 네 장의 카드로만 구성된 카드 한 벌을 실제로 쌓는 것이다. 이 카드더미의 다양한 색깔과 무늬는 내가 관객들에게 카드 앞면이 보이도록 펼쳐서 흔들어 보일 기회를 부여해준다. 언제나 있게 마련인 눈이 빠른 사람들에게 이 카드들은 공정해 보일 것이다. 그후 나는 자원자 한 명에게 아무 카드나 뽑아서 그 카드를 보고 기억하도록 부탁한다. 내가 해야 할 일은 가능성을 하나로 좁히기 위해 두 가지 질문을 던지는 것이다. "빨간 카드였나요?" "아니라고요? 아, 그렇다면 검정색 카드였겠군요!" (모든 실수는 농담이 된다.) "그림카드였나요?" "그래요? 그렇다면 당신이 생각하는 카드는 … 클로버 킹이겠네요."

똑똑한 투자가들은 자신의 포트폴리오를 쌓으면서 유사한 접근법을 사용한다. 앞서 이야기한 '스프레이 앤 프레이' 투자의 왕인 론 콘웨이를 떠올려보자. 그가 아무 스타트업 기업에나 돈을 뿌리고는 어떤 기업이 성공할지 기다리기만 하는 것으로 보일 수도 있다. 그러나 그는 단 한푼이라도 투자하기 전에 각각의 후보에 대해 꽤나 꼼꼼한 자산실사를 함으로써 위험을 방지한다. 다시 말해 콘웨이는 결코 눈먼 도박을 하지 않는다.

다른 성공적인 사업가들도 마찬가지다. 사회학자 미셸 빌레트와 역사학자 카트린 뷔예모는 성공한 사업가들에 대한 연구인 『포식자에서 우상까지 From Predators to Icons』(2009)에서 다음과 같이 썼다. "위험을 무릅

쓴다는 것은 커다란 사업성공을 설명할 때 그다지 도움이 되지 않는다." 성공을 위해서는 위험의 축소가 요구된다는 것이 더 정확한 말일 것이다. 워런 버핏, 베르나르 아르노, 짐 클락, 그리고 리처드 브랜슨 경과 같은 억만장자이자 경영의 귀재들을 포함해 이 책에서 다루는 우상들은 "보통 그들의 경쟁자들보다 오래 버텼다. 왜냐하면 경쟁자들에 비해 예측 불가능한 시장상황에 덜 노출되도록 현지화되고 즉각적인 절차를 마련할 수 있었기 때문이다"라고 묘사된다.[13] 아르노는 파산 직전의 직물회사 부삭을 인수하기 위해 4,000만 프랑을 지불해야 했지만, 부삭은 크리스찬 디올과 봉 마르셰 백화점의 모기업이었다. 이러한 자산 덕에 부삭의 전매轉賣가격은 아르노가 들인 돈의 몇 배나 됐다. 그러니 그는 무슨 위험을 감수한 것일까?

이 책에 등장한 아이콘들에는 프랑스 항공업의 선구자 마르셀 다소도 포함된다. 다소는 프랑스 공군을 위한 전투기 성과 연구에 참여해 1916년 새로운 디자인의 비행기 프로펠러를 제안했다. 그후 그는 가구공장 한 곳을 프로펠러 제작업체로 바꾸었다. 1년 만에 다소는 항공기 한 대를 만들었다. 그는 프랑스군에게 이 비행기에 대해 미리 전액 지불하도록 주장했다. 이것이 바로 실패의 위험을 미연에 방지하는 헤지의 또 다른 예다.

또 하나의 예로, 연방준비제도이사회의 앨런 그린스펀 전 의장이 '비이성적 과열Irrational exuberance'이라고 부른 시대에 위험 헤지는 착시를 꿰뚫어볼 수 있는 능력을 필요로 한다. 투자전문가 존 폴슨이 바로 이를 증명하는 정확한 예다. 그는 월스트리트 자본의 대부분이 몰렸던 부동산 거품과는 반대로 투자를 한 인물이다. 폴슨은 꼼꼼하게 분석한 데이터와 함께 경제의 기본 원칙을 거부하는 시장의 '마술'을 믿지 않는 것으로 스택트 덱을 구성했다. 그는 도박을 하기 전에 승률을 미리 파악했다. 내가 누군가에게 가장 좋아하는 카드를 고르라고 부탁할 때와 마찬가지다. 폴슨은 모기지 산업은 부동산 가격이 상승을 멈추는 순간 파산할 것이라고 결론 내렸다. 그리고 이미 그럴 시점이 지나고 있었다. 그는 수백만 달러의 모기지에 대비한 보험을 사들였다. 악명 높은 신용부도 스와프(기업의 부도로 인해 채권이나 대출 원리금을 돌려받지 못할 경우에 대비한 신용파생상품 – 옮긴이)라고 불리는 수단을 사용한 것이다. 2007년과 2008년 부동산 거품이 꺼지면서 폴슨의 회사는 이 비책 덕에 200억 달러를 벌 수 있었다. 전 세계적으로 약 15조 달러의 손실이 발생한 와중이었다.[14]

안전용 비책 3번: 재즈 또는 구간반복

나는 종종 노련한 카드마술사를 재즈 뮤지션에 비교한다. 우리 마술사들은 트릭에 대한 정해진 플롯 없이 한 벌의 카트 가운데서 카드를 골라 조작할 때 이를 '재즈'라고 부른다. 우리는 카드를 마음대로 바꾸고 섞을 수 있다고 자신하는 수많은 움직임을 알고 있다. 우리는 비책을 미리 계획하지 않지만 필요할 때 쓸 수 있다는 것을 안다. 그리고 언제나처럼 우리는 그 누구에게도 이야기의 결말을 이야기하지 않기 때문에 우리에게 가장 필요한 경로를 선택할 수 있다.

가끔 나는 관객들에게 스페이드 에이스 카드를 보여주며 시작한다. 그런 뒤 다양한 방식의 즉흥적인 카드 섞기와 찔러넣기를 통해 같은 카드를 몇 번이고 반복해서 보여준다. 마술사의 이러한 손놀림은 기타리스트의 코드 진행과 같다. 우리는 군이 생각하지 않아도 이 묘기를 보여줄 수 있을 때까지 계속 연습한다.

재즈는 또한 필라델피아 투자은행가들과의 술자리에서 나를 도와준 것 같은 기회를 잘 활용하는 것도 포함한다. 내가 우연히 구경꾼의 지갑이 열려 있는 것을 알아차린다면, 나는 카드를 '찔러넣는' 손동작을 통해 트릭의 마지막에 카드가 지갑 속에서 '마술처럼' 나타나게 만들 수 있을 것이다. 누군가가 음료수 잔을 내려놓는 모습을 본다면, 나는 카드를 잔 밑에 밀어넣고 나중에 이를 발견하도록 이끌어가기 위해 미스디렉션을 사용할 것이다. 재즈란 그 어떤 순간에도 마술을 부릴 수 있는, 즉흥적인 행위를 의미한다.

재즈는 즉각적으로 주어진 기회에 신뢰할 만한 방법들을 결합하기 때문에 위험성은 줄어들고 동시에 성공의 가능성은 높아진다. 오늘날 경영분야에서는 이런 식의 형태변화를 '구간반복Iteration'이라고 부른다. 구간반복은 예고 없이 과정의 중간쯤에서 발생한다. 마치 페이스북 페이지가 이해할 수 없는 방향으로 바뀌는 것과 마찬가지다. CNET 뉴스기자 캐럴라인 매카시는 이 과정에 대해 "오래된 제품은 단종된다. 새로운 제품은 매년 대규모로 일시에 재출시되는 것이 아니라 한 번에 하나씩 출시된다. 실험적인 특성들은 드러났다가 사라진다"라고 설명했다.[15]

구간반복은 현장실습과 같다. 관객 앞이지만 철저한 관리하에 일어난다. 따라서 위험성은 실제로 존재하지만 높지는 않다. 이 시도가 제대로 작동했으면 그다음 구간으로 전진하게 된다. 제대로 작동하지 않았다면, 그다음 시도는 잘못이 다시 일어나지 않도록 변경된다. 매번 투입 횟수가 늘어날 때마다 정확도도 높아진다. 그러는 동안 전반적인 기업활동의 거대한 톱니바퀴는 중단 없이 구간반복을 계속하며 돌아가게 된다.

이를 일본어로는 '카이젠Kaizen' 또는 '지속적인 개선'이라고 부른다. 토요타 생산시스템의 핵심에는 카이젠이 있다. 그리고 이는 제2차 세계대전 직후까지 거슬러 올라간다. "목표는 갑작스럽고 거대한 도약을 이루려는 것이 아니라 매일 모든 것이 나아지게 만드는 것이다." 경영전문 작가 제임스 서로위키는 토요타와 관련해 「뉴요커」에 기고한 글에서 이렇게 설명했다. "예전처럼 터치다운을 하기 위해 장거리 패스를 시도하는 대신 토요타는 작지만 꾸준히 개선을 이뤄가며 골을 향해 달려나갔다."[6] 개선은 대부분 신호전송기나 카드시스템을 다시 설계하거나 선반 위 부품을 다시 정리하는 것과 같은 작은 변화에서 이뤄졌다. 모든 아이디어가 효과가 있었던 것은 아니다. "그러나 매일 점증적으로 토요타는 어제보다 조금 더 많은 것을 깨닫고 조금 더 나은 방식으로 일하게 됐다."

구간반복에 대한 기본적인 가정 가운데 하나는 그 어느 것도 늘 같지는 않다는 것이다. 상황과 비용은 변한다. 직원들도 변화한다. 고객과 고객의 필요, 그리고 욕구도 바뀐다. 지속적으로 말이다. 살아남기 위해 조직은 이러한 변화에 대응할 수 있도록 날렵하게 움직여야 한다. 그렇기 때문에 구간반복은 하나의 비책이 된다. 이는 조직이 모든 가능성을 열어두고 지속적으로 새로운 기회를 모색하며 어떻게 적응하는지 배울 수 있도록 훈련시킨다. 마술사와 마찬가지로, 구간반복을 수행하는 기업들은 덜 약속하고 더 많은 것을 해낸다.

그 결과는 마치 마술사처럼 보인다. UPS는 한 매니저가 "우리가 좌회전을 하지 않으면 유류비를 더 아낄 수 있지 않을까요?"라는 새로운 질문을 던졌을 때 이를 발견했다. UPS는 "고객에게 영향을 미치지 않는 한" 모든 실험적인 시도를 해보자는 정책을 가지고 있다.[17] 다시 말해, 그 누구도 포장물의 처리 과정에 직접적으로 영향을 미칠 수는 없지만 기타 모든 시스템은 구간반복을 위해 열려 있었다. 따라서 이 매니저를 저지하는 대신 그의 보스는 새로운 배송전략을 시도해보라고 격려했다. 그리고, UPS 배달트럭들은 좌회전을 하지 않고 대신 우회전을 하도록 길을 안내받았다. 그 결과는? 주행거리와 공회전 시간이 정말로 줄어들었다. UPS는 이 간단한 변화로 일 년에 약 3,200만 리터의 연료를 절약하게 됐다.[18]

'사활을 걸었을 때'는 최악의 시나리오를 이겨낼 비상용 비책을 준비하라

옛날 옛적 찰스 홉킨스는 공개적으로 실패를 하게 되는 경우에 대해 꽤나 직설적으로 이야기했다. "당신이 사활을 걸었을 때 저지르는 실패는 백일하에 공개된다. 어쩔 수 없이 벌어지는 순간적인 퇴각이나 차질을 관객들이 눈치챘다면, 즉각적인 전략의 변화가 이뤄져야 한다." 내가 비상용 비책이라고 부르는 이러한 전략은 계획에 없던 상황을 통제하고 재빨리 새로운 방향으로 전환하는 것이다. "관객들은 모르고 있겠지만, 이들은 막 한 트릭이 끝나는 것을 봤고 이제는 곧 다른 트릭이 시작되는 것을 지켜보게 될 것이다." 공중곡예사의 안전그물처럼 비상용 히든카드는 즉각적으로 그 행동을 살려낼 방법이 없을 때조차 당신의 생존을 보장해준다.

아마도 역사적으로 가장 유명한 마술사들은 이러한 교훈이 늘 몸에 배어 있을 거라고 생각할 수도 있다. 그러나 위대한 마술사들조차 때로는 최악의 시나리오를 준비하고 있지 않을 때도 있다. 마술사들에게 지금껏 일어난 최악의 마술 참사에 대해 묻는다면, 아마도 1987년 오렌지볼(미국 대학 미식축구 경기 - 옮긴이) 하프타임에서 생방송으로 진행된 해리 블랙스톤 주니어의 공연이 단연 손꼽힐 것이다. 블랙스톤 주니어는 그레이트 블랙스톤의 아들이다. 따라서 그는 말 그대로 마술의 핏줄을 타고난 셈이었다. 그는 자신의 아버지가 그러했듯 모든 경우에 대한 비책을 준비해놨어야 했다. 그러나 이 TV 공연은 거센 바람으로 난항을 겪고 있었다. 일어날 수 있는 모든 나쁜 일이 벌어지고 있었다. 그리고 그는 대단원의 막을 내리기 위해 빈 공간에서 오렌지볼 퀸을 만들어낼 차례였다. 그가 극적인 몸짓으로 빈 상자를 가리켰을 때 현장에서, 그리고 집에서 TV를 통해 지켜보던 관객들의 눈앞에는 무대 아래로부터 올라오는 비밀 엘리베이터에 끼어 있는 퀸의 모습이 드러났다. 그녀의 반짝이는 망토가 엘리베이터로 말려들어가 바닥과 바닥 사이에 완전히 물려버린 것이다. 이 모든 과정을 가려줬어야 할 스모크머신마저 고장이 나서 전혀 도움이 되지 않았다. 가장 최악은 블랙스톤이 아무런 비책도 준비해놓지 않았다는 거였다. 그는 서사의 주도권을 잃어버렸다.

이날의 낭패는 마술업계에 종사하는 모든 이들에게 경고가 됐다. 즉, 언제나 비상용 비책을 준비해야 한다는 교훈을 남겼다.

공연자의 능력 외에 실패의 원인이 되는 요소는 너무나 많다. 때로는 주변 환경이 부득이 우리가 통제할 수 있는 수준에서 벗어날 수도 있고, 미리 계획하는 것이 불가능했을 수도 있다. 그렇다면 어떻게 해야 할까? 비상용 비책은 재앙을 막으려는 것이 아니다. 재앙에서 되살아나기 위한 것이다.

예상치 못한 문제나 실수에 대한 가장 흔한 반응은 그 상황을 고치거나 무마하느라 허둥대는 것이다. 그러나 우리 대부분에겐 순간적인 기지로 저절로 실행에 옮기는 비상용 비책이 있다. 일례로 과속위반 티켓을 모면하기 위해 동정을 구하거나, 발이 걸려 추하게 비틀거리는 모습을 춤사위로 바꿔놓기도 한다. 그리고 저녁식사 자리에 늦은 잘못을 무마하기 위해 가장 인기 많은 디저트를 들고 나타나기도 한다. 미스디렉션은 비상용 비책을 구성하는 표준요소다. 관객들이 우리의 실수가 아닌 뭔가 다른 쪽에 관심을 갖도록 이끌어야 하기 때문이다.

중국인 왕궁 마술사의 죽음

마술의 황금시대에 극장과 음악당들은 다양한 캐릭터들로 넘쳐났다. 내가 가장 좋아하는 마술사는 청링수(1861~1918년)다. 그는 미망인이 된 중국 황후의 궁중 마술사였다고 자기 입으로 주장하고 다녔다. 수는 1900년대에 전 세계를 돌아다니며 웅대한 무대를 선보이며 명성을 쌓았고, 후디니와 함께 보드빌 분야에서 가장 많은 돈을 받는 연예인이 되었다. 그러나 오늘날까지 가장 신성시되는 환상의 마술을 고안해냈음에도 불구하고, 수는 비상용 비책을 가지지 못한 치명적인 실수로 인한 죽음으로 가장 잘 기억되고 있다.

1918년 3월 23일, 런던의 우드 그린 엠파이어 극장에서 그는 그 유명한 총알잡기 묘기를 연기하고 있었다. 그는 이 연기를 '권투선수가 내리는 사형선고'라고 불렀다. 이날 밤 총성이 울렸을 때 총알을 허공에서 잡아내어 도자기 접시 위에 떨어뜨리는 대신 수는 가슴팍을 움켜쥐고 무대 가장자리를 향해 비틀거렸다. 이는 연기의 일부가 아니었다.

그간의 무대경력을 통틀어 수는 무대 위에서 단 한마디도 한 적이 없었다. 그러나 그날 그는 완벽한 영어로 헐떡거리며 말했다. "세상에. 뭔가 일이 벌어졌어. 커튼을 내려." 급히 병원으로 향했지만 다음날 이른 아침 이 위대한 마술사는 숨을 거뒀다.

수는 그의 목숨을 앗아간 그 상황에 대해 비책을 마련해놓는 진짜 천리안을 가졌어야 했다. 그의 죽음을 가져온 라이플총에 대한 조사가 이뤄졌고 다음과 같은 사실을 밝혀냈다. 총알은 발사될 예정이 없었고 대신 공포탄이 발사되기로 돼 있었다. 그러나 미세한 화약 알갱이가 노리쇠 마개의 닳아빠진 실에 스몄고, 이것이 총구 위쪽에서 도화선 역할을 하게 됐다. 그리고 운명의 그날 밤, 공포탄뿐 아니라 총알이 발사되기에 충분한 화약이 모아졌던 것이다.

수의 죽음 직후, 대중들은 충격적인 사실을 알게 됐다. 이 마술사는 사실은 윌리엄 로빈슨이라는 미국인이었던 것이다. 그는 걸출한 마술사 해리 켈러와 허먼 더 크레이트와 함께 일했던 유능한 무대설계자였다. 당시 마술쇼에서 동양인으로 분장하는 것은 엄청나게 인기를 끌었다. 왜냐하면 마술이 지니는 신비주의를 강화함과 동시에 중국인을 조롱하는 것이기 때문이었다. 로빈슨은 이러한 대유행을 잘 활용했고 이를 완전한 커리어로 가져갔다.

로빈슨의 마지막 말은 평생 청링수로 살아가면서 유일하게 공개적으로 영어로 한 말이었다. 인터뷰에서 그는 '통역사'에게 엉터리 중국어로 횡설수설했고 그러면 이 통역사는 그의 말을 영어로 바꿔주었다. 그의 아내 닷은 그가 애지중지하는 동양의 신부 수이 신Suee Seen으로 살아갔다. 그리고 무대 뒤 인터뷰에 대비해 로빈슨은 언제나 머리를 길게 땋아내리고 중국풍 실크옷을 입었으며 이에는 검은색 약을 발라두었다. 1905년 「위클리 리포터」는 "그의 피부색은 노랑이고 검은 두 눈은 사시였다. 그리고 그의 치아는 저 드높은 하늘처럼 칠흑같이 완전히 까맣다"라고 묘사했다. [19]

때로는 수가 사실은 미국인이 아닌가 하는 의심을 받았지만, 대중들은 그 캐릭터를 완전히 받아들였다. 로빈슨의 동료 가운데 한 명인 영국 마술사 윌 골드스톤은 "청링수는 자신의 선호가 아닌 대중들이 좋아하는 것을 언제나 선사했기 때문에 성공했다"라고 말하기도 했다.[20] 즉, 그는 마지막 비책을 준비 안 해둔 탓에 세상을 떠나게 될 때까지 성공을 누렸다.

비상용 미스디렉션

블랙스톤 주니어의 사건에도 불구하고 대부분의 마술사들은 자신들의 비상용 비책이 거의 눈에 띄지 않도록 하는 미스디렉션의 달인들이다. 실제로 관객들은 얼마나 자주 무대마술이 완전히 실패로 돌아가는지 거의 알지 못할 것이다. 예를 들어 1930년 당시 마술사 프레드 키팅은 카나리아 새를 새장과 함께 완전히 사라지게 하는 마술로 유명했다. 그러나 어느 날 밤, 이 트릭을 선보이려던 순간 키팅은 뭔가가 잘못됐다는 것을 깨달았다. "저는 제 손에 건네진 새장을 의심스럽게 들여다봤어요. 왜냐하면 제게 익숙한 그 새장의 느낌이 아니었거든요. 새는 똑같았지만 그 새장에 누군가 손을 댔다는 걸 알 수 있었어요. 저는 심장이 무섭도록 두근거리는 걸 느꼈죠."[21] 실제로 누군가 그의 트렁크를 부수고 새장을 더 자세히 보기 위해 맨 윗부분을 억지로 열었던 것이다. 그러나 키팅은 이미 무대 위에 오른 상태였고 이 도구가 제대로 작동을 할지 알 수 없었다.

따라서 블랙스톤 경이 공연 중에 말이 나타나지 않았을 때 했던 것처럼 키팅은 관객들에게 새로운 마술을 보여주겠다고 선언했다. 그리고 그는 새가 새장 바깥으로 사라져버리게 만들었다. 관객들은 이번에도 역시나 흥분했다. 이들은 서사의 주도권을 절대 놓치지 않는 거장 마술사의 손아귀에 있었던 것이다.

다시 말해 성공은 단순히 실수를 숨기는 것에 달려 있지 않다. 그보다도 앞으로 펼쳐질 환상을 강화하고 실패를 승리로 이끌어가는 한편 관객들이 그 과정에서 즐길 수 있도록 만들어야 한다. 각각의 실패를 구원의 행위로 바꿔놓음으로써 당신은 이 기나긴 인고의 시간을 지배하고 있다는 착각을 만들어낼 수 있다.

윈스턴 처칠만큼 위기상황에서 미스디렉션이 가지는 가치를 잘 증명한 예는 없을 것이다. 1940년 프랑스가 독일에게 패한 뒤 영국 정부는 원정군을 철수시켰고 영국 국민들은 충격과 공포에 휩싸이게 됐다. 브리튼 전투(1940년 6월 영국군이 독일군에 대항해 자국을 지킨 공중전—

옮긴이)가 벌어지기 직전이었고, 프랑스 공방전(독일군과 연합군이 덴마크, 노르웨이, 영국, 서부독일, 이탈리아 등 서부전선을 두고 벌인 전투로 결국 독일군이 승리를 거두고 프랑스에 무혈입성한다 - 옮긴이)에서 연합군이 패배하면서 미래는 암울해 보이기만 했다. 그러나 6월에 새로운 수상이 비상용 미스디렉션을 바탕으로 리더십을 펼쳤다. 처칠은 반복적으로 마이크 앞에 서서 영국의 모든 가정에 있는 라디오를 통해 동기를 부여하는 마술이라고 부를 수밖에 없을 방송을 계속했다. 국민들이 최근에 벌어진 비극에 눈을 돌리기보다는 힘과 도전, 투지를 불러일으키는 구호에 초점을 맞추도록 했다. "우리는 해안에서 싸워야 합니다. 우리는 비행장에서 싸워야 합니다. 우리는 들판과 거리에서 싸워야 합니다. 우리는 언덕에서 싸워야 합니다. 우리는 굴복해서는 안 됩니다."

처칠은 히틀러를 승리한 적이 아닌 신화 속 야수이자 '사악한' 변태로 묘사했다. 그리고 이 악당에 대항해 이전까지 영국이 쏟은 노력을 갉아먹는 난해한 정치적 내분을 인정하는 대신 "우리 제도와 제국의 고결하고도 오랜 연속성"을 강조했다.

처칠은 청중들을 공포와 절망에서 멀어지도록 인도하면서 영국인들의 결속력과 용기에 다음과 같이 호소했다. "유럽은 자유로워질 것이며 이 세상의 삶은 넓고 햇빛이 쏟아지는 저 높은 곳으로 나아가게 될 것입니다." 자국의 자존심을 북돋으며 처칠은 "천년이 지난 후에도 영국인들은 여전히 '그때가 우리의 전성기였다'라고 말할 것"이라고 예언했다.

쉽지 않은 일이었으나 결국 처칠은 해냈다. 이 연설들은 영국 국민들이 히틀러에 맞서 단결하고 처칠의 리더십을 중심으로 결속하도록 활기를 불어넣었다.

비상용 미스디렉션은 예상에 반한다. 재앙에 직면해 미스디렉션은 관객이 긍정적인 면에 주의를 기울이도록 끌어간다. 설사 그 긍정적인 면이 아직 만들어지지 않았을 때도 마찬가지다. 처칠은 이것이 가능하다는 것을 증명했다. 사업가 아론 포어스타인이 1995년 매사추세츠에 있던 공장이 전소된 후 내린 결정도 마찬가지다.

포어스타인 가문이 90년 동안 소유해온 공장은 완전히 무너져내렸고 3,200명의 사람들이 직업을 잃었다. 이는 부정적인 면이다. 그리고 이들은 쉽게 직업을 바꿀 수 없을 터였다. 불행하게도 뉴잉글랜드 지방 전역에서 공장들은 문을 닫고 회사들은 직원들을 해고하는 시대였기 때문이다. 이것 역시 부정적인 면이다. 당시 포어스타인은 70세였다. 이러한 비극이 공장 문을 영원히 닫을 때가 왔다는 신호라고 받아들여도 좋을 만큼 많은 나이였다. 이 역시 부정적인 면이다. 그러나 서른세 명의 직원이 불길에 부상을 입긴 했어도 그 누구도 사망하지 않았다. 긍정적인 면이다.

다행히, 확장을 계획하고 미리 구입해둔 최신식 설비들은 화재로 인한 손상을 입지 않았다. 긍정적인 면이다. 그리고 포어스타인은 언제나 직원들에게 관대했으며 다른 공장에 비해 많은 월급을 주고 다양한 복지혜택을 제공해왔다. 역시 긍정적인 면이다. 그는 유대인이었고 보수적이었으며 윤리적 책임감에 대한 신념이 깊었다. 이 역시 긍정적인 면이다.

화재가 난 지 3일 후, 포어스타인은 직원들 앞에 서서 공장을 다시 세우겠다고 선언했다. 그리고 적어도 앞으로 두 달간은 임금을 유지하겠다고 약속했다. 그의 직원들은 환호했고 안도와 고마움에 눈물을 흘렸다.

이 비상용 미스디렉션은 미국 전역의 관심을 사로잡았다. 이 이야기가 저녁뉴스에 보도된 후 포어스타인은 찬사와 격려가 담긴 수천 장의 편지를 받았다. 또한 직원들을 돕기 위한 수십만 달러의 기부금이 몰렸다. 클린턴 대통령은 그를 연두교서年頭敎書 행사에 초대했다. 3년 후 포어스타인은 피스 애비 재단Peace Abbey Foundation에서 수여하는 '양심의 용기 상Courage of Conscience Award'을 수상하며 달라이 라마, 마더 테레사, 로사 파크, 그리고 무하마드 알리와 어깨를 나란히 하게 됐다.

방향성을 띤 중심축

24살 때 나는 직장을 그만두고 2년간 홍콩에서 지냈다. 나는 자라면서 우리 가족의 반을 구성하는 중국계 혈통에 대해 거의 알 기회가 없었다. 따라서 이론적으로 내가 홍콩 이주를 계획한 이유는 나의 전통을 탐구해보기 위함이었다. 실제로는, 나는 아이들을 가르치고 마술사들과 어울렸으며 재즈클럽에 가고 수없이 많은 만두를 먹었다. 나는 즐거운 시간을 보냈다. 그러나 커리어적으로는 멀리 돌아가는 셈이었다. 내 이력서에는 이국적인 주소 외에는 아무것도 보여줄 것이 없는 2년이라는 공백이 생겼기 때문이다. 이 시절이 끝나갈 무렵, 나는 내가 미국으로 돌아갔을 때 마주하게 될 입사지원서들에 대해 생각해보기 시작했다. 외국에서의 이 시간들을 어떻게 정당화해야 할까? 나는 비상용 비책이 필요했다. 그것도 빨리.

중국의 마술 중에 변검變臉이라는 이름의 극비 마술이 있다. 변검은 말 그대로 '얼굴을 바꾼다'는 뜻이다. 이는 내가 하려는 일에 대한 적절한 은유처럼 보였다. 18세기로 거슬러 올라가는 이 트릭은, 색칠한 가면을 쓴 공연자들이 부채나 망토를 한 번 펄럭일 때마다 순식간에 가면이 변하는 마술이다. 사람들이 이전 얼굴이 사라지는 모습을 볼 수 없을 정도로 빠르고 매끄럽게 변하는 것이 특징이다. 집으로 돌아갈 날이 한 달도 남지 않은 시점에서 나는 중국 쓰촨 지방에 있는 청두로 여행을 떠나기로 결정했다. 이 고대의 연기를 '연구'하기 위해서였다.

우선 나는 나에게 속성으로 트릭을 가르쳐줄 의지가 있는 가극의 명인이 필요했다. 하지만 이는 쉬운 일이 아니었다. 그가 오로지 아버지에게서 아들에게 대를 이어 전해지는 방법을 나에게 공개할 생각도 있어야 한다는 의미였기 때문이다. 나는 연줄을 대서 연락을 취했고 호의를 베풀어주길 부탁했으며 마침내 이에 동의하는 명인을 만날 수 있었다. 그러나 그는 비밀의 서약을 깨는 결정을 한 것이었기 때문에, 나는 절대로 그의 이름을 공개하지 않겠다는 맹세를 했다.

나는 중국에서의 마지막 2주일을 명인의 일과를 따르느라 고군분투하며 보냈다. 그랬음에도 가장 기본이 되는 첫 동작들만 겨우 배울 수 있었다. 집으로 돌아온 후 내 변검 도구들은 쓸모없이 옷장에 걸려 있게 됐다. 그리고 옷장 문을 열 때마다 변검의 마술을 터득하기 위해 필요한 진정한 노력들을 떠올리게 만드는 존재가 돼버렸다. 그럼에도 불구하고 나는 이력서에 '나의 전통과 교감하고 변검이라는 고대예술 뒤에 숨겨진 극비사항들을 연구하며' 중국에서 2년을 보냈다고 적었다.

청두로의 여행은, 그렇지 않았을 경우 잠재적 고용자가 멈칫했을 2년간의 중국 체류에 신뢰를 부여했다. 내가 만들어낸 것은 중심축이었다. 즉, 스스로가 자초한 패배로 향하는 하향곡선에서 벗어나 승리를 향해 급작스레 선회한 방향의 전환이었다.

정치인들은 항상 회전축을 가지고 돈다. 토론에서 그들은 종종 기술적으로 이전 질문으로 돌아가거나 완전히 다른 이슈에 대해 준비된 입장을 전달함으로써 원치 않은 질문에서 벗어난다. 인터뷰에서 정치인들은 이따금 귀머거리가 된다. 질문을 깡그리 무시하고 새로운 주제로 넘어가기도 한다. 정치적으로 불편한 진실들을 피하기 위해서든 아니면 준비 없이 걸려드는 것을 단순히 피하기 위해서든, 중심축은 정치인과의 매체 인터뷰는 스파링 시합과 같다고 보는 일반적인 인식에 기여한다.

커뮤니케이션 전문가 로버트 치알디니는 그러한 회전축을 '준비된 회피'라고 부른다. 치알디니는 '나쁜 질문에서 좋은 대답으로' 재빨리 돌아서기를 추천하면서, 너무 성급하게 돌아서지 말 것을 경고했다. 이는 그 사람의 약점을 뻔히 노출시키기 때문이다. 그는 "두 대상을 이어줄 때 어떤 관계나 어떤 연결이 꼭 발견된다"면서 주제에 대한 단순한 동의일 때도 마찬가지라고 말했다. 여기에는 "저는 그 분야에 대해서 잘 모르지만, 당신의 질문은 또 다른 중요한 이슈를 떠올리게 만드네요"라는 말이 수반될 수 있다.[22] 치알디니는 '불성실하지 않으면서' 솔직담백하면서도 조심스러운 태도를 취하는 전략이 중요하다고 강조한다. 만약 관객들이 당신을 믿고 존경하길 바란다면, 당신의 권위를 지켜야만 한다.

기업의 자원을 실패영역에서 유망하면서 눈에 띄지 않는 분야로 돌리는 기업의 중심축 역시 마찬가지다. 그 과정에서 역회전을 불러올 수 있는 절박감을 내보여서는 안 된다. 그 회전이 매끄럽고 세심히 조종된 것이며 계획적인 것이었다고 보여지도록 만들자.

성공적인 회전의 예는 경영의 역사에서 수도 없이 많다. 한 방문서적상은 화장품으로 중심을 옮겼고, 에이본 화장품을 설립하게 됐다. 윌리엄 리글리 주니어는 베이킹파우더를 사는 고객들에게 서비스로 끼워주던 껌이 베이킹파우더보다 더 인기가 있다는 사실을 알고는 현명하게도 껌 사업으로 중심을 옮겼다. 그리고 실리콘밸리도 있다. 실리콘밸리에서 오늘날의 회전축은 사실상 표준 업무 절차SOP다.

실리콘밸리에서 비상용 비책의 가치를 처음으로 깨달은 사람 중 하나가 바로 스튜어드 버터필드다. 그는 아내인 카트리나 페이크, 프로그래머인 제이슨 클래슨과 함께 2002년 루디콥이라는 회사를 만들었다. 이들이 개발한 제품은 〈게임 네버엔딩〉으로, 사용자가 이기거나 지는 일 없이 무기한으로 게임을 할 수 있는 대규모 멀티플레이어의 세계였다. 버터필드와 그의 팀은 플레이어들이 게임을 하는 동안 즉석메시지 창을 통해 서로 이야기를 나눌 수 있는 인터페이스를 설계했다. 그리고 게임에 등장하는 물체를 즉석메시지 창으로 끌어오면 그 물체의 이미지가 채팅을 하고 있는 모든 멤버들에게 보내지도록 할 계획이었다. 매우 전도유망해 보였다.

이윽고 〈게임 네버엔딩〉은 충실한 팬들을 모으게 됐다. 그러나 루이큡의 자금은 빠르게 소진돼갔고, 소위 닷컴위기 이후에는 이 회사를 살리기 위해 벤처캐피털을 찾을 수 있으리라는 희망도 거의 없었다. "우리는 가장 중요한 시점에 다다랐어요. 우리 중에 아이를 가진 사람만이 유일하게 월급을 받을 수 있는 시점이었죠." 버터필드는 회상했다.

사업 고사의 위기에서 버터필드는 그가 상상할 수 있는 모든 측면에서 딜레마를 연구했다. 그는 게임 자체가 큰 인기를 끌지 못하는 동안, 사용자 인터페이스는 완전히 다른 잠재성을 가졌다는 것을 깨달았다. 독특하면서도 훌륭하게 작동하는 기능이었다. 플레이어들은 이를 사랑했다. 만약 이 회사의 중점 분야를 저물어가는 게임으로부터 인터페이스로 옮겨지면 어떨까? 남은 문제는, 투자가들을 어떻게 설득할 것인가였다.

2004년 4월, 버터필드는 샌디에이고에서 개최되는 이테크Etech 콘퍼런스에서 〈게임 네버엔딩〉의 일부 기술적인 특징에 관해 발표를 하기로 돼 있었다. 마지막 순간에 그의 팀은 이 포럼을 통해 회사의 새로운 중점 사업에 대해 밝히기로 결정했다. 그 누구도 이들이 무슨 계획을 세우고 있는지 몰랐다. 그 누구도 주의를 기울이지 않았다. 이는 그들의 엇박자였고, 아무도 그들에게 시선을 두지 않는 이때가 트릭을 바꿀 수 있는 기회였다.

루디콥 팀은 발표를 준비하기 위해 밤샘준비를 했다. 문제는 버터 필드가 구상하고 있는 기술이 아직 게임에 묻혀 있다는 점이었다. 이 미지 공유 프로그램은 아직 준비조차 되지 않은 상태였다. 약간의 시 간 반전이 필요했다. 따라서 팀은 모든 것이 준비됐다는 착각을 만들 어내기 위해 슬라이드를 다시 짜맞췄다. 이 슬라이드들은 사용자들 이 어떻게 이메일을 통해 사이트에 이미지를 업로드하고, 핸드폰으로 사진을 공유할 수 있는지 보여줬다. 이 슬라이드들은 이 팀이 자신들 이 하고자 하는 일을 정확히 알고 있다는 인상을 주었다.

다음날, 버터필드와 페이크가 자신들이 상상하는 새로운 기업이 서비스할 기능들에 대해 설명해나가는 동안, 관객들의 입은 다물어질 줄을 몰랐다. 이 기업은 생존을 위해 마지막 순간 도약하며 획기적인 개념을 선보였다.

이 회전물에 붙은 이름은 바로 플리커였다.

마치며
마술의힘을어떻게이용할지는당신에게달렸다

1908년 5월 16일, 볼티모어의 포드 오페라 하우스에서 잘 알려진 무대 마술사이자 '미국 마술사들의 대부'라 할 수 있는 해리 켈러가 마술에 작별을 고했다. 다섯 개 대륙에서 몇십 년간 무대에 서온 켈러는 송별 순회공연의 마지막 연기를 하고 있었다. 이 자리에 함께한 마술사는 하워드 서스턴이었다. 켈러는 자신보다 스무 살이나 어린 서스턴을 미국의 위대한 차세대 마술사로 지목했다. 공연을 홍보하는 포스터에는 위대한 마술사가 그의 후계자 어깨 위에 '마술의 망토'를 덮어줄 것이라고 설명돼 있었다.

마술의 힘의 이양은 내가 선호하는 개념이다. 그리고 나는 분명 그 망토를 걸치지 않았음에도 불구하고 나만의 방식으로 이 책을 통해, 마술의 혜택을 당신에게 전하려 한다.

마술의 힘을 어떻게 이용할지는 당신에게 달렸다. 그러나 당신이 이용하기로 결심했다면, 당신이 그 힘을 최대한으로 활용할 수 있도록 도와줄 몇 가지 팁과 리마인더는 다음과 같다.

- **책임감을 갖자.** 이제 당신은 경쟁에서 앞설 수 있는 정보들을 보유했다. 이 정보들은 의도적으로 다른 사람들이 뒤처지도록 만들기보다는 당신 인생 자체에서 한발 앞서기 위해 사용하는 것이 좋겠다. 같은 이유에서, 새로이 발견한 기술은 당신과 다른 사람들을 악용하려는 사람들을 찾아낼 수 있도록 당신을 도와줄 것이다. 마술의 원칙을 악용하려는 사람이 없는지 한시도 방심하지 말자. 그리고 그런 사람들을 찾아냈을 때 끌어내버리자.
- **작게 시작하자.** 숙달하기 위해서 시간이 걸리는 그 어떤 분야에서든 반드시 연습을 해야 한다. 감당할 수 있는 수준에서 시작하자. 전문 마술사들은 새로운 기술을 믿을 수 있는 관중들, 때로는 친구들의 거실에서 시도해본다. 당신만의 안전지대를 찾아내어 이러한 원리들을 실험해보는 작은 도전을 시작해보자. 더 중요한 도전을 두고 그 간극을 당신이 통제할 수 있는지 시험해보기 전에 신뢰와 친밀감을 쌓도록 하자.
- **당신의 강점을 강조하자.** 마술이 지닌 장점은 관객이 겪는 경험의 마지막 순간이 당신의 통제 하에 있다는 점이다. 당신은 그들의 마지막 느낌을 만들어낼 수 있는 유일한 작가다. 따라서 사람들이 당신에 대해 기억할 때 가장 중요한 것이 무엇인지를 생각하

고 이를 당신 이야기의 결말로 만들어라. 그곳에서부터 거꾸로 작업하자.

- **당신의 관객들과 교감하라.** 어린 시절 내가 제일 처음 만난 마술 사는 내 손바닥 위에 빨간 스펀지 조각을 올려놓고 사라지게 만 들었다. 그리고 내가 주먹을 폈을 때 두 개의 스펀지가 나타났다. 나는 완전히 마음을 빼앗길 수밖에 없었다. 이 마술사는 내가 기적을 만들어낸 것처럼 스스로를 믿게 만들었기 때문이다. 주 변 사람들에게 비슷한 감정을 불어넣을 수 있도록 노력해보자. 마술을 통한 실험은 관객이 스스로를 특별하다고 느끼게, 그리 고 그 힘이 자신의 손바닥 안에 있는 것처럼 믿게 만들어준다.

- **변화를 받아들이자.** 마술사들은 언제나 진화한다. 이들은 대중보 다 한발 앞서 있기 위해 가장 최신식 기술을 이용하고 최신 트렌 드를 활용한다. 기억하자. 오늘날의 스테이터스 쿠오는 내일의 과거가 될 뿐이다. 그렇다면 어떻게 미래에 걸맞게 적응할 수 있 을까? 새로운 아이디어, 새로운 기술, 그리고 새로운 방향은 마 술의 좋은 재료가 된다.

- **이종교배를 하자.** 새로운 사업을 론칭하거나 새로운 프로젝트를 시작할 때 아이디어를 결합하는 것의 이점에 대해 생각해보자. 나는 마술과 퍼즐을 접목하기 전까지는 마술계에서 내 목소리 를 낼 수 없었다. 당신의 커리어에 날개를 달기 위해 어떤 기술과 흥미의 영역을 이종교배할 수 있을까?

- **폭로를 조종하라.** 어떤 마술사들은 마술 방법이 트릭 자체보다

재미있을 경우 마술 뒤에 숨겨진 비밀을 밝힐 가치가 있다고 믿는다. 당신 보스가 하얀 도화지로부터 막 구체화되기 시작했다고 믿고 있는 것에 대한 발표 작업을 위해 야근과 주말출근을 무릅쓰고 일한다고 상상해보자. 만약 이 모든 고생을 인정받고 싶다면, 이 발표에 투입된 잔업시간을 공개하면 된다. 그러나 스스로가 초인처럼 보이고 싶다면, 그 비밀은 꽁꽁 숨겨두자. 목표가 끌어가는 대로 따라가자.

- **역경을 인정하자.** 나는 가끔 마술의 비밀을 공개하는 유튜브 영상에 대해 마술사들이 어떻게 대처하는지 궁금해하다는 질문을 받는다. 사실 우리는 전혀 개의치 않는다. 왜냐하면 인터넷은 마술의 격차를 벌려주기 때문이다. 내 동료들은 유튜브에 가짜 마술강의를 올리거나 답글란에 잘못된 설명을 써넣으면서 즐거워한다. 여기에서의 교훈은 다음과 같다. 역경을 유리함으로 바꿔놓기 위해 역경 속에서 작업해야 한다는 것이다.

- **과감해지자.** 마술사들은 시야 안에 있는 모든 것들이 자신의 통제하에 있기 때문에 무대 위에서 자신만만하다. 당신이 마술의 원리를 통달하게 되면 당신에게도 마찬가지가 될 것이다. 당신이 혼자 이끌어갈 수 있는 서사와 비책의 힘은 새로운 위험을 감수할 수 있는 힘을 준다. 그 불가능한 매출목표를 달성해보자. 그 대기업 고객을 차지하도록 노력해보자. 이야기의 결말은 당신 아닌 그 누구도 통제할 수 없다는 것을 기억하자.

해리 켈러의 마지막 쇼가 마무리됐다. 이 마술계의 대부는 한 팔로 후배를 감싸안고 바닥 조명Foot light을 따라 걸었다. 그리고 나서 눈물이 가득 고인 눈으로 격식을 차려 자신의 마술지팡이를 후계자에게 넘겼다.

이제 마지막 마술의 메시지와 함께 나도 당신에게 내 가상의 지팡이를 넘기려 한다. 이 메시지는 위대한 후디니가 남긴 말이다. 다양한 의미에서 이는 궁극적인 마술의 원칙이 될 것이다.

당신의 뇌는 당신을 자유롭게 해줄 열쇠다.

이 열쇠를 부디 현명하게 잘 사용할 수 있길.

감사의 글

서가에 꽂힌 책은 그 무엇보다도 마술공연과 유사하다. 독자들은 마지막 효과를 만들어내기 위해 무대 뒤에서 이뤄지는 모든 작업과 지원활동을 보지 못한다. 그렇기 때문에 나는 이 책에 대한 믿음을 바탕으로 마술의 역사에서 찾아낸 이야기들로 나를 충만하게 해주고 조사를 도와줬으며, 내 글 구석구석에 피드백을 해준 친구들과 동료들에게 일일이 감사의 인사를 전하고자 한다.

우선, 나는 지난 2년간 이 책을 인도해준 에이전트 리처드 파인에게 감사드린다. 내가 그의 사무실에 걸어 들어간 그 순간부터(그리고 나중에 여러 물건들을 숨기려고 몰래 잠입할 때마다) 나는 그곳이 집처럼 느껴졌다. 리처드, 이 책과 내 커리어를 믿어준 데 대해 정말 감사드려요.

하퍼 비즈니스의 비범한 편집자, 홀리스 하임바우크와 스테파니 히

치콕은 원시적인 콘셉트에서 시작해 진심으로 자랑스러운 존재로 이 책을 변신시켰다. 홀리스와 스테파니, 당신들은 내 아이디어에 숨겨진 잠재력을 보았고 내 목소리를 지지해줬고 매순간 나를 이끌어줬어요. 또한 나는 뛰어난 마케팅 및 홍보팀과 함께 일할 수 있었다는 점에서 정말 행운아다. 하퍼의 티나 안드레아디스, 브라이언 페린, 레이철 엘린스키, 니키 발도프, 신디 아처, 그리고 ID-PR의 베베 러너에게 감사드린다. 여러분들 앞에서 멋지게 보여주려던 마술을 망쳐서 미안했어요.

잉크웰 매니지먼트의 엘리자 로스스타인, 알렉시스 헐리, 윌리엄 캘러한을 비롯한 모든 분들께 감사한다. 다음 책을 쓰기 전에 내 트릭에 숨겨진 비밀들을 다 밝히겠다고 약속할게요.

요술 전공 교수 두 분께서는 나에게 마술의 역사에 관한 지식을 친절히 알려주셨다. 존 레이처보머 교수님은 현명하고 모르는 것이 없으신 진짜 전설과도 같은 분이다. 마술을 공부하는 학생이라면 누구든 그를 만나러 뉴올리언스로 순례를 떠나보기 바란다. 매직 캐슬의 사서이신 빌 굿윈 교수님은 내가 만난 그 누구보다도 마술에 대한 지식이 풍부하시다. 밤마다 교수님은 책꽂이에 숨겨진 보물들을 나에게 알려주셨다. 교수님 없이는 이 책을 쓸 수 없었을 것이다.

세계 최고의 마술사들, 댄 화이트, 블레이크 포크트, 조너선 베이미, 프랜시스 메노티, 마이크 캐버니, 더그 매켄지, 존 콕스, 코스티아 킴랫, 크리스 첼코, 저스틴 윌먼, 아트 벤저민, 그리고 루 호르위츠에게 감사드린다. 시간을 내주고 영감을 불어넣어준 데에 감사드립니다. 마지막으로, 1990년대 초반 뉴욕 주 로체스터의 바우먼 농장에서 눈을 커다랗게 뜬 중국계 혼혈소년을 열광시켰던 마술사님, 만약 이 책을 보신다면 꼭 저에게 연락 주세요. 이 모든 것은 당신에게서 시작됐거든요.

특별히 나는 반짝반짝 빛나는 에이미 리우를 언급하고 싶다. 에이미, 이 책은 당신 없이는 나올 수 없었을 거예요. 마술과도 같은 당신의 언어, 비전, 그리고 유머감각에 감사드립니다. 제니퍼 드보어에게, 당신의 통찰력 넘치고 철두철미한 조사에 감사드립니다. 당신과 일할 수 있었던 것은 가히 로또 당첨이나 마찬가지였어요! 힐러리 리프틴, 이 책이 그저 아이디어에 불과하던 시절에 당신의 통찰력과 거시적 안목은 정말 그 가치를 이루 말할 수 없었어요.

대학교 2학년 시절, 나는 애덤 그란트와 하버드 마술동아리를 결성했다. 우리 7명은 공부를 하다 쉬는 시간에, 아트 페스티벌에서, 그리고 한 번은 200달러를 받고 유대교 성인식에서 공연하느라 멀리 코네티컷까지 운전해가면서 즐거운 시간을 보냈다. 애덤, 나는 네가 거둔 성공에 늘 경탄해. 그리고 이 책과 사업, 인생에 대해 네가 해준 모든 조언에 감사해.

또한 나는 자애롭게도 내게 시간을 할애해주고 피드백을 준 전문가들에게 감사드리고 싶다. 배리 슈와츠, 폴 잭, 짐 맥거프, 스콧 존슨, 크리스토퍼 카펜터, 사이먼 사이넥, 개리 노에스너, 크리스 보스, 아르예 부르코프, 토니 셰이, 트레버 트라이나, 디온 림, 맥스 베이저만, 트리스탄 워커, 에드거 라이트, 브래드 버드, 몰리와 테드 피닝, 애덤 브라이언트, 재닛 엘킨, 대니얼 루베츠키, 그리고 그 누구도 따라 할 수 없는 윌 쇼츠에게 감사드린다.

내 소중한 친구들에게도 감사드린다. 앨라인 브로시 매케나, 내 인생과 커리어에서 너만큼 내게 압박을 준 사람은 없단다. 내게 영감을 주고 도전과제를 던져주고 나와 함께 웃어줘서 고마워. 알렉스 영, 나는 늘 네 지혜와 차분한 목소리에서 힘을 얻어. 항상 날 위해 기다려줘서 고마워. 크리스 스타, 이 책을 한 장 한 장 꼼꼼히 읽어주고 조언해준 덕에 이 책이 발전하게 됐어. 그러나 더 중요하게는, 너는 관대하고 충실하고 천재야. 아마 이 문장에서 거슬리는 세 가지가 네 눈에는 보일 테지.

끝으로, 언제나 사랑 담긴 격려를 해주시는 나의 부모님 타이 큉과 조니 루빈, 그리고 나의 형 마이클에게 고마움을 전한다. 마술사의 가족은 "저기, 이 트릭 좀 시험해봐도 돼?"라는 말을 귀에 못이 박히도록 듣기 마련이다. 몇십 년간 여러분은 참을성 있게 제 작업을 지지해주셨어요. 엄마, 아빠, 제가 어린 시절의 취미를 흥미진진한 직업으로 발전시킬 수 있도록 기회를 주셔서 감사해요. 마이클 형, 형은 내가 어려운 시간을 보낼 때마다 "넌 특별한 재능을 가졌어"라고 말하며 가장 먼저 안심시켜준 사람이야. 이 책을 가족 모두와 함께 나눌 수 있어서 자랑스럽습니다.

❖❖

주석

1장 믿는 대로 보인다, 지각적 공백을 활용하라

1. James Wood Brown, *An Enquiry into the Life and Legend of Michael Scot* (Edinburgh: David Douglas, 1897), 218–19.

2. Ibid., 164–65.

3. Louisa Compton, *Twitter post*, June 24, 2016, 6:52 a.m., http://louisa_compton.

4. Adam Bryant, "Always Keep a Few Tricks Up Your Sleeve," *New York Times*, July 24, 2010.

5. Derren Brown, *Tricks of the Mind* (London: Channel 4 Books, 2006), 42.

6. Adam Bryant, "Presto! A Leader," *New York Times*, Corner Office, October 24, 2015.

7. Ingmar Bergman, "Why I Make Movies," *Horizon*, September 1960, reprinted in DGA Quarterly, Winter 2012.

8. Dean Robinson, "What's in J. J. Abrams's Mystery Box?," *New York Times*, June 2, 2011.

9. Aimee E. Stahl and Lisa Feigenson, "Observing the Unexpected

주석
313

Enhances Infants' Learning and Exploration," *Science* 348, no. 6230 (April 2, 2015): 91–94.

10. Dawn Perlmutter, "The Politics of Muslim Magic," *Middle East Quarterly*, Spring 2013, 73–80, http://www.meforum.org/3533/islam-magicwitchcraft.

11. Ibid., http://www.meforum.org/3533/islam-magic-witchcraft#_ftn32.

12. Ibid., http://www.meforum.org/3533/islam-magic-witchcraft#_ftn33.

13. Shelby Grad and David Colker, "Nancy Reagan Turned to Astrology in White House to Protect Her Husband," *Los Angeles Times*, March 6, 2016.

14. Michael Curtis, "Magic and Politics," *American Thinker*, January 29, 2016.

15. Michael Beschloss, "David Greenberg's 'Republic of Spin,'" review of *Republic of Spin*, by David Greenberg, *New York Times*, January 20, 2016.

16. "Guest blog: Mr. Houdini Goes to Washington, Part I," Wild About Harry blog, February 8, 2015, http://wildabouthoudini.com.

17. Christopher Maag, "Scam Everlasting: After 25 Years, Debunked Faith Healer Still Preaching Debt Relief Scam," *Business Insider*, September 22, 2011.

18. Scan of Popoff letter: http://www.christianissues.com/trickery.html.

19. Maag, "Scam Everlasting."

20. Maria Konnikova, "Born to Be Conned," *New York Times*, December 5, 2015.

21. "The Man Who Figured Out Madoff's Scheme," *60 Minutes*, March 1, 2009, http://www.cbsnews.com/news/the-man-who-figured-out-madoffs-scheme-27-02-2009/.

22. Mark St. Cyr, "Theranos: Unicorn Valley's Madoff Moment," Mark St.

Cyr blog, June 5, 2016, https://markstcyr.com/2016/06/05/theranos-unicorn-valleys-madoff-moment/.

2장 지나친 준비란 없다, 준비하고 또 준비하라

1. David Price, *Magic: A Pictorial History of Conjurers in the Theater* (New York: Cornwall Books, 1985), 330-31.

2. Rosabeth Moss Kanter, "Instant Success Takes Time," *Harvard Business Review*, November 12, 2008.

3. Dan Charnas, "For a More Ordered Life, Organize Like a Chef," *NPR Morning Edition*, August 11, 2014.

4. Michael Edwards, "The Sphinx and the Spy: The Clandestine World of John Mulholland," *Genii: The Conjurer's Magazine*, April 2001.

5. Rita McGrath and Ian MacMillan, "MarketBusting: Strategies for Exceptional Business Growth," *Harvard Business Review*, March 2005.

6. John Augustine Daly, *Advocacy: Championing Ideas and Influencing Others* (New Haven, CT: Yale University Press, 2011), 178.

7. Karan Girotra and Serguei Netessine, "Four Paths to Business Model Innovation," *Harvard Business Review*, July-August 2014.

8. Robert Greene, *The 48 Laws of Power* (New York: Penguin Books, 1998), 102-3.

9. Ric Merrifield, "The Internet of Things Is Changing How We Manage Customer Relationships," *Harvard Business Review*, June 5, 2015.

10. Ilan Mochari, "The Eisenhower Matrix: How to Choose What to Work on When: Make Use of the Simple—and Presidentially Vetted—Eisenhower Matrix," *Inc.*, March 3, 2014.

11. Ron Friedman, "How to Spend the First 10 Minutes of Your Day," *Harvard Business Review*, June 19, 2014.

12. Charnas, "For a More Ordered Life."

13. Deena Skolnick Weisberg, Kathy Hirsh-Pasek, Roberta Michnick

Golinkoff, and Bruce D. McCandliss, "Mise en place: Setting the Stage for Thought and Action," *Trends in Cognitive Science* 18, no. 6 (June 2014): 276 –78.

14. Geoffrey L. Cohen, Julio Garcia, Valerie Purdie-Vaughns, Nancy Apfel, and Patricia Brzustoski, "Recursive Processes in Self-Affirmation: Intervening to Close the Minority Achievement Gap," *Science* 324 (April 17, 2009): 400 –403.

15. Shawn Setaro, "Dan Charnas: Using Lessons from Great Chefs to Help Us 'Work Clean,'" *Forbes*, April 27, 2016.

3장 스토리가 경쟁력이다. 각본을 짜라

1. Significant Objects, http://significantobjects.com/.

2. Fritz Heider and Marianne Simmel, "An Experimental Study of Apparent Behavior," *American Journal of Psychology* 57, no. 2 (April 1944): 243 –59.

3. "Aboriginal 'Memories' of Australia's Coastline Go Back More than 7,000 Years," ScienceDaily.com, original source, *Taylor & Francis*, September 17, 2015. https://www.sciencedaily.com/releases/2015/09/150917091401.htm.

4. Jennifer Aaker, "Harnessing the Power of Stories: Discussion Guide," Center for the Advancement of Women's Leadership, Stanford University, https://womensleadership.stanford.edu/stories.

5. Jill Suttie, "The Storytelling Animal," review of *The Storytelling Animal: How Stories Make Us Human*, by Jonathan Gottschall, Greater Good Science Center, University of California, Berkeley, June 13, 2012.

6. Paul J. Zak, "How Stories Change the Brain," Greater Good Science Center, University of California, Berkeley, December 17, 2013.

7. Harrison Monarth, "The Irresistible Power of Storytelling as a Strategic Business Tool," *Harvard Business Review*, March 11, 2014.

8. Jill Rosen, "Super Bowl Ads: Stories Beat Sex and Humor, Johns Hopkins Researcher Finds," *Hub*, Johns Hopkins University, January 31, 2014.

9. Steve Cady, "A Brash Captain Keeps the Cup," *New York Times*, September 18, 1977.

10. Malcolm Gladwell, "The Sure Thing: How Entrepreneurs Really Succeed," *New Yorker*, January 18, 2010.

11. Anat Keinan, Jill Avery, and Neeru Paharia, "Capitalizing on the Underdog Effect," *Harvard Business Review*, November 2010.

12. Jean-Eugène Robert-Houdin, *Memoirs of Robert-Houdin, Ambassador, Author and Conjurer* (London: Chapman & Hall, 1859), 177–78.

13. Ibid., 202.

14. Sarah Maslin Nir, "Unwrapping the Mythos of Mast Brothers Chocolate in Brooklyn," *New York Times*, December 20, 2015.

15. Kate Taylor, "Gourmet Shops' Sales of the Most Hip Chocolate Brand Are Plunging After a Scandal," *Business Insider*, January 19, 2016.

16. Christian Rudder, "The Best Questions for a First Date," *OK Trends*, April 20, 2011, http://blog.okcupid.com/index.php/the-best-questionsfor-first-dates/.

17. Eugene Mandel, "How the Napa Earthquake Affected Bay Area Sleepers," Jawbone blog, August 25, 2014, https://jawbone.com/blog/napaearthquake-effect-on-sleep/.

18. John T. Seaman and George David Smith, "Your Company's History as a Leadership Tool," *Harvard Business Review*, December 2012.

19. Ibid.

20. "Babiators: Sunglasses That Survive Toddler Terror," *Taking Stock*, Bloomberg TV, May 1, 2014.

21. Molly Fienning, email to the author, July 13, 2016.

22. Ty Montague, "Good Companies Are Storytellers. Great Companies

Are Storydoers," *Harvard Business Review*, July 16, 2013.

23. "It Is Only Hypnotism," *Chicago Tribune*, August 9, 1890, http://archives.chicagotribune.com/1890/08/09/page/9/article/it-is-only-hypnotism.

24. Teller, "'The Rise of the Indian Rope Trick': The Grift of the Magi," review of *The Rise of the Indian Rope Trick*, by Peter Lamont, *New York Times Book Review*, February 13, 2005.

25. Donald A. Redelmeier, Joel Katz, and Daniel Kahneman, "Memories of Colonoscopy: A Randomized Trial," *Pain* 104, nos. 1–2 (July 2003): 187–94.

26. Adam Bryant, "Janet Elkin, on Not Letting the Process Defeat the Purpose," *New York Times*, November 8, 2014.

4장 보이는 대로 믿는다, 시선을 장악하라

1. Eric R. Waples, "Franklin D. Roosevelt: The Media, His Physical Image, and Teaching Implications" (Master's thesis, College at Brockport, State University of New York, 2013), 43, http://digitalcommons.brockport.edu/cgi/viewcontent.cgi?article=1313&context=ehd_theses.

2. Ibid., 44.

3. "Hiding in Plain Sight," *This American Life*, July 13, 2012, transcript, http://www.thisamericanlife.org/radio-archives/episode/469/transcript.

4. "How Eyes Trick Your Mind," *BBC Future*, January 30, 2015, http://www.bbc.com/future/bespoke/story/20150130-how-your-eyes-trickyour-mind/.

5. Jeff K. Caird, Kate A. Johnston, Chelsea R. Willness, Mark Asbridge, and Piers Steele, "A Meta-analysis of the Effects of Texting on Driving," *Accident Analysis & Prevention* 71 (October 2014): 311–18.

6. David L. Strayer, Frank A. Drews, and Dennis J. Crouch, "Fatal Distraction? A Comparison of the Cell-Phone Driver and the Drunk Driver," Applied Cognition Lab, University of Utah, 2003.

7. Peter Mundy and Lisa Newell, "Attention, Joint Attention, and Social Cognition," National Center for Biotechnology Information, *Current Directions in Psychological Science* 16, no. 5 (October 1, 2007): 269–74.

8. Bryant, "Presto!"

9. "Moral Decisions Can Be Influenced by Eye Tracking," ScienceDaily.com, original source Lund University, March 18, 2015, http://www.sciencedaily.com/releases/2015/03/150318101434.htm.

10. "Two Sides of the Same Coin: Speech and Gesture Mutually Interact to Enhance Comprehension," ScienceDaily.com, original source Association for Psychological Science, January 6, 2010, http://www.sciencedaily.com/releases/2010/01/100105143730.htm.

11. Graham Davies and Sarah Hine, "Change Blindness and Eyewitness Testimony," *Journal of Psychology: Interdisciplinary and Applied* 141, no. 4 (2007): 423–34.

12. Daniel Simons, "But Did You See the Gorilla? The Problem with Inattentional Blindness," *Smithsonian Magazine*, September 2012.

13. Angela Wilkinson and Roland Kupers, "Living in the Futures," *Harvard Business Review*, May 2013.

14. Roger Dooley, "The Power of New," Neuromarketing blog, July 26, 2008, http://www.neurosciencemarketing.com/blog/articles/the-power-of-new.htm.

15. B. P. Davis and E. S. Knowles, "A Disrupt-Then-Reframe Technique of Social Influence," *Journal of Personality and Social Psychology* 76, no. 2 (1999): 192–99.

16. James Allen, "Living Differentiation," *Harvard Business Review*, March 21, 2012.

17. Ethan Bernstein, "Why We Hide Some of Our Best Work," *Harvard Business Review*, September 24, 2014.

18. "Use Small Plates to Lose Weight," ScienceDaily.com, original source Cornell Food and Brand Lab, January 12, 2016, https://www.sciencedaily.com/releases/2016/01/160112091636.htm.

19. Jacob Goldstein, "The Secret to Club Stores' Success: Breaking the Rules of Retail," *NPR All Things Considered*, September 30, 2015, transcript, http://www.npr.org/2015/09/30/444790866/the-secret-to-club-storessuccess-breaking-the-rules-of-retail.

20. April Joyner, "Case Study: Keep Your Day Job and Start a Business," *Inc.*, November 1, 2012, http://www.inc.com/april-joyner/bootstrapkeep-your-day-job-start-a-business.html.

21. Natalie Clarkson, "Why Did Richard Branson Start an Airline?," Virgin.com, October 1, 2014, https://www.virgin.com/travel/why-didrichard-branson-start-an-airline.

22. Anna Mikulak, "All About Awe: Science Explores How Life's Small Marvels Elevate Cognition and Emotion," *Observer* 28, no. 4 (April 2015).

23. D. Keltner and J. Haidt, "Approaching Awe, a Moral, Spiritual, and Aesthetic Emotion," *Cognition & Emotion* 17 (2003): 297–314, cited in Melanie Rudd, Kathleen D. Vohs, and Jennifer Aaker, "Awe Expands People's Perception of Time, Alters Decision Making, and Enhances Well-Being," *Psychological Science* 23, no. 10 (2012): 1130–36.

5장 당신의 선택은? 자유선택의 자유를 설계하라

1. "But You Are Free (BYAF)," ChangingMinds.Org, http://changingminds.org/techniques/general/sequential/but_you_are_free.htm.

2. John Beshears and Francesca Gino, "Leaders as Decision Architects," *Harvard Business Review*, May 2015.

3. Theresa Johnston and Balaji Prabhakar, "Doesn't Anybody Care About This Traffic?!," *Insights by Stanford Business*, April 16, 2014.

4. Phil Rockrohr, "Thaler Explains How 'Choice Architecture' Makes the World a Better Place," *ChicagoBooth News*, May 16, 2008, http://www.chicagobooth.edu/news/2008ManCon/01-thaler.aspx.

5. David Halpern et al., "EAST: Four Simple Ways to Apply Behavioural Insights," Behavioural Insights Team, http://www.behaviouralin sights.co.uk/wp-content/uploads/2015/07/BIT-Publication-EAST_ FA_WEB.pdf.

6. Brigid Schulte, "No Vacation Nation? One Company Gives Workers $7,500 to Unplug and Get Away," *Washington Post*, October 23, 2014.

7. Beshears and Gino, "Leaders as Decision Architects."

8. Halpern et al., "EAST."

9. Maanvi Singh, "Apps Can Speed the Search for Love, but Nothing Beats a Real Date," NPR, February 12, 2015.

10. Beshears and Gino, "Leaders as Decision Architects."

11. Rockrohr, "Thaler Explains How 'Choice Architecture' Makes the World a Better Place."

12. James Tozer, "Why Shoppers Find It So Hard to Escape from Ikea: Flatpack Furniture Stores Are 'Designed Just Like a Maze,'" *Daily Mail*, January 24, 2011.

13. "Apple Is Ditching the Standard Headphone Jack to Screw Consumers and the Planet," SumOfUs.org, https://action.sumofus. org/a/ip honeheadphone-jack/.

14. Michael Paoletta, "Reznor Adopts Unusual Web Campaign for New Album," Reuters, April 2, 2007, http://www.reuters.com/article/ usnineinchnails-idUSN0233620220070402.

15. "Audiences Are Primed for Discovery," 42 Entertainment, http://42en tertainment.com/.

6장 친숙함의 허점을 공략하라

1. "Prime Minister Winston Churchill Debate in the House of Commons," *Parliamentary Debates, House of Commons Official Report*, November 11, 1942.

2. "The 3132 Signal Company: The Sonic Deceivers," The Ghost Army: World War II's Artists of Deception, http://www.ghostarmy.org/index.php?page=bio&category=03--Inside_the_23rd&display=415.

3. Hermann Bulf, Scott P. Johnson, and Eloisa Valenza, "Visual Statistical Learning in the Newborn Infant," *Cognition* 121 (2011): 127–32.

4. Hillary Mayell, "Babies Recognize Faces Better Than Adults, Study Says," *National Geographic News*, May 22, 2005.

5. Alex Bellos, "And Now for Something Completely Random," DailyMail.co.uk, December 7, 2010, http://www.dailymail.co.uk/home/moslive/article-1334712/Humans-concept-randomness-hard-understand.html.

6. Michael Shermer, "Patternicity: Finding Meaningful Patterns in Meaningless Noise," *Scientific American*, December 1, 2008.

7. Gene Weingarten, "Pearls Before Breakfast: Can One of the Nation's Great Musicians Cut Through the Fog of a D.C. Rush Hour? Let's Find Out," *Washington Post*, April 8, 2007.

8. "Ex Machina Tinder Turing Test," ShortyAwards.com, http://shortyawards.com/8th/ex-machina.

9. Charles Duhigg, *The Power of Habit: Why We Do What We Do in Life and Business* (New York: Random House, 2012), 34.

10. Ibid., 57.

11. Nicola Twilley, "Accounting for Taste: How Packaging Can Make Food More Flavorful," *New Yorker*, November 2, 2015.

12. Blake Evans-Pritchard, "Aiming to Reduce Cleaning Costs," *Works That Work* no.1 (Winter 2013), https://worksthatwork.com/1/urinal-fly.

13. Amy Webb, "TED Talk: How I Hacked Online Dating," TED.com, filmed April 2013, http://www.ted.com/talks/amy_webb_how_i_ hacked_online_dating.

14. Richard H. Thaler and Cass R. Sunstein, *Nudge: Improving Decisions About Health, Wealth, and Happiness* (New Haven, CT: Yale University Press, 2008), 37.

15. Farhad Manjoo, "Facebook, a News Giant That Would Rather Show Us Baby Pictures," *New York Times,* June 29, 2016.

16. Adam Mosseri, "Building a Better News Feed for You," Facebook Newsroom, June 29, 2016, http://newsroom.fb.com/news/2016/06/ buildinga-better-news-feed-for-you/.

17. Jonathan Berger, "How Music Hijacks Our Perception of Time," Na utilus.com, January 23, 2014, http://nautil.us/issue/9/time/how- musichijacks-our-perception-of-time.

18. David Lumb, "Indulge in Your Feels at Glade's Museum of Feelings," November 25, 2015, http://www.fastcocreate.com/3053990/indulge- inyour-feels-at-glades-museum-of-feelings.

19. Ruth Davenport, "Drake Song Hotline Bling Spoofed by RCMP as Reminder of Emergency Vehicle Law," CBCnews.com, April 20, 2016, http://www.cbc.ca/news/canada/nova-scotia/rcmp-music-video- drakehotline-bling-1.3545494.

20. Hamdi Ulukaya, "Chobani's Founder on Growing a Start-Up Without Outside Investors," *Harvard Business Review,* October 2013.

21. Wikiquote.org, https://en.wikiquote.org/wiki/Arthur_Koestler.

22. Scott Weems, *Ha! The Science of When We Laugh and Why* (New York: Basic Books, 2014), 158.

23. Cora Daniels, "Mr. Coffee: The Man Behind the $4.75 Frappuccino Makes the 500," *Fortune,* April 14, 2003.

24. "Tesco Builds Virtual Shops for Korean Commuters," Telegraph .co .uk, June 27, 2011, http://www.telegraph.co.uk/technology/

mobile-phones/8601147/Tesco-builds-virtual-shops-for-Korean-commuters .html.

25. Stephanie Mlot, "Peapod's Virtual Grocery Store Hits the Road," PCMag.com, July 4, 2013, http://www.pcmag.com/article2/0,2817,2421343,00.asp.

26. Shan Li, "How Retail Stores Are Using Virtual Reality to Make Shopping More Fun," *Los Angeles Times*, April 10, 2016.

7장 플랜B를 준비하라

1. Daniel G. Waldron, George Johnstone, and Nick Ruggiero, *Blackstone, a Magician's Life: The World and Magic Show of Harry Blackstone, 1885–1965* (Glenwood, IL: D. Meyer Magic Books, 1999), 141–43.

2. Milbourne Christopher, *The Illustrated History of Magic* (New York: Crowell, 1973), 374.

3. Stephen L. Macknik and Susana Martinez-Conde, *Sleights of Mind: What the Neuroscience of Magic Reveals About Our Everyday Deceptions* (New York: Henry Holt, 2010), 137–38.

4. Charles Hopkins, "Outs," *Precautions and Challenges for Ambitious Card Workers* ([N.p.]: Charles H. Hopkins, 1940), 10–11.

5. Elie Dolgin, "Publication Bias Continues Despite Clinical-Trial Registration," Nature.com, September 11, 2009, http://www.nature.com/news/2009/090911/full/news.2009.902.html.

6. Frederick F. Reichheld, "Learning from Customer Defections," *Harvard Business Review*, March–April 1996.

7. "Organizations Learn More from Failure than Success, Study Finds; Knowledge Gained from Failure Lasts Longer," ScienceDaily.com, original source University of Colorado Denver, August 24, 2010, https://www.sciencedaily.com/releases/2010/08/100823162322.htm.

8. J. K. Rowling, "The Fringe Benefits of Failure, and the Importance of

Imagination," Harvard Commencement Speech, HarvardGa zette.
com transcript, June 5, 2008, http://news.harvard.edu/gazette/
story/2008/06/text-of-j-k-rowling-speech/.

"Richard Russo & Jenny Boylan on Plot Twists in Books—and Life,"
Studio 360, May 19, 2016, http://www.wnyc.org/story/richard-
russo-jenny-boylan-everybodys-fool/.

10. David Collis, "Lean Strategy," *Harvard Business Review*, March 2016.

11. "Remembering Robert R. Taylor, Founder of Minnetonka Corp., Dead
at 77," BusinessWire.com, September 10, 2013, http://www.business
wire.com/news/home/20130910006284/en/Remembering-Rob ert-
R.-Taylor-Founder-Minnetonka-Corp.

12. Robert B. Cialdini, "Professionally Responsible Communication
with the Public: Giving Psychology a Way," *Personality and Social
Psychology Bulletin* 23, no. 7 (July 1997): 675 –83.

13. Michel Villette and Catherine Vuillermot, *From Predators to Icons:
Exposing the Myth of the Business Hero* (DigitalCommons@ILR
Press, 2009), 6.

14. Gladwell, "The Sure Thing."

15. Ben Zimmer, "Iterate," *New York Times Magazine*, June 11, 2010.

16. James Surowiecki, "The Open Secret of Success: Toyota Production
System," *New Yorker*, May 12, 2008.

17. Rita McGrath, "Failing by Design," *Harvard Business Review*, April
2011.

18. Andrew Winston, "Resilience in a Hotter World," *Harvard Business
Review*, April 2014.

19. Jim Steinmeyer, *The Glorious Deception: The Double Life of William
Robinson* (New York: Carroll & Graf, 2005), 220.

20. Christopher Stahl, "Outdoing Ching Ling Foo," in *Performing Magic
on the Western Stage: From the Eighteenth Century to the Present*,
edited by Francesca Coppa, Lawrence Haas, and James Peck (New

325

York: Palgrave Macmillan), 152.

21. Fred Keating as told to George Bailey, "What Magicians Do When Magical Tricks Go Wrong," *Modern Mechanics and Inventions*, May 1932, reprinted by ModernMechanix.com, February 4, 2009, http://blog.modernmechanix.com/what-magicians-do-when-magical-tricksgo-wrong/.

22. Robert B. Cialdini, "Professionally Responsible Communication with the Public: Giving Psychology a Way," *Personality and Social Psychology Bulletin* 23, no. 7 (July 1997): 675–83.

KI신서 6357

설득은 마술사처럼

1판 1쇄 인쇄 2019년 2월 15일
1판 1쇄 발행 2019년 2월 22일

지은이 데이비드 퀑 **옮긴이** 김문주
펴낸이 김영곤 박선영 **펴낸곳** (주)북이십일 21세기북스
콘텐츠개발1팀 윤예영 김선영 **책임편집** 김선영
마케팅본부장 이은정
마케팅1팀 나은경 박화인 **마케팅2팀** 배상현 신혜진 김윤희
마케팅3팀 한충희 김수현 최명열 **마케팅4팀** 왕인정 정유진 김보희
제작팀장 이영민 **홍보팀장** 이혜연
표지디자인 빅웨이브 **본문디자인** P.E.N.

출판등록 2000년 5월 6일 제406-2003-061호
주소 (우 10881) 경기도 파주시 회동길 201 (문발동)
대표전화 031-955-2100 **팩스** 031-955-2151 **이메일** book21@book21.co.kr

(주)북이십일 경계를 허무는 콘텐츠 리더

21세기북스 채널에서 도서 정보와 다양한 영상자료, 이벤트를 만나세요!
페이스북 facebook.com/jiinpill21   포스트 post.naver.com/21c_editors
인스타그램 instagram.com/jiinpill21   홈페이지 www.book21.com
서울대 가지 않아도 들을 수 있는 명강의! 〈서가명강〉
네이버 오디오클립, 팟빵, 팟캐스트에서 '서가명강'을 검색해보세요!

© 데이비드 퀑, 2019
ISBN 978-89-509-6304-0 03320